国家级一流本科课程配套教材

高等学校工商管理类专业精品系列教材

Commodity Science

商品学

霍 红 刘 莉 牟维哲 主编

科学出版社

北 京

内 容 简 介

互联网的发展重构了人们的生活方式，推动了全球经济的快速发展，而中国正处在数字化转型的新时代，各类企业从产品开发到供应链管理均发生了本质性变化。商品学作为一门专门研究商品使用价值的学科，只有不断拓展研究内容和研究方法，增加研究对象的品种和类别，才能为经济发展做好知识保障。本书共分为十二章，内容涉及商品学概述、商品分类、商品质量与质量管理、商品质量的评价与监督、商品质量的维护管理、新产品开发、服务商品、食品商品管理、日用工业品、纺织品商品、家用电器商品和奢侈品商品。

本书可作为高等院校工商管理、企业管理、国际经济与贸易、物流管理与工程、旅游管理、国际商务、电子商务、市场营销等相关专业的专业基础课或专业核心课教材。

图书在版编目（CIP）数据

商品学 / 霍红，刘莉，牟维哲主编. -- 北京 ：科学出版社，2025. 5.（国家级一流本科课程配套教材）（高等学校工商管理专业精品系列教材）. -- ISBN 978-7-03-081932-1

Ⅰ. F76

中国国家版本馆 CIP 数据核字第 20256F9P92 号

责任编辑：王京苏 / 责任校对：王萌萌
责任印制：张　伟 / 封面设计：有道设计

科学出版社 出版
北京东黄城根北街 16 号
邮政编码：100717
http://www.sciencep.com

北京天宇星印刷厂印刷

科学出版社发行　各地新华书店经销

*

2025 年 5 月第　一　版　开本：787×1092　1/16
2025 年 5 月第一次印刷　印张：12 1/2
字数：293 000

定价：52.00 元

（如有印装质量问题，我社负责调换）

前 言

商品学是以商品质量和商品品种为中心内容，研究商品的使用价值及其规律的一门综合性应用学科。在社会经济发展和科学技术飞速进步的今天，信息技术、区块链技术、物联网技术等新技术在各个领域被广泛应用，新工艺、新产品、新理念不断涌现，本书也必须与时俱进，充分体现知识的发展性、创新性、应用性、时代性和综合性。

本书的编写力求在内容体系、交叉学科应用、结构设计方面有所突破与创新，具体体现在以下几个方面。

（1）内容体系的创新。本书的内容体系主要分为商品共性知识和分类商品知识两大部分。商品共性知识围绕商品品种和商品质量两方面展开理论介绍，商品品种分为商品分类和新产品开发两章，商品质量根据商品质量的形成、评价和维护等不同阶段的管理需要，分别介绍相应的理论和方法。分类商品知识除了讲述日常消费性商品（包括食品、日用工业品、纺织品和家用电器）的管理实践之外，根据服务产业迅猛发展的需要，增加了“服务商品”这一章，还根据消费者的消费特点变化，增加了“奢侈品商品”一章，从而使本书的内容体系更全面、更系统、更科学、更前沿。

（2）交叉学科应用的创新。国内同类教材的特点基本都围绕商品经营管理的需要，融合管理学、经济学等知识，本书引入“质量信息管理”概念，将虚拟现实技术、大数据服务技术、区块链技术、可追溯系统等最新的工科领域技术和方法融入商品品种及商品质量管理的过程，来满足商品经营管理、流通管理和安全管理等领域的管理需要。

（3）结构设计的创新。本书既介绍了商品学的基本理论，又结合市场实际对当前商品质量管理存在的问题进行了针对性的论述。每章开头明确学习目标，然后选取有关商品质量方面的社会热点问题，以“引导案例”等形式穿插，实践性大大增强。每章结尾提出“关键术语”和“思考题”，让读者掌握和巩固本章重点内容，并展开高效的自主学习，为配合相关课程的线上线下教育教学过程提供有效的辅助资料。

党的二十大报告指出：“我们要坚持教育优先发展、科技自立自强、人才引领驱动，加快建设教育强国、科技强国、人才强国，坚持为党育人、为国育才，全面提高人才自主培养质量，着力造就拔尖创新人才，聚天下英才而用之。”[①]教材是教学内容的主要载体，是教学的重要依据、培养人才的重要保障。在优秀教材的编写道路上，我们一直在努力。

---

① 习近平：高举中国特色社会主义伟大旗帜 为全面建设社会主义现代化国家而团结奋斗——在中国共产党第二十次全国代表大会上的报告. https://www.gov.cn/xinwen/2022-10/25/content_5721685.htm[2022-10-25].

本书由霍红、刘莉、牟维哲主编。其中，霍红编写第一章、第七章；刘莉编写第二章、第四章、第五章、第六章、第九章、第十一章；牟维哲编写第三章、第八章、第十章、第十二章。

本书在编写过程中，借鉴了国内外许多专家、学者的观点，参考了许多专著、论文、报纸、杂志、网站的资料，在此对他们表示敬意！他们的观点和材料，对本书有很大帮助，鉴于篇幅不能一一列出。

由于笔者水平有限，本书难免有不足之处，恳请各位专家、读者批评指正，以便于修订，使之日臻完善。

编　者

2025 年 2 月

目　　录

第一章

商品学概述

学习目标

1. 了解商品的特征、现代商品的分类。
2. 理解商品整体概念。
3. 熟悉商品学的研究对象、主要研究内容和研究任务。
4. 掌握商品的概念、商品使用价值的概念和特征。

♦ 引导案例☞

波司登运用“黑科技”打造专业保暖产品系列

作为中国知名的羽绒服品牌，波司登股份有限公司（以下简称波司登）每年都会在冬季来临前对其羽绒服进行质量创新和品种系列更新，以满足不同消费者的需求。例如，基于南极环境对抗寒装备要求的严苛性，波司登以“如何在不同情况下经受住极寒环境的考验，并且更加适合使用环境”为主题进行了研发设计，并以此来满足日常生活中不同寒冷环境下的保暖需求。

（1）极寒系列：该系列整体采用三重保暖技术来抵御–30℃极寒天气。面料使用防风透湿的高端覆膜，穿着舒适性高；保暖空气层是含绒量为90%、蓬松度为600+的大朵鹅绒；配上高弹性防风手套针织袖口、蓬松丰沛大毛领和小廓形剪裁设计，使其不仅时尚，又达到持续锁温的效果。

（2）高端户外系列：该系列采用专业户外装备面料“世纪之布”GORE-TEX和旗下的GORE-TEX INFINIUM，可以提高防风、防水指数，增强透气性，提升超强红外线蓄热效果，从而打造出最强专业户外羽绒服装备。

（3）登峰系列：该系列采用纳米保温材料，既能防止爬山过程中电子设备的失灵，还能在发生危险时通过服装内设的射频发射装置实现快速定位，将风险降到最低。

（4）滑雪系列：该系列采用专业户外面料GORE-TEX，不仅可以增强防寒持久性、透气性与保暖性，还能通过拉链自主调节服装内的温度。

总之，波司登羽绒服通过引进各种“黑科技”推陈出新，实现产品的更新换代。

（资料来源：笔者根据相关资料整理）

第一节 商品学的产生与发展概况

18 世纪初，商品学起源于德国，成为一门独立的科学，为商品贸易和工业经济的发展提供了理论和实践支持。

商品学的研究对象是商品，商品学的发展与商品经济的发展密切相关，它是商品经济发展到一定阶段的必然产物。随着商品经济的快速发展，商品学的研究领域也在不断地拓展，我国商品学和国际商品学大体都经历了萌芽阶段、创立阶段和发展阶段。

一、我国商品学的发展概况

（一）萌芽阶段

中国作为世界四大文明古国之一，从丝绸之路到海上贸易，与外界进行商品贸易的历史悠久，对商品知识的研究也相对超前。春秋时期师旷的《禽经》、晋朝戴凯的《竹谱》、唐代陆羽的《茶经》、宋代蔡襄的《荔枝谱》、明代李时珍的《本草纲目》等著作先后对不同的研究对象做了详尽的介绍。其中，最具代表性的是唐代陆羽的《茶经》，它是中国乃至世界现存最早、最完整、最全面介绍茶叶的第一部专著，被誉为茶叶百科全书。《茶经》收集了历代茶叶史料，记述了作者亲身调查和实践的经验，对茶叶的种植、采摘、加工、饮用、质量评定、储藏方法等环节进行了详细的说明，对茶叶生产的发展起到了一定的推动作用。《本草纲目》是中国历史上较早的一部药物商品学专著，该书系统地总结了药物学方面的知识，是中国药物学、植物学等学科的宝贵遗产，被译成多种文字版本流传国外。上述著作的内容隶属商品学的研究体系，但尚未系统化、理论化，仅仅处于商品学的萌芽阶段。

（二）创立阶段

19 世纪，商品学由德国传入我国，使我国商品学得到迅速发展。1902 年，我国商业教育中把商品学作为一门必修课，商品学的教育和研究从此开始。我国商品学的整体发展在中华人民共和国成立前较为落后，20 世纪 50 年代开始在高等财经院校的对外贸易、贸易经济等专业开设“商品学”课程。此时，苏联的商品学体系被引入，我国开始培养专门的商品学师资和人才。

（三）发展阶段

随着市场经济体制的发展与成熟，更多的高等财经院校、商业学校和供销学校开设了“商品学”课程，中国人民大学和黑龙江商学院等高校已经拥有商品学专业硕士学位授予权，这标志着现代商品学学科的发展。1995 年，中国商品学会成立，代表中国参加国际商品学会的各项活动，标志着我国现代商品学科的迅速发展。发展至今，从事商品学教学实践和理论研究的学者普遍认为商品质量是商品学研究的核心，包括商品的有形质量与无形质量，以及商品的内在质量和外在质量，应是商品质量的自然属性和社会属性的综合，商品学进入全面质量管理阶段。

二、国际商品学的发展概况

商品学最早产生在德国。18 世纪初德国的工业发展迅速，将进口的原材料加工成品出口，从而扩大了原材料与工业品的贸易。这种贸易的扩大要求商人必须具有相关的、较为系统的商品知识，这便促进了商品学知识的系统化发展。德国的约翰·贝克曼首次在德国哥廷根大学开设了“工艺学和商品学”课程，于 1793～1800 年编著了《商品学导论》，建立了商品学的学科体系，明确了商品学的研究内容。约翰·贝克曼也由此被誉为商品学的创始人，他所建立的商品学的学科体系被称为贝克曼教授商品学。“商品学”一词就来源于德文 warenkunde，译成英文是 commodity science。

当今世界商品学界分为以下三大学派。

（1）技术学派：主张从自然科学方面研究商品学。

（2）经济学派：主张从社会科学方面研究商品学。

（3）融合学派：主张从技术与经济两方面来研究和评价商品的使用价值。

第二节　商 品 概 述

一、商品的概念与特征

（一）概念

商品是人类社会生产力发展到一定历史阶段的产物，是为了交换或出售而生产的劳动产品。商品具有使用价值和价值双重属性，是使用价值和价值的统一体。

商品的概念有狭义和广义之分。狭义的商品，也称传统的商品，是指通过市场交换，能够满足人们社会需要（物质/精神需要）的物质形态的劳动产品。广义的商品，是指通过市场交换，能够满足人们某种社会消费需要的所有形态（知识、劳务、资金、物质等）的劳动产品。随着现代化社会的高度商品化和技术创新的加速，商品的发展呈现知识化、软件化、服务化等趋势和特点。商品已不满足于需求与经济相结合的形式，开始向技术与文化相结合的方向发展。

（二）特征

与一般劳动产品相比，商品具有以下特征。

1. 商品是具有使用价值的劳动产品

某些天然物品，如空气、河水等，虽然具有使用价值，但因其不是劳动产品，所以不能被称为商品；没有使用价值的劳动产品，如废品、掺假产品等，也不能算作商品。

2. 商品是供别人或社会消费，而不是供生产者或经营者自己消费的劳动产品

马克思曾指出：“一个物可以有用，而且是人类劳动产品，但不是商品。谁用自己的产品来满足自己的需要，他生产的就只是使用价值，而不是商品。要生产商品，他不仅要生产使用价值，而且要为别人生产使用价值，即生产社会的使用价值。”①所以，自产自用的劳动产品，如农民留下自用的那部分农副产品，就不能归于商品。自用部分所占比例越大，该类产品的商品率就越低。

3. 商品是必须通过交换才能到达别人手中的劳动产品

商品是为交换而生产的劳动产品，它对商品生产者来说，只是交换价值的物质承担者，没有直接的使用价值，否则生产者就不会把它拿到市场上去卖。而要交换就必须进入市场，并且受市场规律（如价值规律、供求规律、竞争规律）的支配。一种产品是否为商品，不是靠理论界定后才进入市场，而往往是先进入市场交换，然后再被承认为商品。

二、商品的整体概念

（一）商品体

商品体首先是人们通过有目的、有效的劳动投入，如市场调查、规划设计、加工生产等而创造出来的产物。它是通过功能来满足使用者需要的。不同的使用目的要求商品要具有不同的功能，而功能又是商品体在不同使用条件下所表现出来的各种性能如化学性能、物理性能（力学、电学、光学、热学、声学等）、生理生化性能等的综合。商品体能够具备哪些性能，是由商品体的成分组成（原料或零部件的化学成分及含量等）和形态结构（原料或零部件的组织结构、成品形态、规格、内部联结与配合、色彩装饰的组合及其他结构特征）所决定的。其中商品体的成分组成又决定了商品体可能形成的形态结构。因此，商品体是由多种不同层次要素构成的有机整体，是商品使用价值形成的客观物质基础。

（二）有形附加物

商品的有形附加物包括商品包装及其标志与装潢、商品名称、商标及注册标记、专利标记、质量和安全及卫生标志、环境（绿色或生态）标志、商品使用说明标签或标志、检验合格证、使用说明书、维修卡（保修单）、购货发票等。它们是满足商品流通（运输、装卸、储存、销售等）需要、消费需要，以及环境保护需要所不可或缺的。其中，包装、商标等本身也是一种商品，它们既有使用价值，也有价值。商标还会随着商品生产的技术进步和经营管理水平的提高而增加新的价值。

（三）无形附加物

商品的无形附加物是指人们购买有形商品时所获得的各种服务和附加利益。例如，提供信贷、送货上门与售后保修服务、质量保证措施、免费安装调试服务、一定时期内的优惠折扣、有关财产保险等。善于开发和利用合法的商品无形附加物，不仅有利于充分满足消费者的综合需要，为他们提供更多的实际利益，还有利于企业在激烈的市场竞争中立于不败之地。

---

① 中共中央马克思恩格斯列宁斯大林著作编译局编译. 马克思恩格斯全集[M]. 北京：人民出版社，2017.

（四）心理附加产品

心理附加产品是商品的品牌和形象提供给顾客心理上的满足。商品的消费往往是生理消费和心理消费相结合的过程。随着人们生活水平的提高，人们把商品的品牌和形象看得越来越重，由此可见，心理附加产品在商品整体概念中的重要位置。

三、商品的分类

按照商品的存在形式可将商品划分为物质商品和非物质商品两大类。具体如图 1-1 所示。

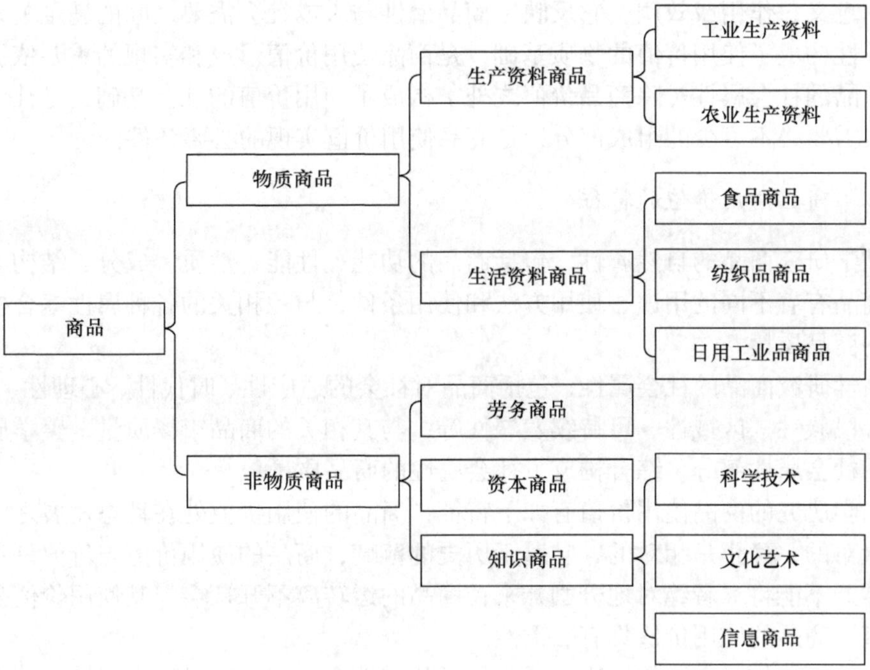

图 1-1　商品的分类

（一）物质商品

物质商品可分为生产资料商品和生活资料商品，生产资料商品主要用于再生产过程，包括工业生产资料和农业生产资料；生活资料商品最终为消费者使用，包括食品商品、纺织品商品、日用工业品商品。

（二）非物质商品

非物质商品可分为劳务商品（主要指低附加值服务商品）、资本商品（债券、股票、期货等）、知识商品（主要指高附加值无形商品等）。目前，随着商品发展的知识化、服务化和软件化等，商品学的研究范围和深度在不断拓展。

第三节 商品学的研究对象、研究内容和研究任务

一、商品学的研究对象

商品学是研究商品使用价值及其变化规律的科学。

（一）商品使用价值的界定

商品的使用价值是由商品体本身的属性所决定的。商品的使用价值是指商品对于其使用者的意义、作用或效用，它反映了商品属性与人或社会需要之间的满足关系。商品的自然属性构成了使用价值的物质基础，是商品使用价值形成和实现的重要依据及必备条件。商品的社会属性（除商品价值之外）构成了使用价值的社会基础，是社会需要和市场交换需要必不可少的组成部分，是商品使用价值实现的必要条件。

（二）商品使用价值的特征

商品学研究商品的自然属性，包括商品的功能、性能、性质、成分、结构等。不同效用的商品有着不同的用途、使用方法和使用条件，与此相关的各种属性综合构成了自然属性的商品质量。

商品学研究商品的社会属性，包括商品对社会的适应性、时代性、心理性、文化性、流行性、民族性、区域性、可持续发展性等，与其相关的商品市场质量、美学质量、包装质量（社会属性部分）综合构成了社会属性的商品质量。

商品学研究的商品使用价值有如下特征：商品的使用价值处在动态发展之中，动态发展是绝对的，静止是相对的，它属于历史的范畴；商品的使用价值与价值是一个对立的统一体，不能将二者绝对地分割开来；商品的运转离不开社会，其使用价值是社会的使用价值；商品的使用价值具有二重性。

商品使用价值的上述特征决定了商品学具有综合性交叉边缘科学的性质。在商品学的研究领域中，自然属性部分涉及物理学、力学、电学、电子学、机械学、材料学、化学、物理化学、药物学、生理生化学、医学、生物学、工艺学、环保和计算机科学等自然科学和技术科学；社会属性部分涉及市场学、广告学、商业经济学、企业管理学、物流学、价格学、消费经济学、国际贸易学、标准化与质量管理学、资源与环境经济学、社会学、心理学、法学、政治经济学等社会科学。由上可见，商品学是一门综合性的应用技术科学。

二、商品学的研究内容

商品学研究内容是由商品学的研究对象所决定的。根据商品学的研究对象，其研究内容以商品体为基础，以商品—人—环境为系统，以商品的使用价值在质和量上的表现形式——商品质量和商品品种为中心，以商品属性不断满足商品交换和消费需要及其他社会需要为主线。商品学的研究内容具体包括商品质量及其影响；商品质量管理与质量

监督；商品标准与标准化；商品检验；商品分类与编码；商品包装与标志；品牌与商标管理；商品的成分、结构与性质；商品储运与养护；新商品开发；信息与商品预测；商品消费心理；商品广告；商品与资源、环境；等等。

三、商品学的研究任务

商品学研究的总任务是反馈商品信息，使企业生产消费者需要的商品，维护流通领域商品的使用价值，指导消费，促进使用价值的实现，推动市场经济的发展，具体如下。

（一）指导商品使用价值的形成

通过商品资源和市场的调查预测、商品的需求研究等手段，为有关部门实施商品结构调整、商品科学分类，商品的进出口管理与质量监督管理，商品的环境管理，制定商品标准及政策法规、商品发展规划提供科学依据；为企业提供商品基本质量要求，指导商品质量改进和新商品开发，提高经营管理素质，保证市场商品物美价廉，适销对路。

（二）识别、评价商品使用价值的高低

商品质量是决定商品使用价值高低的基本因素，是决定商品竞争力、销路、价格的基本条件，是商品学研究商品使用价值的中心内容。通过对商品使用价值的分析和综合，明确商品的质量指标、检验和识别方法，能全面准确地评价、鉴定商品的质量，杜绝伪劣产品流入市场，保证商品质量符合规定的标准或合同，维护正常的市场竞争秩序，保护买卖双方的合法权益，切实维护国家和消费者的利益，创造公平、平等的商品交换环境。

（三）维护商品使用价值的安全

分析和研究与商品质量有关的各种因素，提出适宜的商品包装、储运方案，保护商品质量，采用合理的运输、仓储条件和科学的养护方法，维护商品的使用价值。

（四）促进商品使用价值的实现

指导消费者按正常使用条件使用商品，充分实现商品的使用价值。通过大力普及商品知识和消费知识，使消费者认识和了解商品，学会科学地选购和使用商品，掌握正确的消费方式，由此促进商品使用价值的实现。

（五）研究商品使用价值的再生

通过对商品废弃物与包装废弃物处置、回收和再生政策、法规、运行机制、低成本加工技术等问题的研究，推动资源节约、再生和生活废物减量，保护环境的绿色行动。

（六）促进商品经营管理水平的提高

研究商品学，对于商品经营管理者来说，可以掌握商品的有关理论知识，经营管理

好各种商品，实现商品质量的提高；对于消费者来说，可以更好地识别商品的真伪。因此，从这两方面来说，商品学的研究可以促进商品经营管理水平的提高。

➢本章小结

商品是商品学的基础，它具有不同于一般产品的特征；商品整体概念包括商品体、有形附加物、无形附加物和心理附加产品四个层次；商品具有使用价值和价值二重性；商品分为物质商品和非物质商品两大类；商品学的研究对象是商品学的使用价值；商品的使用价值决定了商品学的研究内容应以商品质量和商品品种为核心；了解商品学的研究内容和研究任务等知识是学好“商品学”课程的基础。

➢关键术语

商品；商品整体概念；商品的使用价值。

➢思考题

1. 简述商品学的研究对象。
2. 简述商品学的研究内容。
3. 论述商品的整体概念。
4. 论述商品学的研究任务。

第二章

商 品 分 类

学习目标

1. 了解国内外主要的商品分类与编码标准。
2. 理解商品分类的概念和方法。
3. 熟悉常见的商品条形码的结构和应用。
4. 掌握商品编码的原则和方法。

♦ **引导案例**☞

义乌小商品走向标准化

由浙江中国小商品城集团股份有限公司起草的《小商品分类与代码》行业标准发布会在 2008 年中国义乌国际小商品博览会期间举行。该标准的推出不仅填补了国内贸易行业小商品领域分类标准的空白，也使义乌这个“世界超市”有条件成为小商品贸易规则制定与促进中心，最终实现由输出商品到输出标准和规则。该标准编制历时两年，2008 年 7 月 3 日被中华人民共和国商务部（简称商务部）批准，于 2008 年 11 月 1 日正式实施。

《小商品分类与代码》报批稿分正文和附录两部分。正文部分采用线分类法，以用途和材质作为主要分类标志，以 40 万条行业调研数据为基础，分为 16 个大类（6 个层级，共有 9121 个类目，其中一级类目 16 个、二级类目 97 个、三级类目 525 个、四级类目 1964 个、五级类目 4202 个、六级类目 2317 个）、4202 个种类、33 217 个细类，单品约 170 万个。

该标准基本涵盖了国内现有小商品种类，并在分类结构和类目设置上为新增商品种类留出余地，保证其作为行业推荐标准的涵盖性、稳定性和指导性。在此基础上，通过不断完善，下一步可望上升到国家标准，参与编制小商品管理码，为小商品出口提供更多便利。

（资料来源：http://www.csres.com/info/36770.html）

第一节　商品分类概述

一、商品分类的概念

商品分类是指根据一定的管理目的，为满足商品生产、流通、消费活动的全部或部分需要，将管理范围内的商品集合总体，以所选择的适当的商品基本特征作为分类标志，逐次归纳为若干个范围更小、特质更趋一致的子集合体（类目），如大类、中类、小类、细类，直至品种、细目等，从而使该范围内所有商品得以明确区分与体系化的过程。

商品大类是根据商品生产和流通领域的行业来划分的，如食品、纺织品、日用工业品、建材等。商品品目或品类是指具有若干共同性质和特征的商品种类的总称，如奶类包括牛奶、羊奶等种类。商品品种是指具体商品的名称。商品细目则是对商品品种的详尽区分，包括商品的规格、花色、质量等级等，它更能具体地反映商品的质量特征。

二、商品分类的作用

（1）商品分类有助于国民经济各部门管理工作的顺利开展。
（2）商品分类有助于商业经营管理合理化。
（3）商品分类有利于实现商品管理现代化。
（4）商品分类有利于了解商品特性。
（5）商品分类有利于开展商品学的教学和研究工作。

三、商品分类的原则

商品分类的原则是建立商品科学分类体系的重要依据，为了使商品分类能满足特定的目的和要求，在商品分类时应遵循以下原则。

1. 科学性原则

商品命名要统一、科学、准确；选择商品最稳定的本质属性作为分类基础；规定统一的归类原则；分类层级的划分要客观、合理。

2. 系统性原则

将待分类对象按规定的归类原则选择合适的分类标志进行分类，形成一个由若干子系统组成的逐级展开的大系统，各子系统之间相互联系、相互制约；每个分类对象在系统中拥有一定的位置，并与别的分类对象相关联，通常用数字代码标示它们之间的内在联系。

3. 可延性原则

商品分类要充分考虑到科技进步、新产品不断涌现的现实情况，在设置商品分类体系时，要留出足够空位以安置新商品，使商品分类体系具有可扩延性，如在商品目录里设置收容项目。

4. 兼容性原则

在进行商品分类、设置新的商品分类体系和商品目录时，要尽可能地与国内原有的商品分类体系保持一定的承接性，使相关的商品分类体系之间相互协调。同时还应考虑到与国际通用商品分类体系的对接，以利于国际商品信息的交流。

5. 整体性原则

整体性是指商品分类要从系统工程角度出发，只有在满足管理系统总任务、总要求的前提下，才能全面、合理地满足系统内各子系统的实际需要。例如，行业或企业建立自己的商品分类体系时，要在国家商品分类体系的基础上进行，不能违背国家分类体系的原则。因此，在商品分类时，要考虑管理系统的整体效益和整体的最优化，要求局部利益服从整体利益。

四、商品分类的方法

商品分类的方法主要有线分类法和面分类法两种。在建立商品分类体系或编制商品分类目录时，往往将两种方法结合使用。

1. 线分类法

线分类法也称层级分类法，是将确定的商品集合总体按照一定的分类标志，逐次地分成相应的若干个层级类目，并排列成一个有层次的、逐级展开的分类体系。线分类法的一般表现形式是大类、中类、小类、细类等，将分类对象一层一层地具体划分，各层级所选用的分类标志不同，各个类目之间构成并列或隶属关系。线分类法属传统的分类方法，使用范围最广泛，国际贸易和我国商品流通领域中，许多商品分类均采用线分类法（图 2-1）。

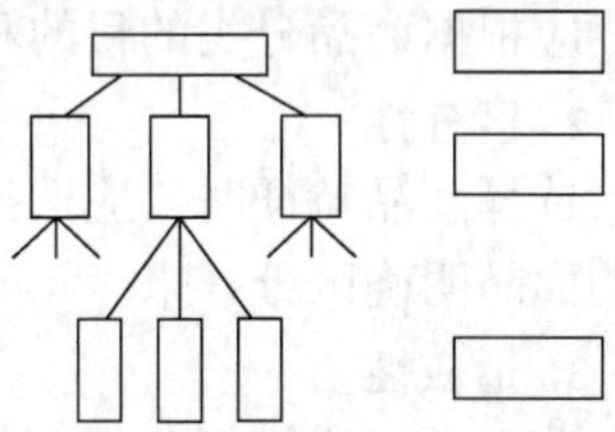

图 2-1 线分类法结构图

线分类法的优点是信息容量大、层次性好、逻辑性强、符合传统应用的习惯，既对手工处理有好的适应性，又便于计算机处理；缺点是结构柔性差。所以，采用线分类法编制商品分类目录时，必须预先留有足够的后备容量。

2. 面分类法

面分类法又称平行分类法，是把分类的商品集合总体按不同的分类标志划分成相互之间没有隶属关系的各个分类集合（面），每个分类集合（面）中都包含一组类目。将某个分类集合（面）中的一个类目与另一个分类集合（面）中的一个类目组配在一起，即形成一个新的复合类目（图 2-2）。

图 2-2 面分类法结构图

服装的分类就是按照面分类法组配的，把服装用的面料、款式等分为互相之间没有隶属关系的“面”，再把每个“面”分成若干个类目，最后标出不同范畴的独立类目。使用时，将有关类目组配起来，便成为一个复合类目，如纯毛男式中山装、中长纤维女式西装等。

面分类法具有结构柔性好、对机器处理有良好的适应性等优点，但其也有不能充分利用容量、组配的结构太复杂、不便于手工处理等缺点，因此一般都把面分类法作为线分类法的辅助。

五、商品分类的标志

（一）商品分类标志选择的原则

进行商品分类时，分类标志的选择十分重要，由于可供选择的标志很多，为了使商品分类能满足分类的目的和要求，并将分类对象明确区分开来，在选择分类标志时就要坚持如下基本原则。

1. 目的性

应根据商品分类的目的和要求选择商品分类标志，并在一定范围内进行。

2. 区分性

选择商品特征时，应选择能突出商品最本质、最基本的特征，以从本质上把不同类别的商品明确区分开来。

3. 适应性

分类标志应能划分规定范围内的所有商品，同时应留有能不断补充新商品的余地，以保证商品分类的相对稳定性和连贯性。

4. 唯一性

在同一类别范围内只能采用一种分类标志，而不能同时采用两种或多种分类标志；分类后的每个商品品种只能在一个类别里，不能既出现在这个类别里，又出现在另一个类别里。

5. 系统性

分类中的每个商品品种不仅属于某一小类，还隶属某一中类或大类。高一级类别与可从属的类别间存在着有机联系，在选择分类标志时，上一级分类标志与下一级分类标志之间要照顾到其从属关系，即下一级分类标志应是上一级分类标志的合乎逻辑的继续和具体化，使分类层次分明，并能体现相互间的有机联系。

6. 简便性

选择的分类标志必须使商品分类在实际运用中便于掌握，简便易行，以利于商品流通，便于采用数字编码和运用计算机进行处理。

（二）常用的商品分类标志

商品分类标志是分类的基础。可供选择的商品分类标志很多，但很难提出一种能贯穿商品分类体系始终，对所有商品类目直至品种和质量等级都适用的分类标志。因此，在一个分类体系中常采用多种分类标志，往往是每一个层级用一个适宜的分类标志。商品的用途、原材料、生产方法、化学成分是这些商品最本质的属性和特征，是商品分类中最常用的分类标志。

1. 用途

一切商品都是为了满足社会上的一定用途而生产的，商品的用途是体现商品使用价值的标志，也是探讨商品质量的重要依据，因此被广泛应用于商品的研究、开发和流通。它不仅适用于对商品大类的划分，也适用于对商品种类、品种的进一步详细划分。

按商品用途分类，便于比较相同用途的各种商品的质量水平和产销情况、性能特点、效用，能促使生产者提高质量、增加品种，并且能方便消费者对比选购，有利于生产、销售和消费的有机衔接，但对储运部门和有多用途的商品不适用。

2. 原材料

商品的原材料是决定商品质量和性能的重要因素，由于原材料的种类和质量不同，其成分、性质、结构也不同。选择以原材料为标志的分类方法是商品的重要分类方法之一，其适用于那些原材料来源较多，且对商品性能起决定作用的商品。

以原材料为标志分类的优点很多，它分类清楚，能从本质上反映出各类商品的性能、特点，为确定销售、运输、储存条件提供依据，有利于保证商品流通中的质量，但那些用多种原材料组成的商品不宜采用，如汽车、电视机、洗衣机、电冰箱等。

3. 生产方法

很多商品即便采用相同的原材料，由于生产方法不同，也会使商品具有不同的质量特征，从而形成不同的品种。

按生产方法分类，特别适用于原材料相同但可选用多种工艺生产的商品，它的优点是生产方法及工艺不同能突出商品的个性，有利于销售和工艺的革新，但那些虽然生产方法有差别但商品性能、特征没有实质性区别的商品不宜采用，如平板玻璃可用浮法或垂直引上法。

4. 化学成分

由于商品中所含化学成分和种类及数量对商品质量、性能、用途等有着决定性或密切的影响，因此按化学成分的分类方法便于了解和研究商品的质量、特性、用途、效用和储存条件，它是研究商品使用价值的重要分类方法。

有些商品的主要成分虽然相同，但由于含有某种特殊成分，其质量、性能和用途完全不同。因此，商品的特殊成分也可用作分类的标志，如合金钢的主要成分为铁，但由于合金元素种类不同，其用途和性质也不同。

按照商品的化学成分分类能反映商品的本质特性，对于深入研究商品的特性、保管和使用方法，以及开发新品种、满足不同消费者的需要等具有重要意义，但对化学成分复杂的商品（水果、蔬菜、粮食等）或化学成分区分不明显的商品（收音机）则不适用。

第二节 进出口商品的归类

一、进出口商品归类的作用

（1）进出口商品的正确归类是进出口管理的基础。进出口商品按照用途、性质、结构可快速预分类，为税率计算、退税管理、商品统计等后续工作的开展奠定基础。

（2）确定进出口商品适用的税率、监管条件。

（3）便于进出口贸易统计。

（4）是相关政府执法机关进行管理的基础，如确定出口退税率等。

二、国际贸易标准分类

国际贸易标准分类（Standard International Trade Classification，SITC）是用于国际贸易商品的统计和对比的标准分类方法。

1950 年联合国统计司首次公布出版了《国际贸易标准分类》，后分别于 1960 年和 1975 年进行了两次修订。联合国自 1976 年开始按照 SITC 编制国际贸易的统计资料。1986 年 SITC 进行第三次修订，1988 年 SITC 与 HS（《商品名称及编码协调制度》，The Harmonized Commodity Description and Coding System）一起在国际范围内正式实施。2006 年联合国公布了 SITC 第四次修订版。

SITC 的分类对象仅限于可运输的有形商品，未涉及不可运输的服务、资产类商品，只用于国际贸易中可运输商品的专门统计。SITC 选用的分类标志主要有商品的特性及原材料、工艺过程和加工处理程度、市场需求情况和用途、在国际贸易中的重要性及技术发展等，并兼顾了产业源的原则。

第三节 商品代码与商品编码

一、商品代码及其类型

（一）商品代码的概念及作用

商品代码又称商品编号，或商品代号、商品货号，是在商品分类的基础上，赋予某种或某类商品的代表符号或代码。对某一类商品赋予统一的符号系列称为商品代码化或商品编码化。商品科学分类为商品代码的合理性创造了前提条件，但商品代码的科学性会直接影响商品分类体系的使用价值。

商品代码往往是商品目录的组成部分，商品分类与商品代码共同构成了商品目录的完整内容。使用商品代码是为了加强企业的经营管理，提高工作效率，便于计划、统计物价管理及核算工作，简化业务手续。使用商品代码还便于记忆、清点商品，便于实现现代化管理。对于容易混淆的商品名称，使用商品代码可以避免差错。

（二）商品代码的类型

商品代码根据其所用的符号类型来划分，可分为数字型代码、字母型代码、数字-字母混合型代码和条形码四种。

1. 数字型代码

数字型代码是用一个或多个阿拉伯数字表示分类对象（商品）的代码。数字型代码的特点是结构简单、使用方便、易于计算机信息处理，是目前国际上普遍采用的一种代码。使用数字代码对商品进行分类的方法有顺序编码法、层次编码法、平行编码法和混合编码法四种。

2. 字母型代码

字母型代码是用一个或若干个字母表示分类对象的代码。一般用大写字母表示大类商品，用小写字母表示其他类目。字母型代码便于人们识别、记忆，符合人们的使用习惯，但不便于计算机处理信息，所以不常被人们使用，即便使用也只适用于分类对象较少的情况。

3. 数字-字母混合型代码

数字-字母混合型代码是由数字和字母混合组成的代码。它集数字代码和字母代码的优点于一身，结构严谨，具有良好的直观性和表现方式，符合人们的使用习惯。但由于代码构成形式复杂，给计算机输入带来不便，因此在商品分类代码中较少使用。国际上只有少数国家商品分类时采用数字-字母混合型代码。

4. 条形码

条形码（以下简称条码）是将宽度不等的多个黑条（简称条）和白条（简称空），按照一定的代码规则排列，用以表达一组信息的图形标志符。常见的条码是由反射率相差很大的条和空排成的平行线图案。条码主要有一维条码和二维条码。

1）一维条码

一维条码可标志物品的生产国、制造厂家、商品名称、生产日期、类别等信息。在商品流通、图书管理、邮政管理、银行系统等领域有广泛的应用。目前使用频率最高的码制有 EAN（European Article Number）条码、UPC（Universal Product Code）条码、EAN-128 条码、39 码、交叉 25（Interleaved Two of Five，ITF）码。EAN 条码是国际通用符号体系，它是一种定长、无含义的条码，主要用于商品标志。UPC 条码主要用于北美地区。EAN-128 条码是由国际物品编码协会（EAN International）和美国统一代码委员会（Uniform Code Council Inc，UCC）联合开发、共同采用的一种特定的条码符号，它是一种连续型、非定长、有含义的高密度代码，用以表示生产日期、批号、数量、规格、保质期、收货地等更多的商品信息。另有一些码制主要应用于某些特殊需要方面，如库德巴码用于血库、图书馆、包裹等的跟踪管理；ITF 码用于包装、运输和国际航空系统为机票进行顺序编号；类似 39 码的 93 码，它的密度更高些，可代替 39 码。

2）二维条码

一维条码所携带的信息量有限，如 EAN-13 条码仅能容纳 13 位阿拉伯数字，更多的信息只能依赖商品数据库的支持，离开了预先建立的数据库，这种条码就没有意义了，因而在一定程度上也限制了条码的应用范围。基于这个原因，20 世纪 90 年代出现了二维条码。目前二维条码主要有 PDF417 码、Code49 码、Data Matrix 码、Maxiocle 码等，主要分为堆积或层排式、棋盘或矩阵式两大类。

二维条码作为一种新的信息存储和传递技术，从诞生之时就受到了国际社会的广泛关注。经过几年的努力，已应用在国防、公共安全、交通运输、医疗保健、工业、商业、金融、海关及政府管理等多个领域。

二维条码依靠其庞大的信息携带量，能够把过去使用一维条码时存储于后台数据库中的信息包含在条码中，可以直接通过阅读条码得到相应的信息，并且二维条码还有错误修正技术及防伪功能，增加了数据的安全性。

二维条码可把照片、指纹编制于其中，这样可有效地解决证件的可机读和防伪问题，因此可广泛应用于护照、身份证、行车证、军人证、健康证、保险卡等。

美国亚利桑那州等 10 多个州的驾驶证、美国军人证、军人医疗证等在几年前就已采用了 PDF417 码。将证件上的个人信息及照片编在二维条码中，不但可以实现身份证的自动识读，而且可以有效防止伪冒证件事件发生。菲律宾、埃及、巴林等国家也已在身份证或驾驶证上采用了二维条码，我国香港特别行政区的护照上也采用了二维条码技术。另外，在海关报关单、长途货运单、税务报表、保险登记表上也都有使用二维条码技术来解决数据输入及防止伪造、删改表格的例子。在我国部分地区，注册会计师证和汽车销售及售后服务等方面，二维条码也得到了初步的应用。

二维条码是一种在水平方向和垂直方向均带有信息的条码，其除了具有一维条码的优点外，还有储存信息量大、耐损性强、可靠性高、保密、防伪性强等优点。

二、商品编码的概念

商品编码是指根据一定规则赋予某种商品（或某类商品）以相应的商品代码的过程。商品编码的直接产物就是商品代码。

商品科学分类是建立商品分类体系和编制商品目录的基础，是合理编码的前提，而商品编码是商品分类体系和商品目录的重要组成部分，是进行商品科学分类的一种手段。商品编码与商品分类密切相关，商品分类在先，商品编码在后，在实践中也称为商品分类编码。

三、商品编码的原则

给商品进行编码时，必须遵循以下原则。

（1）唯一性原则。每个代码应与指定的商品类目一一对应。

（2）可扩性原则。代码结构中应留有足够的备用码，以适应新类目的增加和旧类目删减的需要。

（3）简明性原则。尽可能地使代码的长度最短。

（4）稳定性原则。代码一经确定后就不要变更。

（5）层次性原则。代码应能清晰地反映商品分类体系和分类目录内部固有的逻辑关系。

（6）统一协调性原则。商品编码要与国家统一分类编码标准一致，与国际通用商品分类编码制度相协调。

（7）具有自检能力。代码必须具有检测差错的自身核对性能，以适应计算机处理。

第四节　商品条码

一、商品条码的概念与类型

（一）概念

商品条码是计算机输入数据的一种特殊代码，包含商品的生产国别、制造厂商、产地、名称、特性、价格、数量、生产日期等信息。只要借助光电扫描阅读设备，便可迅速将条码所代表的信息准确无误地输入电子计算机，并由计算机自动进行存储、分类排序、统计、打印或显示出来。这样不仅实现了售货、仓储、订货的自动化管理，而且通过产、供、销信息系统把销售信息及时提供给生产厂家。商品条码是快速、准确地进行商品信息流和物流控制的现代化手段。

（二）类型

商品条码主要用于对零售商品、非零售商品及物流单元的条码标志。

1. 零售商品条码

零售商品是指在零售端通过 POS（point of sale，销售终端）扫描结算的商品。零售商品的条码标志由全球贸易项目代码（Global Trade Item Number，GTIN）及其对应的条码符号组成。零售商品的条码标志主要采用 EAN/UPC 条码。例如，一瓶啤酒、一瓶洗发水和一瓶护发素的组合包装都可以作为一项零售商品卖给最终消费者。

2. 非零售商品条码

非零售商品是指不通过 POS 扫描结算的用于配送、仓储或批发等操作的商品。非零售商品的标志代码由 GTIN 及其对应的条码符号组成。非零售商品的条码符号主要采用 ITF-14 条码或 UCC/EAN-128 条码，也可使用 EAN/UPC 条码。例如，一个装有 24 条香烟的纸箱、一个装有 40 箱香烟的托盘都可以作为一个非零售商品进行批发、配送。

3. 物流单元条码

物流单元条码是为了便于运输或仓储而建立的临时性组合包装，在供应链中需要对其进行个体的跟踪与管理。通过扫描每个物流单元上的条码标签，实现物流与相关信息流的链接，可分别追踪每个物流单元的实物移动。物流单元的编码采用系列货运包装箱代码（SSCC-18）标志。一箱有不同颜色和尺寸的 12 件裙子与 20 件夹克的组合包装，以及一个含有 40 箱饮料的托盘（每箱 12 盒装）都可以作为一个物流单元。

二、EAN 条码、UPC 条码和店内码

（一）EAN 条码

EAN 条码又称通用商品条码，由 EAN International 制定，通用于世界各地，是国际上使用最广泛的一种商品条码。EAN 条码分为 EAN-13（标准版）和 EAN-8（缩短版）两种。

EAN-13 条码一般由前缀部分、制造厂商代码、商品代码和校验码组成。其中前缀码是用来标志国家或地区的代码，赋码权在 EAN International，如 00～09 代表美国、加拿大；45、49 代表日本；69 代表中国大陆（内地）；471 代表中国台湾；489 代表中国香港。制造厂商代码的赋权在各个国家或地区的物品编码组织，我国由国家物品编码中心赋予制造厂商代码。商品代码是用来标志商品的代码，赋码权由产品生产企业自己行使，生产企业按照规定条件决定在自己的何种商品上使用哪些阿拉伯数字为商品条码。商品条码最后用 1 位校验码来校验商品条码中左起第 1～12 位数字代码的正确性。EAN-13 条码由左侧空白区、起始符、左侧数据符、中间分隔符、右侧数据符、校验符、终止符、右侧空白区及供人识别字符组成，如图 2-3、图 2-4 所示。

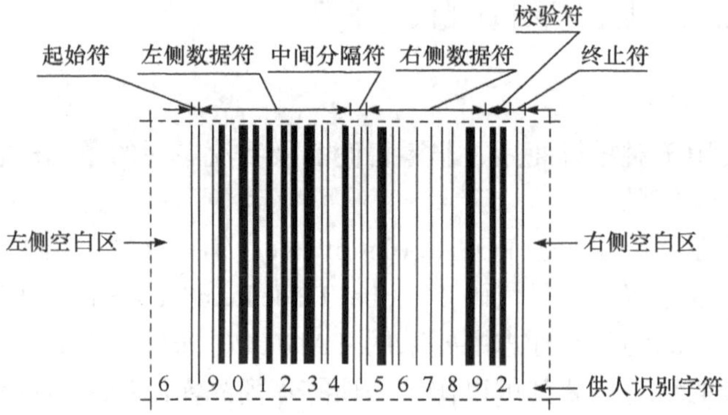

图 2-3　常见 EAN-13 条码的符号结构

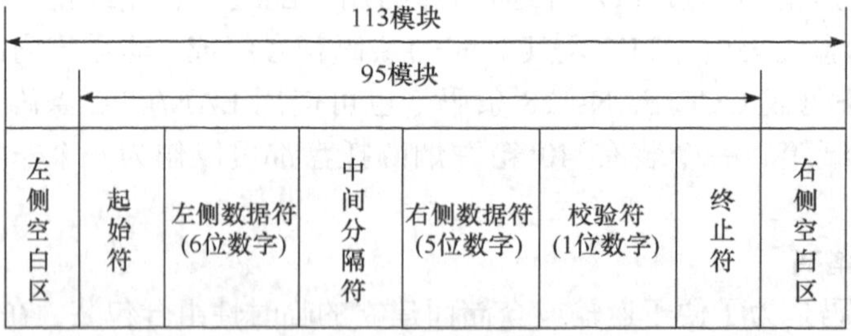

图 2-4　EAN-13 条码符号构成示意图

商品条码的标准尺寸是 37.29 毫米×26.26 毫米，放大倍率是 0.8～2.0。当印刷面积允许时，应选择 1.0 倍率以上的条码，以满足识读要求。放大倍数越小的条码，印刷精度要求越高，当印刷精度不能满足要求时，易造成条码识读困难。

EAN-8 条码是指用于标志的数字代码为 8 位的商品条码，由 7 位数字表示的商品项

目代码和 1 位数字表示的校验符组成。

EAN-8 条码由左侧空白区、起始符、左侧数据符、中间分隔符、右侧数据符、校验符、终止符、右侧空白区及供人识别字符组成，如图 2-5 和图 2-6 所示。

图 2-5 EAN-8 商品条码的符号结构

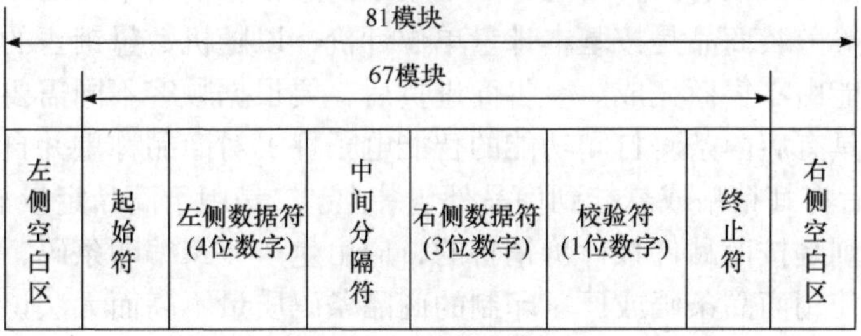

图 2-6 EAN-8 商品条码符号构成示意图

（二）UPC 条码

UPC 条码是美国 UCC 制定的一种商品用条码，主要用于北美地区，通常在美国进口的商品上均可看到。UPC 条码是最早大规模应用的条码，其特性是一种长度固定、连续性的条码，由于其应用范围广泛，因此又被称为万用条码。UPC 条码仅可用来表示数字，其字码集为数字 0～9。UPC-A 条码的符号结构见图 2-7。

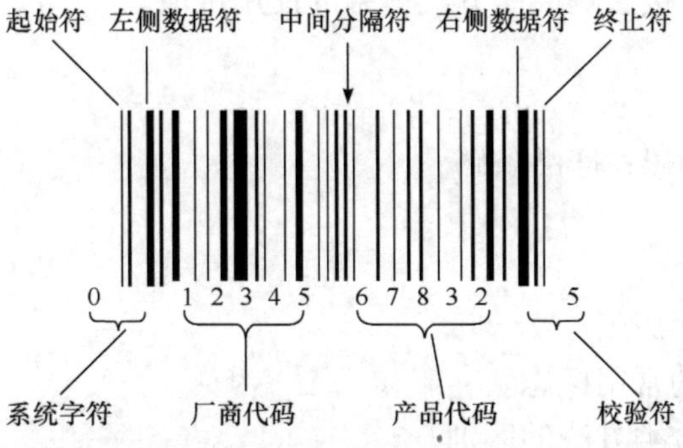

图 2-7 UPC-A 条码的符号结构

注：UPC-A 条码左侧 6 个条码字符均由 A 子集的条码字符组成，右侧数据符及校验符均由 C 子集的条码字符组成，这便是 UPC-A 条码。也就是说，UPC-A 条码是 EAN-13 条码的一种特殊形式，UPC-A 条码与 EAN-13 条码中 N1=“0” 兼容

UPC-A 条码左侧第一个数字字符为系统字符，最后一个字符是校验字符，它们分别放在起始符和终止符的外侧；表示系统字符和校验字符的条码字符的条长和终止符的条长相等。

图 2-8 UPC-E 商品条码符号

在特定情况下，12 位的 UPC-A 条码可以被表示为一种缩短形式的条码符号，即 UPC-E 条码；UPC-E 条码比较特殊，它仅直接表示 6 个数据字符，条码符号本身没有中间分隔符，终止符也与 UPC-A 条码不同。

UPC-E 条码符号的高度与 UPC-A 条码符号相同，但长度大大缩短，如图 2-8 所示。

（三）店内码

店内码是商店为便于店内商品的管理而对商品自行编制的临时性代码及条码标志。国家标准将其定义为：“商店闭环系统中标志商品变量消费单元的条码。”

店内条码的使用大致有两种情况：一是用于商品变量消费单元的标志，如鲜肉、水果、蔬菜、熟食等散装商品是按基本计量单位计价，以随机数量销售的，其编码任务不由厂家承担，只能由零售商完成。零售商进货后，要根据顾客不同需要重新分装商品，用专有设备（如具有店内条码打印功能的智能电子秤）对商品称重并自动编码和制成店内条码标签，然后将其粘贴或悬挂到商品外包装上。二是用于商品定量消费单元的标志，这类商品包装规则是按商品件数计价销售的，应由生产厂家编印条码，但因厂家对其生产的商品未申请使用商品条码或厂家印制的商品条码质量不高而无法识读，为便于商店 POS 系统的扫描结算，商店必须自己制作店内条码并将其粘贴或悬挂在商品外包装上。

➢本章小结

合理的商品分类是形成科学商品品种结构的基础，商品分类包括线分类法和面分类法；商品代码又称商品编号，或商品代号、商品货号，是在商品分类的基础上，赋予某种或某类商品的代表符号或代码；商品编码是指根据一定规则赋予某种商品（或某类商品）以相应的商品代码的过程；商品科学分类为商品代码的合理性创造了前提条件，但商品代码的科学性会直接影响商品分类体系的使用价值。

➢关键术语

商品分类；商品编码；商品条码。

➢思考题

1. 简述商品分类的原则。
2. 简述商品分类的常用标志。
3. 简述两种商品分类方法的区别。
4. 简述商品编码的原则。
5. 简述商品条码的类型和应用。

第三章

商品质量与质量管理

学习目标

1. 了解商品质量管理的发展阶段。
2. 理解商品标准化的各种形式。
3. 熟悉商品质量的含义、商品标准的概念和商品标准的分类。
4. 掌握商品质量的基本要求和影响商品质量的主要因素。

♦ 引导案例☞

中国国家标准体系逐步完善，应用效果显著

2024 年 3 月 27 日，国家市场监督管理总局发布《中国标准化发展年度报告（2023 年）》（以下简称《报告》）。《报告》显示，截至 2023 年底，国家标准共 44 499 项，国家标准样品共 4164 项。中国标准化事业已经进入“全面提升”阶段，标准数量和质量有了大幅度提升，标准体系也日益完善。

第一，标准成为当前支撑产品质量提升、促进产业高质量发展的重要技术力量。

（1）助力重点产业的高质量发展。围绕农业现代化和乡村振兴重点，新增发布农业农村领域相关国家标准 169 项。围绕现代产业体系建设重点，发布工业基础标准 126 项，高端装备制造标准 41 项，航空航天标准 50 项，增材制造、氢能等产业链标准 38 项。围绕电子商务、数据安全等重点领域，新增服务业类国家标准 308 项。

（2）公共服务标准化更贴近大众生活。出台《大众竞速类滑冰运动水平等级评价规范》等 12 项冰雪运动国家标准来支持群众性体育活动蓬勃发展；制定生活饮用水检验方法、中医临床等卫生健康相关标准 50 项，守护群众健康；下达适老化改造标准专项计划 39 项，研制养老服务相关标准 7 项，保障特殊群体利益。

（3）社会治理标准化精准程度提升。推进司法行政、卫生健康、医疗保障等领域 157 项社会管理和公共服务综合标准化试点建设。制定《电化学储能电站生产安全应急预案编制导则》等安全生产领域标准 129 项，发布船用救生设备、民用无人驾驶航空器等交通安全领域标准 8 项，防范重大安全风险隐患。

（4）绿色发展标准化高效化。通过发布《餐饮业反食品浪费管理通则》等国家标准，下达《限制快递过度包装要求》强制性国家标准计划，加快制定限制茶叶过度包装标准修改单。中国循环经济协会、中国粮油学会等40余家食品、餐饮行业相关社会团体公布了《“领跑者”标准评价要求 餐饮业餐厨废弃物处理与利用设备》等60余项节粮减损和防止餐饮浪费的团体标准。

（5）消费品领域标准实施水平逐步提高。在婴童用品、家用电器、化妆品等重点消费品领域制定国家标准241项，强化消费品质量安全；采用全球统一标志标准的商品新增1964万种，同比增长19.2%，累计覆盖消费品总量1.9亿多种，有效促进了我国消费品畅通流动。

第二，标准化与科技创新互动发展不断增强。

（1）标准与新科技紧密结合。在“十四五”国家质量基础设施重大专项中设“标准国际化”项目，以科技创新支撑新型电力系统、智能机器人、纳米新材料和物联网新型基础设施等领域的标准研制。

（2）战略性新兴产业标准供给能力增强。在北斗导航、载人航天等重点领域开展7项北斗卫星导航标准、14项空间科学标准研制攻关，推进了100余项北斗应用标准研制；在集成电路、清洁能源、生物技术等关键和新兴技术领域开展了200余项国家标准研制。

（3）先进标准引领作用效果明显。截至2023年底，已有2003家企业的3631项标准成为“领跑者”，“领跑者”名单覆盖893类产品及服务。其中1400项均是在2023年新增出台。

（资料来源：http://m.qlwb.com.cn/detail/23515834.html）

第一节 商品质量概述

一、商品质量的含义

商品质量是衡量商品使用价值的尺度。国际标准化组织（International Organization for Standardization，ISO）对质量的定义是：质量是反映实体满足明确或隐含需要能力的特征和特性的总和。这里的“特征”是指用来区分同类商品不同品种的特别显著的标志，如电风扇的落地式、壁挂式、台式、吊式的区分标志。“特性”是指不同类别商品所特有的性质，如空调的制冷、制热性能，保温瓶的保温性能等。

商品质量有广义和狭义之分。广义的商品质量是指商品具有满足明确和隐含需要的能力的特征和特性的总和；狭义的商品质量是指商品具有满足明确和隐含需要的能力的特性的总和。因此，广义的商品质量包括狭义的商品质量和商品品种两方面的内容。

二、商品质量的基本要求

商品质量是商品所具备的能够满足人们一定消费要求（或需要）的属性。商品质量的要求是依据其用途、使用方法等提出的，不同的消费者根据不同的消费目的对商品质量有着不同的要求。由于商品种类繁多，其用途和使用方法也多种多样，因此商品质量要求也各不相同，可概括为以下六个方面。

（一）适用性

任何商品都必须具有适用性，也即有用性。它是商品为满足一定的用途（或使用目的）所必须具备的各种性能或功能。不同的商品，因其使用目的不同，其适用性也具有不同的内容。例如，对食品而言，因其以食用为主要目的，它就应具有一定的营养功能，以维持人体正常代谢所必需，这就要求食品应具有一定的营养功能——供给热量、保持体温、维持生命、修补组织、调节代谢；对服装而言，其适用性的内容就是其遮体、御寒的功能；对照明灯具而言，其适用性的内容是指其通电发光的功能；对电视机而言，其适用性的内容是其接收信号并转化为图像和伴音的功能。

（二）安全卫生性

安全卫生性是指对商品在生产、流通，尤其是在使用过程中保证人身安全与健康，以及环境不受污染、不造成公害的要求，这是评价商品质量的一个重要指标。

商品都应具有保障使用者人身安全与健康的质量特性。例如，食品应不含有毒物质，必须符合卫生要求；家用电器必须有良好的绝缘性和防护装置，以免造成使用者触电。

商品的安全卫生性除包括对商品使用者的安全卫生保障外，从现代观念考虑，还应包括不给第三者的人身安全、健康，即社会和人类的生存环境造成危害，如空气污染、水源污染、废弃物污染、噪声、辐射等现代社会问题。在现代社会中，有关安全卫生的社会要求正越来越受到人们的重视，环境保护问题已成为当今社会的一大主题。

（三）审美性

审美性是商品能够满足人们审美需要的属性，它已成为提高商品竞争能力的重要手段之一。随着社会的进步和商品生产的极大发展，人们已不再仅仅满足于物质需求，而对商品有了较高的精神要求。现代社会中，商品不仅要实用，而且还要能给人以美的享受，这就要求商品要实现物质方面的实用价值与精神方面的审美价值的高度统一。

商品的审美性主要表现在商品的形态、色泽、质地、结构、气味、味道和品种多样化等方面。

食品的审美性要求食品应具有良好的色、香、味、形，它们对于引起人的食欲、购买欲，提高各种营养成分的消化、吸收程度有着重要的影响。例如，食品若具有柔和的颜色、诱人的香气、可口的滋味和喜人的外观，那么只要一接触（看到或闻到）它们，就会引起人们的良好反应，人体各消化器官就会分泌较多的消化液，帮助消化和吸收食品中的营养成分，提高食品的营养价值。

对于服装商品，人们的购买目的已不是单纯的遮体、御寒，而更主要的是美的享受。服装的审美性主要指织物表面所呈现的外观质量，在色泽、花纹、图案、色彩、款式、风格等方面应具有时代的艺术特色，体现现代开放式的生动、活泼、舒畅的生活风貌；适合季节变化、人们的年龄差异、个性特点、文化素养等。服装的审美性不仅能使人们的生活丰富多彩，更能体现人们的精神风貌，充分反映时代的气息。

日用工业品的审美性主要表现在以下两个方面：一是商品的外观良好，不得有外观疵点；二是商品要有精美的外观，具有艺术性、装饰性、时尚性等，如造型式样新颖、花纹色彩丰富、材料质地考究、装潢大方典雅、有较强的时代感等。

商品的审美性除了商品本身的审美质量外，还包括其包装装潢的审美性。优质的商品要有精美的包装，以满足人们对美的需求，提高商品的价值，增加商品的竞争力。

（四）寿命和可靠性

任何商品都具有一定的寿命，它说明了商品的耐用程度。不同的商品其寿命的表示方法和内容不同。有些商品，它们的寿命主要是指储存寿命，即在规定条件下使用性能不失效的储存总时间，如食品的保质期、医药商品和化妆品的有效期等。对于大多数工业品商品，其寿命是指使用寿命，即该商品在规定的使用条件下，保持正常使用性能的工作总时间，它体现了商品能按规定用途正常工作的时间性的质量特性，如电灯泡的连续照明时间、电池的连续放电时间等。

可靠性是商品在规定条件下和规定时间内，完成规定功能的能力。它是与商品在使用过程中的稳定性和无故障性联系在一起的质量特性，是评价机电类商品质量的主要指标之一。

要求商品坚固耐用、寿命长是消费者的普遍愿望，这也是商品质量的一个重要方面。

（五）经济性

对于消费者来说，总是希望商品的质量特性最好，而其价格又要最低，同时其使用、维护成本也要最低，这是一个理想标准。在实际生活中，商品的质量和价格及使用维护费要满足一个合理的配比，既经济又实惠，这就是商品的经济性。商品质量的经济性要求应包括以下两方面的内容：一是统一在“物美价廉”基础上的最适质量；二是商品价格与使用费用的最佳匹配，即优质与低成本（价格）和低使用维护费的统一。

（六）信息性

信息性是指应为消费者提供的关于商品的有用信息，主要包括商品名称、用途、规格、型号、重量、原材料或成分；生产厂名、厂址、生产日期、保质期或有效期；商标、质量检验标志、生产许可证、卫生许可证；储存条件；安装使用、维护方法和注意事项；安全警告；售后服务内容；等等。这些信息的提供有利于消费者了解商品、比较选购、正确使用、合理维护和安全储存商品，并能使消费者在其权益受到侵害时，进行自我保护。

三、影响商品质量的主要因素

商品质量受很多因素影响，这些因素贯穿于商品生产、流通和消费（使用）的全过程。

（一）生产过程中影响商品质量的因素

商品质量产生、形成于商品的生产过程，生产过程是影响商品质量的根本因素。

对于工业品商品来说，生产过程中影响商品质量的因素主要是产品开发设计、原材料质量、生产工艺和设备、质量控制、商品包装与成品检验等环节。

1. 产品开发设计

在商品质量形成过程中，产品的设计质量具有决定性意义。设计合理、质量高，才有可能生产出高质量的商品，如果产品在设计时存在某些本质性质量缺陷，就不可能生产出高质量的商品。例如，电风扇的风量、冰箱的制冷量都是由开发设计质量所决定的。商品在开发设计时应充分考虑消费者的质量要求和生产成本的协调，考虑标准化和有关法规的要求，并应进行可行性论证。

2. 原材料质量

原材料是构成商品的物质基础，其质量是决定商品质量的重要因素。不同原材料生产出的商品，在性能、质量、品种上不同，这主要是由不同原材料在成分、性质、结构等方面的差异引起的。例如，新鲜肉类制成的食品，其营养价值和风味俱佳，质量好；不同质量矿泉水生产的饮料，其质量也有差别；以鲜嫩叶为原材料制成的茶叶比以老叶为原材料制成的茶叶质量好、档次高。由上可见，在其他生产条件相同的情况下，原材料质量直接影响制成品的质量和等级。

3. 生产工艺和设备

商品的有用性及外形、宏观结构等都是在生产过程中形成的，因此生产工艺对商品质量同样具有决定性作用。同样的原材料在不同的工艺路线下可形成不同的商品品种和质量。例如，机器压制玻璃杯和人工吹制玻璃杯在厚度、透明度、耐温急变性等方面就不相同，机械化生产的皮鞋和人工制造的皮鞋在质量上也有很大差异。不同工艺条件下生产的电器产品其质量也存在很大差异。

科学技术的发展和革新可以使商品质量发生质的飞跃，这种变化在很多情况下是通过生产工艺的改进来实现的。例如，在冷冻食品生产上，采用速冻工艺生产出的冷冻食品质量是一般冷冻工艺所无法比拟的。

4. 质量控制

质量控制是在商品生产阶段保证商品质量的一系列重要措施，质量控制是指从原材料到制成品整个制造过程的质量控制，包括原材料质量控制、设备和工具的质量控制、工艺条件和工作质量控制等。这就要求在投入生产前必须对所有原材料、元器件进行检验，保证其符合质量标准。对于生产设备、工具等也应保证其完好无损，工作性能稳定。对于工艺过程中的控制主要是保证各项工艺参数的稳定，质量控制的目的在于及时消除不正常因素对商品质量形成的影响，保证商品的制造质量达到设计质量的要求。

5. 商品包装与成品检验

商品包装是商品生产的继续，也是商品生产的最后一道工序。包装质量是构成商品质量的重要因素，商品包装可以减少和防止外界因素对商品内在质量的影响，并能装饰、美化商品，便于商品的储运、销售和使用，甚至还可以增加商品的价值。

成品检验是根据商品质量标准判断成品及其包装质量是否合格的工作，这也是商品由生产阶段进入储运流通阶段的最后一个环节。它是保证进入流通领域商品质量的一个重要关口，检验合格的商品进入流通环节，不合格的商品返回生产环节进行返修。同时检验时所发现的问题应及时反馈给有关方面，采取必要的措施，以避免同类问题的重复出现，这对提高成品合格率，降低生产成本具有重要意义。

（二）流通过程中影响商品质量的因素

流通过程是指商品离开生产过程进入消费过程前的整个过程。这个过程包括商品的运输、储藏保管和销售等环节，在这些环节中同样存在着影响商品质量的各种因素。

商品进入流通领域，运输是商品流转的必要条件，运输对商品质量的影响与运程的远近、时间的长短、运输的气候条件、运输路线、运输方式、运输工具、装卸工具等因素有关。商品的运输途径有铁路、公路、水路、航空等，在运输过程中商品会受到冲击、挤压、振动等机械作用的影响，同时还会受到温度、湿度、风吹、日晒、雨淋等气候条件的影响。商品在装卸过程中还会发生碰撞、跌落、破碎、散失等现象，这些因素既增加了商品的损耗，也降低了商品的质量。

商品储存是商品流通的一个重要环节，因为商品由生产到消费存在着一个时间差，在这个时间内商品必须经过储存。商品在储存期间，由于商品本身的性质和储存的外部环境的影响，商品质量会发生一定的变化。商品在储存期间的质量变化与商品的性质、储存场所的内外环境条件、养护技术与措施、储存期的长短等因素有关，其中商品本身的特性是商品质量变化的内因，而仓储环境条件（如温湿度、空气成分、微生物及害虫等）是储存期间商品质量变化的外因，因此可通过一定的养护技术和措施来控制合适的储存环境因素，以减少和减缓外界因素对仓储商品质量的不良影响。

销售是商品由流通领域进入消费领域的环节，销售服务的质量也是影响消费者所购商品质量的因素，如商品进货质量的把关、入库短期存放、商品陈列、提货搬运、装配调试、包装服务、技术咨询、送货服务、维修和退换服务等。其中技术咨询是指导消费者正确使用商品的重要措施，这有利于减少甚至消除消费者在消费（使用）过程中因操作使用不当而引起的商品质量问题。商品良好的售前、售中、售后服务质量，在现代已逐渐被视为商品质量的重要组成部分。

（三）消费（使用）过程中影响商品质量的因素

商品在消费（使用）过程中，如商品的使用范围和条件、商品的使用方法及维护保养，甚至商品使用后的废弃处理等都影响着商品质量。

任何商品都有一定的使用范围和条件，在使用当中只有遵从其使用范围和使用条件，才能发挥商品的正常功能，否则就会对商品质量造成严重影响。例如，燃气热水器要区分气源类别；家用电器要区分交流直流及电源电压值；电脑要注意工作场所的温度、湿度等。商品除有一定的使用范围和条件外，正确安装也是保证商品质量的因素之一。例如，燃气热水器的分室安装或其烟道的正确安装；有些要求安装地线保护的电器必须按要求正确安装，否则不安全，甚至会造成人身伤亡事故。

正确使用和维护保养商品是保证商品质量、延长商品寿命的前提。消费者在使用商品中应了解商品的结构、性能特点，掌握正确的使用方法，并应具备一定的商品日常维护保养知识。例如，某些电器商品应经常保持清洁，定期添加润滑油等；皮革服装穿用时要避免坚硬物质摩擦或被坚硬物划破，收藏时宜在干燥处悬挂存放，防止压瘪起皱、生霉等；奶粉应放在干燥阴凉处等，所以对商品应认真地编制使用（食用）和养护说明书，使消费者能很容易地掌握商品的使用（食用）方法和养护方法，以便在使用过程中更好地保护商品质量。

第二节 商品质量管理

一、商品质量管理的发展阶段

当今世界各国都极为重视商品质量，把商品质量视为关系企业存亡的兴衰之所在。保证和提高商品质量关键在于严格的、科学的质量管理，商品质量管理和质量保证在全球范围内迅速发展，并得到世界各国的重视。商品质量管理的发展，与科学技术、生产力水平，以及管理科学化和现代化的发展密不可分。从工业发达国家解决产品（商品）质量问题涉及的理论和所使用的技术与方法的发展变化来看，质量管理的发展大体经历了以下三个阶段。

（一）检验质量管理阶段

从 20 世纪初期到 40 年代，主要是按既定质量标准要求对产品进行检验；管理对象限于产品本身的质量；管理领域局限于生产制造过程。检验质量管理是一种消极防范型管理，依靠事后把关，杜绝不合格产品进入流通领域，无法在生产过程中起到预防、控制作用。

（二）统计质量管理阶段

从 20 世纪 40 年代到 50 年代末，主要是按照商品标准，运用数理统计在从设计到制造的生产工序间进行质量控制。预防产生不合格产品，管理对象包括产品质量和工序，管理领域从生产制造过程扩大到设计过程。统计质量管理是一种预防型（事先监控型）管理，依靠生产过程中的质量控制，把质量问题消灭在生产过程中。

（三）全面质量管理阶段

从 20 世纪 60 年代至今，世界各国积极推行全面质量管理。全面质量管理就是以质量为中心，全体职员和有关部门积极参与，把专业技术、经济管理、数理统计和思想教育结合起来，建立起产品（商品）的研究、设计、生产、服务等全过程的质量体系，从而有效地利用人力、物力、财力和信息等资源，以最经济的手段生产出顾客满意、组织及其全体成员及社会都得到好处的产品（商品），进而使组织能够长期发展并最终获得成功。

二、全面质量管理

（一）内涵

全面质量管理，是指一个组织以质量为中心，以全员参与为基础，目的在于通过顾客满意和本组织所有成员及社会受益而达到成功的管理途径。在全面质量管理中，质量这个概念和全部管理目标的实现有关。

（二）特点

与传统的质量管理相比较，全面质量管理的特点如下。

（1）把满足消费者或用户需要放在第一位。

（2）运用以数理统计方法为主的现代化综合管理手段和方法，对商品开发、设计、生产、流通、使用、售后服务及用后处置的全过程进行全面管理。

（3）防检结合，以防为主，重在分析各种因素对商品质量的影响。

（4）既管产品质量，又管工作质量和工序质量。

（5）不仅要保证产品质量，还要做到成本低廉，供货及时，服务周到。

（6）依靠与商品使用价值形成和实现有关的所有部门和人员来参与质量管理。

（7）实行严格标准化，不仅贯彻成套技术标准，而且要求管理业务、管理技术、管理方法的标准化。

全面质量管理是一种全面、全过程、全员参与的积极进取型管理，强调调动人的一切积极因素，根据系统论的观点把管理对象看作一个整体，分析系统各要素相互联系、相互作用的相关性，采取相应对策，使商品的设计、开发、生产、流通和消费的全过程均处于监控状态，从而保证商品质量符合消费者或用户需要。

（三）全面质量管理常用的七种工具

所谓全面质量管理常用的七种工具，就是在开展全面质量管理活动中，用于收集和分析质量数据，分析和确定质量问题，控制和改进质量水平常用的七种方法。这些方法既科学又实用，作为班（组）长应该先学习和掌握它们，并带领工人应用到生产实际中。

1. 统计分析表法和措施计划表法

质量管理讲究科学性，一切凭数据说话。因此对生产过程中的原始质量数据的统计分析十分重要，为此必须根据本班（组）、本岗位的工作特点设计出相应的表格。

2. 排列图法

排列图法是找出影响产品质量主要因素的一种有效方法。

制作排列图的具体步骤如下。

第一步，选题，确定质量特性。

第二步，设计一张数据记录表。

第三步，将数据填入表中，并合计。

第四步，制作排列图用数据表，表中有各项不合格数据，累计不合格数，各项不合格所占百分比及累计百分比。

第五步，按数量从大到小的顺序，将数据填入数据表中。“其他”项的数据由许多数据很小的项目合并在一起，将其列在最后，而不必考虑“其他”项数据的大小。

第六步，画两根纵轴和一根横轴，左边纵轴，标上件数（频数）的刻度，最大刻度为总件数（总频数）；右边纵轴，标上比例（频率）的刻度，最大刻度为100%。左边总频率的刻度与右边的总频率的刻度（100%）高度相等。横轴上将频数从大到小依次列出各项。

第七步，在横轴上按频数大小画出矩形，矩形的高度代表各不合格项频数的大小。

第八步，在每个直方柱右侧上方，标上累计值（累计频数和累计频率百分数），描点，用实线连接，画累计频数折线（巴雷特曲线）。

第九步，在图上记入有关必要事项，如排列图名称、数据、单位、作图人姓名，以及采集数据的时间、主题、数据合计数等。

3. 因果分析图法

因果分析图又叫特性要因图。按其形状，有人又叫它树枝图或鱼刺图。它是寻找质量问题产生原因的一种有效工具。

画因果分析图的注意事项如下。

（1）影响产品质量的大原因，通常从五个大方面去分析，即人、机器、原材料、加工方法和工作环境。每个大原因再具体化成若干个中原因，中原因再具体化为小原因，越细越好，直到可以采取措施为止。

（2）讨论时要充分发挥学术民主，集思广益。别人发言时，不准打断，不开展争论。各种意见都要记录下来。

4. 分层法

分层法又叫分类法，是分析影响质量（或其他问题）原因的方法。我们知道，如果把很多性质不同的原因搅在一起，那是很难理出头绪来的。分层法是把收集来的数据按照不同的目的加以分类，把性质相同，在同一生产条件下收集的数据归在一起。这样，可使数据反映的事实更明显、更突出，便于找出问题，对症下药。分类方法多种多样，并无任何硬性规定。

5. 直方图法

直方图是频数直方图的简称。它是用一系列宽度相等、高度不等的长方形表示数据的图。长方形的宽度表示数据范围的间隔，长方形的高度表示在给定间隔内的数据数。

6. 控制图法

控制图法是以控制图的形式，判断和预报生产过程中质量状况是否发生波动的一种常用的质量控制统计方法。它能直接监视生产过程中的过程质量动态，具有稳定生产、保证质量、积极预防的作用。

7. 散布图法

散布图法，是指通过分析研究两种因素的数据之间的关系，来控制影响产品质量的相关因素的一种有效方法。

在生产实际中，往往是一些变量共处于一个统一体中，它们相互联系、相互制约，在一定条件下又相互转化。有些变量之间存在着确定性的关系，它们之间的关系，可以用函数关系来表达，如圆的面积和它的半径关系：$S=\pi r^2$；有些变量之间却存在着相关关系，即这些变量之间既有关系，但又不能由一个变量的数值精确地求出另一个变量的数值。将这两种有关的数据列出，用点标在坐标图上，然后观察这两种因素之间的关系。这种图就称为散布图或相关图。

第三节　商品标准与标准化

一、商品标准的界定

（一）标准

标准是指由有关各方根据科学技术成就与经验，共同合作起草，一致或基本上同意的技术规范和其他公开文件，其目的在于促进最佳公众利益，并由标准化团体批准。为了使标准的定义与国际上的提法协调一致，《标准化工作指南 第1部分：标准化和相关活动的通用术语》条目5.3中对标准描述为：通过标准化活动，按照规定的程序经协商一致制定，为各种活动或其结果提供规则、指南或特性，供共同使用和重复使用的一种文件。它以科学、技术和实践经验的综合成果为基础，经有关方面协商一致，由国家批准，以特定的形式发布，作为共同遵守的准则和依据。

标准定义揭示了以下内涵。

（1）标准的本质特征是统一。当技术或其他事物的发展需要某种协调统一时才有必要制定标准。

（2）标准的产生以科学技术和实践经验为基础，即标准的产生既要吸收科学技术先进成果，又要顾及当下的生产实践，充分听取各方面意见，最终制定出科学合理的标准。

（3）制定标准的目的是获得最佳秩序和最佳效益，即有利于社会分工、协作的顺利进行和社会、经济效益和生态效益的最佳获取。

（二）商品标准

商品标准是技术标准的一种，主要是对商品的品质规格及检验方法所做的技术规定。在标准中明确规定商品的结构、化学组成、规格、质量、等级、检验、包装、储存、运输、使用及生产技术等规定。商品标准是在一定时期和一定范围内具有约束力的产品技术准则，是商品生产、检验、验收、监督、使用、维护和贸易洽谈的技术依据，对于保证和提高商品质量，提高生产和使用的经济效益，具有重要意义。

二、商品标准的分类

（一）按发生作用的范围不同分类

1. 国际标准

国际标准是指由国际上权威的专业组织制定，并为世界上多数国家所承认和通用的产品质量标准，如ISO、FAO（Food and Agriculture Organization of the United Nations，联合国粮食及农业组织）等国际组织颁布的标准。国际标准属于推荐性标准。

2. 国家标准

国家标准是由国务院有关主管部门提出，由国家标准管理委员会审批和公布，在全国范围内实施的标准。国家标准的代号由 GB（强制性标准）或 GB/T 后加两组数字组成，第一组数字表示标准的顺序编号，第二组数字表示标准批准或重新修订的年代。

3. 企业标准

企业标准由企业制定发布，在该企业范围内统一使用的标准。企业标准的代号由 Q 加斜线再加上企业代号组成。我国产品质量认证标志有质量合格标志和进出口商品检验标志。质量合格标志有方圆标志、长城标志和电子元器件专用认证标志等。方圆标志又可分为合格认证标志和安全认证标志。进出口商品检验标志分为“安全标志”“卫生标志”“质量标志”。绿色食品标志由三部分构成，上方是太阳，下方是叶子，中间是蓓蕾，整体为正圆形，图案为绿色。

（二）按商品标准的表达形式分类

1. 文件标准

文件标准是以文字（包括表格、图形等）的形式对商品质量所做的统一规定。绝大多数商品标准都是文件标准。文件标准在其开本、封面、格式、字体、字号等方面都有明确的规定，应符合《标准化工作导则标准出版印刷的规定》的有关规定。

2. 实物标准

实物标准是指对某些难以用文字准确表达的质量要求（如色泽、气味、手感等），由标准化主管机构或指定部门用实物做成与文件标准规定的质量要求完全或部分相同的标准样品，作为文件标准的补充，同样是生产、检验等有关方面共同遵守的技术依据。例如，粮食、茶叶、羊毛、蚕茧等农副产品，都有分等级的实物标准。实物标准是文件标准的补充，实物标准要经常更新。

（三）按标准的约束程度不同分类

1. 强制性标准

强制性标准又称法规性标准，即一经批准发布，在其规定的范围内，有关方面都必须严格贯彻执行。国家对强制性标准的实施情况依法进行有效的监督。

2. 推荐性标准

推荐性标准又称自愿性标准，即国家制定的标准由各企业自愿采用，自愿认证，国家利用经济杠杆鼓励企业采用。实行市场经济的国家大多数实行推荐性标准。例如，国际标准及美国、日本等国的大多数标准。

（四）按标准的成熟程度不同分类

按标准的成熟程度不同可分为正式标准和试行标准。试行标准与正式标准具有同等效用，同样具有法律约束力。试行标准一般在试行 2～3 年后，经过讨论修订，再作为正式标准发布。现行标准绝大多数为正式标准。

（五）按商品标准的保密程度分类

按商品标准的保密程度可分为公开标准和内部标准。我国的绝大多数标准都是公开标准。少数涉及军事技术或尖端技术机密的标准，只准在国内或有关单位内部发行，这类标准称为内部标准。

另外，商品标准还可以按性质分为产品标准、方法标准、基础标准、安全标准、卫生标准、管理标准、环保标准和其他标准等。

三、商品标准化

（一）商品标准化的概念

所谓商品标准化是指在商品生产和商品流通的各个环节中推行商品标准的活动。它是商品标准的制定、发布、贯彻实施和修订的整个动态实践的过程。商品标准化包括名词术语统一化，商品质量统一化，商品零部件通用化，商品品种规格系列化，商品检验方法标准化，商品包装、储运、养护标准化和规范化等内容。

（二）商品标准化的形式

所谓标准化的形式就是标准化内容的存在方式，也就是标准化过程的表现形态。标准化有多种形式，每种形式都表现不同的标准化内容，针对不同的标准化内容，针对不同的标准化任务，达到不同的目的。主要的商品标准化形式有简化、统一化、系列化、通用化、组合化等。

1. 简化

简化是在一定范围内缩减商品（事物）的类型数目，使之在既定时间内满足一般需要的商品标准化形式。简化是商品标准化的初级形式，也是实践中应用较广泛的一种形式。它是控制复杂性，防止多样性自由泛滥的一种手段。由于需求的增长、科学技术的进步，以及企业之间的竞争，商品的种类、品种、规格等有急剧增多的趋势，如果不控制和引导，就会导致生产混乱，浪费社会财富。

简化一般是事后进行的，也就是商品的多样化已经发展到一定规模以后，才对商品的类型数目加以缩减。这种缩减是在一定的时间和空间范围内进行的，其结果必须保证在既定的时间内满足一般需要。在科学的基础上，通过合理的简化，去掉不必要的商品类型，以及同类商品中多余的、重复的和低功能的商品品种，使商品的功能增加、性能提高、品种构成合理、趋于优化，形成系列，从而为新的商品类型、品种、规格的出现扫清障碍，为商品多样化的发展和满足社会的多样化需要创造条件。因此，简化是商品系统发展的外在动力，是对商品类型、品种进行有意识控制的一种有效形式。

2. 统一化

统一化是把同类事物（商品）两种以上的表现形式归并为一种或限定在一定范围内的商品标准形式。统一化是商品标准化活动中内容最广泛、开展最普遍的一种形式。统一化的目的是消除因不必要的多样化而造成的混乱，为人类的正常活动建立共同遵循的秩序。统一化的实质是使商品（事物）的形式、功能（效用）或其他技术特征具有一致性，并把这种一致性通过商品标准以定量化的方式确定下来。

统一化与简化有密切联系，但也有区别，前者着眼于取得一致性，后者着眼于精练。

在统一化活动中，要做到以下几点。

（1）要运用预测技术和经济效果分析等方法，正确地确定统一的时机。

（2）通过调查研究，合理地规定商品的哪些指标该统一，哪些指标不应统一，哪些指标要严格统一，哪些指标应该灵活统一。

（3）正确规定指标的水平和灵活度。

统一化有两类：一类是绝对的统一，它不允许有什么灵活性，如各种编码、代号、标志、单位、运动方向等；另一类是相对的统一，它的出发点或总趋势是统一，但在统一中还有灵活性，根据情况区别对待。

在现代社会里，统一化仍然发挥着重要作用。一个部门或一个企业，需要进行大量的统一化工作，如概念、符号、代号、术语、标志、商品质量、检验方法、操作规程、管理制度等。随着社会生产的日益发展，生产过程之间的联系日益复杂，尤其在国际交往日益扩大的情况下，需要统一的对象越来越多，统一的范围也越来越广。

3. 系列化

系列化是对同一类商品中的一组商品进行标准化的一种形式。它是标准化的高级形式。通过对同一类商品发展规律的分析研究，国内外供应和需求发展趋势的预测，结合我国的生产技术条件，经过全面的技术经济比较，将商品的主要参数、型式、尺寸、基本结构等做出合理的安排与规划，以协调同类商品和配套商品之间的关系。因此，也可以说系列化是使某一种商品系统结构优化、功能最佳化的标准化形式。

商品系列化一般包括制定商品基本参数系列、编制商品系列型谱和进行系列设计等三个方面。

1）商品基本参数

商品基本参数是商品基本性能或基本技术特性的标志，是选择或确定商品功能范围、规格尺寸的基本依据。商品基本参数系列是将商品的基本参数按一定的规律排列形成的数列，是指导生产厂发展品种、指导用户选用商品的最基本依据。基本参数系列确定得是否合理，不仅关系到这种商品与相关商品之间的配套协调，而且在很大程度上会影响企业的经济效益及社会经济效益。制定基本参数系列包括选择基本参数和主参数、确定主参数和基本参数的上下限、确定参数系列等步骤。主参数是各项参数中起主导作用的参数，它应是商品中最稳定的、能反映商品基本特性的参数。经过技术经济比较，从几个可行方案中选定最优参数系列方案。

2）商品系列型谱

商品系列型谱是工业主管部门根据国民经济发展和市场的需要，对国内外同类商品生产发展和需求状况进行分析后，对基本总数系列所限定的商品进行型式规划，把基型商品和变型商品的关系及品种发展的总趋势，用图表反映出来，形成一个简明的品种系列表。一种商品的系列型谱，是该商品品种发展规划的一种表现形式。它不仅为选择商品发展方向、制订商品技术发展规划、合理安排商品生产及整顿现有商品、发展变型商品等提供依据，而且还可防止企业盲目设计没有发展前途的品种。系列型谱的形式和内容不尽一致，要视情况而定。有时型谱还将商品发展方向、设计试制状况、生产情况、近期和远期发展的重点等带有方向性的问题用醒目的符号标示出来，以指导设计和生产。

3）系列设计

系列设计是以基型为基础，对整个系列商品进行的技术设计或施工设计。具体做法如下。

（1）在系列内选择基型。基型应该是系列内最有代表性、规格适中、用量最大、生产较普遍、结构较先进，经过长时期生产和使用考验较为理想又很有发展前途的型号。

（2）在充分考虑系列内商品之间，以及与变型商品之间的通用化的基础上，对基型产品进行设计。

（3）向横的方向扩展，设计全系列的各种规格。这时要充分利用结构典型化和零件通用化等方法，扩大通用化程度。

（4）向纵的方向扩展，设计变型商品或变型系列，并使变型与基型最大限度地通用，尽量做到只增加少数专用件就可以发展一个变型商品或变型系列。

系列设计是有效的统一化，能有效防止全国范围内同类商品型式、规格的杂乱，能集中研究和设计优势，既可保证设计的先进性，又可防止各企业平行设计同一商品，做到最大限度地节约设计成本。系列设计的商品基础件通用性好，易于根据市场动向和消费者的特殊要求，机动灵活地发展新品种，也便于组织专业化协作生产和配套维修。

4. 通用化

在相互独立的系统中，选择和确定具有功能互换性或尺寸互换性的子系统功能单元的标准化形式叫通用化。通用化要以互换性为前提。

对于具有功能互换性的复杂商品来说，通用化的程度越高，生产机动性越大，对市场的适应性也越强。提高商品的通用化水平，对防止不必要的多样化、增强企业竞争能力、组织专业化生产、提高经济效益有明显作用。

通用化的一般方法，是在商品系列设计时要全面分析商品的基本系列和变型系列中零部件的共性与个性，从中选择具有共性的零部件定为通用件或标准件；在单独设计某一商品时，尽量采用已有的通用件；新设计零部件时，要充分考虑其是否能为以后的新商品所采用，并逐步发展为通用件或标准件；对现有商品进行革新时，可根据生产、使用、维修过程中积累的经验，将可以通用的零部件经过分析、试验达到通用，这也是老商品革新的一项内容。

5. 组合化

组合化是按照标准化的原则，设计并制造出一系列通用性较强的单元（标准单元），根据需要拼合成不同用途的商品的一种标准化形式。

组合化是根据系统的分解和组合原理，把一个具有某种功能的商品看作一个可分解为若干功能单元的系统。由于某些功能单元不仅具备特定的功能，而且可以与其他系统的某些功能单元通用、互换，于是这类功能便可分离出来，以通用单元或标准单元的形式存在，这就是分解。把准备好的标准单元、通用单元和个别的专用单元，按照新系统的要求有机地结合起来，组成具有新功能的新系统，这就是组合。在商品设计、生产、使用过程中都可以运用组合的形式。

组合化的内容主要是选择或设计标准单元和通用单元（又称“组合元”），并预先制造和储存一定数量的标准组合元，根据需要组装成不同用途的商品。组合化的原则和方法，已广泛应用于机床、仪器仪表、家具制造、工艺装备的制造和使用，建筑业也广泛采用组合式建筑结构，并显示出明显的优越性。

（三）标准化的作用

标准化的重要作用已被人们普遍认识和认可，可以从三个方面来阐述，即标准化与经济建设和社会生活的关系、标准化与科学技术的关系、标准化与国际贸易的关系。

1. 标准化有利于促进经济建设和社会生活的协调发展

经济建设发展越迅速，生活水平提高得越快，人们对标准化的要求也就越高，尤其在安全、健康和环境保护等方面。标准化活动要讲经济效益，但当经济效益与社会效益发生冲突时，前者必须服从后者。国内外的标准化活动在安全、健康和环境保护方面都是严格遵循这一原则的。标准的重要作用在于，一方面能够促进经济建设的有序发展，另一方面能控制和最大限度地降低经济活动带给社会的负面作用（如生态破坏、环境污染等），由此促进两者的协调发展。

2. 标准化有利于科学技术的进步和发展

科学技术的高速发展推动了标准活动的开展，信息技术的标准化就是一个突出的实例。标准化反过来又促进了信息技术的一体化，推动了各国之间的信息技术交流和成果共享，从而有利于科技进步和发展。标准化是积累实践经验、推广应用高新技术、促进技术进步的桥梁。

3. 标准化有利于消除“贸易壁垒”，促进国际贸易的发展

影响国际自由贸易的障碍有两种：一是关税壁垒，是指进出口商品经过一个国家的关界时，由海关向进出口商征收高关税的一种贸易壁垒；二是非关税壁垒，是指海关以外的一切限制进口的措施，是通过法律、政策等措施形成的限制进口的贸易壁垒。非关税壁垒分为两类：一是进口国直接对进口商品的数量或金额加以限制，如进口配额制、进口许可证、外汇管制等；二是技术壁垒，是指由各种技术法规和技术标准形成的贸易壁垒。各国都为解决进出口贸易的不平衡，保护本国或本地区的利益，纷纷由关税壁垒转向技术壁垒。

技术壁垒是以国家或地区制定的技术法规、协议和标准的形式出现的，其内容十分广泛，主要包括以下几方面。

1）各种技术法规

技术法规是指包含或引用有关技术标准的法规，其内容主要涉及劳动安全、环境保护、卫生与健康、交通规则、无线电干扰、节约能源与材料、消费者和保护等。工业发达国家颁布的技术法规种类繁多，如《联邦食品药品及化妆品法》《消费产品安全法》《易燃织物法》等。在市场经济的国家，商品技术要求一般为推荐性标准，不具有强制性约束力。但这些标准在法律或规则中被运用，就具有了法律效力，并成为贸易保护的工具。例如，欧盟玩具标准EN71共十一部分，一般玩具只需做前三部分，即EN71-1、EN71-2、EN71-3，我国是玩具生产出口大国，出口欧洲市场的玩具很多，各商家务必自觉做好欧盟玩具EN71测试，只有通过EN71测试的玩具，才可以进入欧洲市场。

2）严格的技术标准

传统的标准和标准化活动，被认为是企业组织生产的依据。而当前，随着国际贸易竞争的日益激烈，许多国家有意识地利用标准化作为竞争的手段，把强制性标准或标准中的技术差别作为贸易保护主义的措施，特别是在保证食品卫生、保护环境和人身健康安全方面，许多国家和地区都制定了严格的技术标准。例如，粮食卫生标准；食品卫生标准；餐具中的铅、锑、砷、汞等含量标准；食品机械设备卫生标准；劳动环境卫生标准；防疫检疫；等等。其中，最重要的是食品卫生标准。为了使本国食品在激烈的市场竞争中站住脚，其内容涉及食品原料、加工方法、食品添加剂、食品包装材料、农药残留量等多方面。自然环境是人类生活劳动的场所，它遭到破坏将影响人身健康和生命，因此各国都非常重视环境标准，如废气、废水、废渣、粉尘、放射性物质等有害物质的排放标准；汽车、机床、风机、水泵等噪声标准。有关产品使用安全的标准，尤其是儿童用品安全始终是国际贸易中关注的问题。

3）商品及其包装的特殊要求和规定

各国因所处的地理环境不同，消费水平和消费结构不同，对进口商品的品种、规格花色、款式或其他外观，以及商品包装和标签均提出了限制条件。进口的商品必须符合这些规定，否则不进口或禁止上市销售。

4）工业产权、知识产权的技术保护

随着贸易国际化和自由化，以及国际技术文化交流日益频繁，属于工业产权和知识产权这类无形财产权在国际贸易中的纠纷案越来越多，有关国际组织和国家相继制定了这方面的国际公约或本国的法规，以保护本国的技术经济利益。例如，世界知识产权组织制定了《保护工业产权巴黎公约》《商标国际注册马德里协定》《保护原产地名称及其国际注册里斯本协定》《工业品外观设计国际注册海牙协定》等。

5）质量认证和认可制度、物品编码系统、计量单位、标志

在国际贸易中，不仅标准能构成贸易的技术壁垒，而且质量认证和认可制度、物品编码、标志、计量单位等往往也成为技术壁垒的手段。国际贸易对商品的质量认证、认可制度尤为重视，有些国家甚至限制没有经过认证的商品进入本国市场。

由于国际标准是大多数国家所能接受的，在国际贸易中，以国际标准作为交易双方的技术依据，使双方都处于平等的地位，不会因标准的差异而产生技术壁垒，因而可以消除国际贸易中的技术壁垒。为此，ISO 有针对性、有计划地加快了有关国际标准如 ISO9000 质量管理和质量保证系列标准、ISO14000 环境管理系列标准等的修订和完善工作。积极采用国际标准和国外先进标准也是我国突破国际贸易技术壁垒的一项重大的技术经济政策。我国采用国际标准的程度分为等同采用（≡）、等效采用（=）和非等效采用（≠）。凡已有国际标准的，应当以其为基础制定我国标准。对国际标准中的安全标准、卫生标准、环境保护标准和贸易需要的标准应当优先采用。企业开发新产品应积极采用国际标准和国外先进标准，引进生产线生产的商品必须达到采用国际标准和国外先进标准的要求，企业生产的产品，凡是有能力、有条件采用国际标准和国外先进标准的，都应采用相应的标准。暂时没有采用国际标准的重要产品，要限期采用。在进口和出口商品时，必须优先采用国际标准和国外先进标准。我国对采用国际标准生产的产品，按

照《采用国际标准产品标志管理办法》的规定实行标志制度。

➢本章小结

商品质量分为狭义和广义两个概念；商品质量包括适用性、安全卫生性、审美性、寿命和可靠性、经济性、信息性等六个基本特性；影响商品质量的因素贯穿于商品生产、流通和消费（使用）的全过程；商品质量管理的发展经历了检验质量管理、统计质量管理和全面质量管理三个阶段；全面质量管理是一种全面、全过程、全员参与的积极进取型管理，在开展全面质量管理活动中，用于收集和分析质量数据，分析和确定质量问题，控制和改进质量水平可以采用常用的七种方法；商品标准是技术标准的一种，主要是对商品的品质规格及检验方法所做的技术规定；商品标准化是指在商品生产和商品流通的各个环节中推行商品标准的活动。

➢关键术语

商品质量；全面质量管理；商品标准；商品标准化。

➢思考题

1. 简述商品质量的狭义概念和广义概念。
2. 论述商品质量的基本要求。
3. 论述影响商品质量的主要因素。
4. 论述全面质量管理的内涵和特点。
5. 论述商品标准化的形式。

第四章

商品质量的评价与监督

学习目标

1. 了解商品品级、商品质量认证的概念和作用、商品质量认证的分类、常见商品质量认证标志、商品质量监督的种类和形式、商品质量监督管理体制、商品质量追溯系统的构建及应用。

2. 理解商品质量认证、管理体系认证和服务认证的区别。

3. 熟悉商品检验的内容和方法、商品质量监督的概念和作用、商品质量追溯的定义。

4. 掌握商品质量追溯的作用和方法。

♦ **引导案例**☞

中国质量检验协会创新物流管理服务，实现助力消费者合法权益保护

结合2022年“3·15”国际消费者权益日主题，中国质量检验协会总结经验，集成“互联网+”、大数据、区块链技术等创新技术，向企业推广运用“3·15”质量诚信溯源和防伪标志，让消费者拉动质量提升，推进质量社会共治。

追溯体系是采集、记录产品生产、流通、消费等环节信息，实现来源可查、去向可追、责任可究，强化全过程质量安全管理与风险控制的有效措施。为了给会员企业建设追溯体系提供专业化服务，中国质量检验协会设计出防伪溯源和物流管理服务系统。

该系统是以物联网、大数据、云计算、区块链和人工智能与移动互联网信息技术为基础，实现全过程防伪溯源与质量诚信验证的服务平台，依托广大技术机构的技术支撑，应用二维码为载体，使用一物一码防伪技术，同时采用文字、图片和视频等多媒体方式，完整记录产品的原料来源、生产加工、仓储物流和市场销售等详细信息，融合实现产品质量来源可查、去向可追、责任可究的全过程追溯，切实方便企业履行质量安全主体责任并用科技、智能化、信息化的手段去加强质量安全风险控制，维护消费者合法权益。

中国质量检验协会以“传递质量信任，引导质量消费”为宗旨，在生产者、销售者、消费者、企业、政府、社会等多方之间传递信任，方便解决各类主体间信息不对称问题，并通过质量诚信溯源防伪标志和技术服务的运用，为企业提供产品防伪查询、产品质量溯源管理、防窜货管理、质量诚信验证、仓储管理、会员管理、移动营销等多功能于一体的应用服务，助力市场监管行政主管部门全面加强质量安全监管和提升质量安全保障水平，大力实施质量强国战略，维护市场秩序，传递质量信任、引导质量消费，更好地保护消费者合法权益。

（资料来源：笔者根据相关资料整理）

第一节　商品检验

一、商品检验的概述

（一）定义

商品检验是指商品的产方、买方或者第三方在一定条件下，借助某种手段和方法，按照合同、标准或国内外有关法律、法规、惯例，对商品的质量、规格、重量、数量、包装、安全及卫生等方面进行检查，并做出合格与否或通过验收与否的判定或为维护买卖双方合法权益，避免或解决各种风险损失和责任划分的争议，便于商品交接结算和出具各种有关证书的业务活动。

（二）目的与任务

商品检验的目的是运用科学的检验技术和方法，正确地评定商品质量。商品检验的任务是从商品的用途和使用条件出发，分析和研究商品的成分、结构、性质及其对商品质量影响，确定商品的使用价值；拟定商品质量指标和检验方法，运用各种科学的检测手段评定商品质量，并确定是否符合规定标准的要求；研究商品检验的科学方法和条件，不断提高商品检验的科学性、精确性、可靠性，使商品检验工作更科学化、现代化；探讨提高商品质量的途径和方向，促进商品质量的提高，并为选择适宜的包装、保管和运输方法提供依据。在进出口贸易中尤为重要。

（三）类型

1. 按检验目的的不同，可分为生产检验、验收检验和第三方检验

（1）生产检验，又称第一方检验、卖方检验，是由生产企业或其主管部门自行设立的检验机构，对所属企业进行原材料、半成品和成品产品的自检活动。目的是及时发现不合格产品，保证质量，维护企业信誉。经检验合格的商品应有“检验合格证”标志。

（2）验收检验，又称第二方检验、买方检验，是商品的买方为了维护自身及其顾客利益，保证所购商品符合标准或合同要求所进行的检验活动。目的是及时发现问题，反馈质量信息，促使卖方纠正或改进商品质量。在实践中，商业或外贸企业还常派“驻厂员”，对商品质量形成的全过程进行监控，发现问题后，及时要求厂方解决。

（3）第三方检验，又称公正检验、法定检验，是由处于买卖利益之外的第三方（如专职监督检验机构），以公正、权威的非当事人身份，根据有关法律、标准或合同所进行的商品检验活动，如公证鉴定、仲裁检验、国家质量监督检验等。目的是维护各方面合法权益和国家权益，协调矛盾，促使商品交换活动的正常进行。

2. 按接受检验商品的数量不同，可分为全数检验、抽样检验和免于检验

（1）全数检验，又称全额检验、百分之百检验，是对整批商品逐个（件）地进行的检验。全数检验的特点是能提供较多的质量信息，给人一种心理上的放心感；缺点是检验量大、费用高，易造成检验人员因疲劳而导致漏检或错检。

（2）抽样检验是按照已确定的抽样方案，从整批商品中随机抽取少量商品用作逐一测试的样品，并依据测试结果去推断整批商品质量合格与否的检验。它具有占用人力、物力和时间少的优点，具有一定的科学性和准确性，是比较经济的检验方式。但检验结果相对于整批商品实际质量水平，总会有一定误差。

（3）免于检验，即对于生产技术水平高和检验条件好、质量管理严格、成品质量长期稳定的企业生产出来的商品，在企业自检合格后，商业和外贸部门可以直接收货，免于检验。

3. 按检验是否具有破损性，可分为破损性检验和非破损性检验

（1）破损性检验是指为了对商品进行各项技术指标的测定、试验，经试验后的商品会遭受破损，甚至再无法使用的检验，如加工食品罐头、饮料及茶类等的检验。

（2）非破坏性检验是指经过检验的商品仍能发挥其正常使用性能的检验，如对电器类、纺织品类等的检验。

（四）作用

商品检验的作用有作为报关验放的有效证件；买卖双方结算货款的依据；计算运输、仓储等费用的依据；办理索赔的依据；计算关税的依据；作为证明情况、明确责任的证件；作为仲裁、诉讼举证的有效文件。

二、商品检验的方法

商品质量检验的方法很多，通常分为感官检验法、理化检验法、生物学检验法。

（一）感官检验法

感官检验法是借助人的感觉器官的功能和实践经验来检测评价商品质量的一种方法，也就是利用人的眼、鼻、舌、耳、手等感觉器官作为检验器具，结合平时积累的实践经验对商品外形结构、外观疵点、色泽、声音、气味、滋味、弹性、硬度、光滑度、包装和装潢等的质量情况，并对商品的品种、规格、性能等进行识别。感官检验法主要有视觉检验、听觉检验、味觉检验、嗅觉检验、触觉检验。

感官检验法在商品检验中有着广泛的应用，并且任何商品对消费者来说总是先用感觉器官来进行评价质量的，所以感官检验十分重要。感官检验法的特点有：方法简单，快速易行；无需复杂、特殊的仪器设备和试剂或特定场所，不受条件限制；一般不易损坏商品；成本较低。

感官检验法的局限性有：不能检验商品的内在质量，如成分、结构、性质等；检验的结果不精确，不能用准确的数字来表示，是一种定性的方法，结果只能用专业术语或记分法表示商品质量的高低；检验结果易带有主观片面性，常受检验人员知识技术水平波动、工作经验、感官的敏锐程度等因素的影响，再加上审美观不同，以及检验时心理状态，影响结果的准确性，故使检验的结果有时带有一定的主观性，科学性不强。

（二）理化检验法

理化检验法是在实验室的一定环境条件下，借助各种仪器、设备和试剂，运用物理、化学的方法来检测评价商品质量的一种方法。理化检验法主要用于检验商品的成分、结构、物理性质、化学性质、安全性、卫生性，以及对环境的污染和破坏性等。理化检验法在商业企业直接采用较少，多作为感官检验之后、必要时进行补充检验的方法，或委托商检机构作理化检验。主要有物理检验法和化学检验法。

理化检验法的特点有：检验结果精确，可用数字定量表示（如成分的种类和含量、某些物理、化学、机械性能等）；检验的结果客观，它不受检验人员的主观意志的影响，使对商品质量的评价具有客观而科学的依据；能深入地分析商品成分内部结构和性质，能反映商品的内在质量。

理化检验法的局限性有：需要一定仪器设备和场所，成本较高，要求条件严格；往往需要破坏一定数量的商品，消耗一定数量的试剂，费用较大；检验需要的时间较长；要求检验人员具备扎实的基础理论知识和熟练的操作技术。

（三）生物学检验法

生物学检验法是通过仪器、试剂和动物来测定食品、药品和一些日用工业品，以及包装对危害人体健康安全等性能的检验。

检验商品品质需采用的检验方法因商品种类不同而异，有的商品采用感官检验法即可评价质量（如茶叶），有的商品既需要采用感官检验法，也需要采用理化检验法（如搪瓷），有的商品需要以理化检验的结论作为评价商品质量的依据（如钢材）。要使商品检验的结果准确无误，符合商品质量的实际，经得起复验，就要不断提高检验的技术和经验，采用新的检验方法和新的检测仪器，随着科技发展，使理论检验方法向着快速、准确、少损（或无损）和自动化方向发展。

三、商品品级

（一）概念

商品品级（商品质量等级、商品质量分级）是指对同一品种的商品，按其达到商品质量标准的程度所确定的等级。它是表示商品质量高低优劣的标志，也是表示商品在某种条件下适合其用途大小的标志，是商品鉴定的重要内容之一。商品品级是相对的、有条件的，有时会因不同时期、不同地区、不同使用条件及不同个性而产生不同的质量等级和市场需求。一般来说，工业品分三个等级，而食品特别是农副产品、土特产等多为四个等级，最多达到六七个等级，如茶叶、棉花、卷烟等。

（二）划分原则

按照 1991 年颁布的《工业产品质量分等导则》（GB/T 12707—91）规定，商品质量水平划分为优等品、一等品、合格品、不合格品四个等级，但是该标准已于2004年废止。在最新的《消费品质量分级通则》（GB/T 44164—2024）中规定，消费品的质量等级可划分为三级、四级或五级。分级符号示例如下。

（1）当消费品以五级划分质量等级，则质量分级的最高等级符号为 AAAAA，依次为 AAAA、AAA、AA、A（或其他等效方式）。

（2）当消费品以四级划分质量等级，则质量分级的最高等级符号为 AAAAA，依次为 AAAA、AAA、AA（或其他等效方式）。

（3）当消费品以三级划分质量等级，则质量分级的最高等级符号为 AAAAA，依次为 AAAA，AAA（或其他等效方式）。

（三）划分方法

商品质量分级的方法很多，一般有百分法和限定法两种。

1. 百分法

百分法是将商品各项质量指标规定为一定的分数，重要指标占高分，次要指标占低分。如果各项指标都符合标准要求，或认为是无瑕可挑的，则打满分；如欠缺某项指标，则在该项中相应扣分。全部合格为满分100分。下面以酒的评分方法（满分为100分）为例。

白酒：色——10分、香——25分、味——50分、风格——15分。

啤酒：色——10分、香——20分、味——50分、泡沫——20分。

2. 限定法

限定法是将商品各种疵点规定一定的限量，又可分为限定记分法及限定数量和程度法。

（1）限定记分法。将商品品种疵点规定为一定的分数，由疵点分数的总和确定商品的等级，疵点分数越高，商品的等级越低。这种方法一般在日用工业品中采用。

（2）限定数量和程度法。在标准中规定，商品每个等级限定疵点的种类、数量和疵点的程度，如日用工业品中全胶鞋质量指标共有13个感官指标，其中，鞋面起皱或麻点在一级品中规定“稍有”，二级品中规定“有”，鞋面砂眼在一级品中规定“不许有”。

第二节　商品质量认证

一、商品质量认证的概念和作用

（一）概念

ISO 给现代商品质量认证下的定义是：由可以充分信任的第三方证实某一经鉴定的产品或服务符合特定标准或其他技术规范的活动。

《中华人民共和国产品质量法》（简称《产品质量法》）第十四条规定：“国家根据国际通用的质量管理标准，推行企业质量体系认证制度。企业根据自愿原则可以向国务院产品质量监督部门认可的或者国务院产品质量监督部门授权的部门认可的认证机构申请企业质量体系认证。经认证合格的，由认证机构颁发企业质量体系认证证书。”

（二）作用

商品质量认证制度作为一种科学的质量监督制度已被世界上很多国家采用。质量认证制度之所以得到世界各国的普遍重视，关键在于它是由一个公证机构对商品或质量体系作出正确、可靠的评价，从而使人们对商品质量建立信心，这对维护供方、需方、社会和国家的利益都具有重要的作用。

（1）提高供方的质量信誉及商品在国内外市场上的竞争能力。企业一旦通过认证机构对其商品或质量体系的认证，获取认证证书和认证标志，并通过注册加以公布，就可以提高企业的质量信誉，有利于企业在激烈的市场竞争中取胜。获认证标志的商品与同类非认证商品相比，在市场竞争中明显处于有利地位，不仅可以占领国内市场，而且可以扩大出口，从而提高企业的经济效益。

（2）促进企业完善质量体系，努力提高商品质量。企业要获取第三方认证机构的商品质量认证或质量体系认证，需要对其质量体系进行检查和完善，以提高其对商品质量的保证能力。同时，认证机构在对企业质量体系和商品质量实施检验和评定，以及认证后的监督检查和检验中发现问题，会要求企业及时加以解决和纠正。质量认证对企业建立健全质量保证体系和提高商品质量有促进作用。

（3）减少社会重复检验和评定费用。需方对于从供方采购的商品都要进行检验，以验证所购商品是否符合要求。对于技术复杂程度高、事后不易验证其质量、一旦使用中发生故障且风险较大的商品，需方往往需要对同一供方质量体系的保证能力进行检查和评价，如果供方已取得质量体系认证，则需方实施的检验工作量可以大大减少，从而可以大大省去重复检验的费用。

（4）有利于保护消费者的利益，指导消费者选购自己满意的商品。开展商品质量认证，对通过商品质量认证或质量体系认证的企业准予使用认证标志或予以注册公布，向消费者提供了正确、可靠的质量信息，使消费者了解哪些企业的商品质量是有保证的，从而指导消费者选购自己满意的商品，特别是那些有关人身健康和安全的商品，从而起到保护消费者利益的作用。

（5）有利于提高产品质量水平，推动经济的发展。开展商品质量认证，可以推动标准的贯彻执行，有利于国家对商品质量开展有效的监督和管理，从而促进商品质量水平不断提高，全面推动经济的发展。

二、商品质量认证的分类

（一）认证种类

商品质量认证按认证内容不同，可分为合格认证、安全认证和综合认证三种。

（1）合格认证。合格认证也称质量认证，是用合格证书或合格标志证明某一商品（产品）或服务符合其质量标准要求的认证。

（2）安全认证。安全认证是以安全标准或商品标准中安全要求为依据，对商品或只对商品有关安全的项目所进行的认证。世界各国的安全认证通常都属于强制性认证。获得安全标志只能证明该商品符合其安全标准或标准中的安全指标，而无法说明该商品质量的优劣。

（3）综合认证。某些有安全要求的商品如电工商品常常既需要安全认证，又需要合格认证，须同时获得两种认证标志。这种认证被称为“综合认证”。

我国较为权威的合格标志和安全标志有方圆标志认证集团（China Quality Mark Certification Group）的方圆标志、中国电工产品认证委员会（China Commission for Conformity Certification of Electrical Equipment，CCEE）的长城标志等。

（二）认证方式

（1）型式试验。型式试验是按照规定的试验方法对产品的样品进行一次性试验，以证明样品是否符合指定的标准和技术要求。

（2）型式试验加上市场抽样检验。这是一种带有认证后监督措施的型式试验，监督的办法是从市场购买样品或从批发商、零售商的仓库中随机抽样进行检验，以证明认证商品的质量持续符合标准和技术要求。

（3）型式试验加上供方抽样检验。这种认证方式与型式试验加上市场抽样检验相似，只是监督方式不同，型式试验加上供方抽样检验方式不是从市场上抽样，而是从供方发货前的产品中随机抽样进行检验。

（4）型式试验加上市场抽样和供方抽样检验。这种认证方式是型式试验加上市场抽样检验与型式试验加上供方抽样检验两种认证方式的综合，监督检验所用的样品来自市场抽样和供方随机抽样。

（5）型式试验加上对供方质量管理体系的评估，再加上分别对供方和市场抽样检验。这种认证方式的显著特点是，在批准认证的资格条件中增加了对供方质量管理体系的检查和评定，在批准认证后的监督措施中也增加了对供方质量管理体系的复查。该方式是一种较完善的商品质量认证方式，是 ISO 向各国推荐的一种典型的第三方商品认证方式。

（6）只对供方质量管理体系进行评定和认可。这种认证方式也称质量保证能力认证，是对供方按既定标准或技术规范要求提供产品的质量保证能力进行评定和认可，而不对最终产品进行认证。

（7）批量检验，即根据规定的抽样方案，对一批商品进行抽样检验，并据此做出该批商品是否符合标准或技术规范的判断。

（8）百分之百检验，即对每件商品在出厂前都要依据标准、经认可的独立检验机构进行检验。

三、管理体系认证

（一）ISO9000 和 ISO14000 的产生

自从 1987 年 ISO9000 系列标准问世以来，为了加强品质管理，适应品质竞争的需要，企业家纷纷采用ISO9000系列标准在企业内部建立品质管理体系，申请质量管理体系认证，很快形成了一个世界性的潮流。全世界已有近100个国家和地区正在积极推行ISO9000国际标准，约有40个品质体系认可机构，认可了约300家品质体系认证机构，20多万家企业拿到了ISO9000品质体系认证证书，第一个国际多边承认协议和区域多边承认协议也于1998年1月22日和1998年1月24日先后在中国广州诞生。

一套国际标准在短时间内被较多国家采用，影响如此广泛，这是在国际标准化史上从未有过的现象，已经被公认为“ISO9000现象”。

为适应人类社会实施“可持续发展”战略的世界潮流的发展，ISO于1995年11月成立了一个庞大的技术委员会——环境管理技术委员会（ISO/TC 207），按照ISO9000的理念和方法，开始制定环境管理体系方面的国际标准，并很快于1996年10月1日发布了5个属于环境管理体系和环境审核方面的国际标准，1998年又发布了一个环境管理方面的国际标准。以上6个标准统称为ISO14000系列标准。具体如下：

ISO14001：1996 环境管理体系规范及使用指南；

ISO14004：1996 环境管理体系原则、体系和支持技术指南；

ISO14010：1996 环境审核体系通用原则；

ISO14011：1996 环境审核体系审核程序环境管理体系审核；

ISO14012：1996 环境审核体系环境审核员资格要求；

ISO14050：1998 环境管理术语。

（二）质量体系认证与产品质量认证的异同

二者既有联系又有区别。联系在于：两种认证类型都有具体的认证对象；两种认证都以特定标准为认证的基础；两种认证都是第三方所从事的活动。

区别在于：其一，认证对象不同。质量体系认证对象是企业的质量体系；产品质量认证对象是批量生产的定型产品。其二，证明方式不同。质量体系认证的证明方式是质量体系认证证书和质量体系认证标记；产品质量认证的证明方式是产品认证证书及产品认证标志。其三，证明的使用不同。质量体系认证证书及标记都不能在产品上使用；产品质量认证证书不能用于产品，标志可用于获准认证的产品上。其四，实施质量体系审核依据不同。质量体系认证与产品质量认证依据IS09001标准中的不同指标。其五，申请企业类型不同。申请质量体系认证的可以是生产、安装型企业，也可以是设计、开发、服务型企业，还可以是出厂检查和检验型企业；申请产品质量认证的企业只能是生产特定产品的产品型企业。

质量体系认证既有广泛的适应性，又有全世界范围内统一的认证依据标准，并实施质量体系评定国际承认制度，使质量体系认证在贸易中的重要性不断提高，日益受到各国政府和贸易界及有关国际组织的关注，近年来得到了迅速的发展。ISO9000质量体系认证已成为国际大趋势，许多欧美客商已把生产商品的企业质量体系认证作为购买该商品的先决条件。ISO9000质量体系认证证书已经成为商品进入国际市场的“通行证”。

四、服务认证

在服务业高速发展的同时，服务质量不高、顾客满意度整体偏低、服务管理水平低下是目前服务业存在的问题，服务质量问题已成为消费者高度关注的内容，服务认证应运而生。

服务认证是针对服务的认证。《中华人民共和国认证认可条例》规定，认证是指由认证机构证明产品、服务、管理体系符合相关技术规范、相关技术规范的强制性要求或者标准的合格评定活动。其中服务认证是基于顾客感知、关注组织质量管理和服务特性满足程度的新型认证制度，是国家质量基础设施的重要组成部分，对提升优质服务供给比重、增强中国服务国际竞争力具有积极作用。

随着我国经济进入高质量发展阶段，服务认证的应用日益广泛，已全面覆盖《国民经济行业分类》（GB/T 4754—2017）中几乎全部服务领域，成为国家质量基础设施的重要支柱，助力中国服务迈向新的高度。其中商品售后、金融、养老、信息安全、验光配镜、绿色低碳、数字化赋能等领域，服务认证活动开展较为活跃①。

五、商品质量认证标志

商品质量认证标志是指企业通过申请，经国际国内权威认证机构认可，颁发给企业的表示商品质量已达认证标准的一种标志。使用认证标志可提高商品的竞争力，增强用户的信任度。

未经认证而伪造、冒用认证标志不仅践踏了国家商品质量认证制度，使其形同虚设，而且还可能使含有事故隐患的商品流入市场，危及用户和消费者的生命或财产安全。反不正当竞争法已将此种行为作为严重违法行为予以禁止。

常见的商品质量认证标志如图 4-1 所示。

图 4-1 常见的商品质量认证标志

① 国家认证认可监督管理委员会：“一图读懂”服务认证 |2022 服务认证体验周. https://www.cnca.gov.cn/zwxx/zcjd/art/2022/art_bc640cb258c3491fbded98e1a401aa85. html [2022-09-27].

第三节　商品质量监督

一、商品质量监督的概念与作用

（一）概念

商品质量监督是根据国家的质量法规和商品质量标准，由国家指定的商品质量监督机构对生产和流通领域的商品质量和质量保证体系进行监督的活动。此定义可从下面几个方面理解：商品质量监督是一种质量分析和评价活动；商品质量监督的对象是实体，如产品、商品、质量保证体系等；商品质量监督的范围包括从生产、流通到运输、储存和销售整个过程；商品质量监督的依据是国家质量法规和产品技术标准；商品质量监督的主体是用户或第三方。

（二）作用

1. 有利于保护消费者和生产者的合法权益

社会主义生产的目的是满足人民不断增长的物质和文化生活的需要，但一些企业和个人违背社会主义生产和经营的目的，忽视商品（产品）质量，粗制滥造，以次充好，欺骗消费者和用户，非法牟取暴利，损害消费者和国家的利益，有的严重地危害了人们的身心健康和生命安全。因此，国家通过加强生产和市场商品质量监督，同各种偏离社会主义生产目的的倾向，同经济领域的不正之风及不法商贩的犯罪行为做斗争，以维护广大消费者和生产者的利益。

2. 有利于贯彻产品技术标准和有关质量法规

产品技术标准是衡量产品（商品）质量的主要依据，它对产品性能、规范、检验方法和包装、储运等都做了具体规定。只有严格按照它进行生产，产品质量才能有保证。但长期以来，一些企业“重生产，轻质量”，使产品的技术标准得不到认真贯彻执行。因此，必须采取质量监督手段，强制性地贯彻产品技术标准，同时，国家制定和颁布的一些质量法规和法令，也需要质量监督予以维护和保证。

3. 提高商品竞争力，促进对外贸易发展，开拓国际市场

我国经济运行将日益进入国际经济大循环。当前，国际市场的竞争早已不是商品数量和价格的竞争，而更多地体现在品种、质量、效益方面上的较量。只有高质量的商品才具有强大的竞争力。许多发达国家在重视产品质量的同时加强质量监督工作，一些国家开始将本国的合格认证、安全认证向区域间相互认可发展，目的就是要保住现有的市场，并开拓更广阔的新市场。为了提高我国出口产品在国际市场上的竞争力，除采用国际标准和国外先进标准外，还应加强我国的商品质量监督工作。

4. 有利于促进科学技术进步，提高企业素质和管理水平

我国大多数企业的生产、检验工作基础薄弱，检验机构不健全，检验人员的质量和数量均不能满足要求，计量检测手段还很落后，一些企业甚至没有检测手段，无法对产品质量进行严格测定检验。建立国家检验监督机构，有助于培训检验人员，加快检验手段现代化的步伐，提高企业检测水平和管理水平，促进企业科技进步。

5. 经济全球化给技术监督搭起了更大的舞台

（1）经济全球化的背景下，我国的农业、电信业、金融保险业、汽车制造业、商业和服务性行业等所面临的新的竞争环境和严峻挑战，为质量技术监督工作注入了新的活力，使之进入快速发展时期。

（2）为了适应经济全球化，我国需要严格按照国际导则和准则的要求，建立和实施与国际惯例接轨的标准、计量、质量认证认可制度，并使之进入一个更良好的发展时期。

（3）为强化质量技术监督工作与我国贸易的紧密联系提供了机会。中国市场与国际市场将进一步融合，经济全球化、市场一体化将更直接地影响我国经济贸易工作的开展，这为质量技术监督工作如何更好地、更直接地为我国的贸易发展做贡献，为外贸企业服务提供了良好的机遇。

（4）随着中国在世界经济中地位的大幅提升，我们可以直接参与国际准则的制定，也可以直接参与对世界贸易组织（World Trade Organization，WTO）各成员在制定新的技术法规、标准和合格评定程序征求意见的全过程，以建立我国符合国际准则的技术法规、标准和合格评定程序并予以实施，这对我国标准化事业的发展极为有利。

二、商品质量监督的种类与形式

（一）种类

我国的商品质量监督有国家的质量监督和社会的质量监督两种。

1. 国家的质量监督

国家的质量监督是指国家授权，指定第三方专门机构以公正的立场对商品质量进行的监督检查。这种国家法定的质量监督以政府行政的形式，对可能危及人体健康和人身、财产安全的商品，影响国计民生的重要工业产品及用户、消费者组织反映有质量问题的商品，实行定期或经常监督抽查和检验，公开公布商品质量抽查检验结果，并根据国家有关法规及时处理质量问题，以维护社会经济生活的正常秩序和保护消费者的合法权益。国家的商品质量监督由国家技术监督部门规划和组织。

2. 社会的质量监督

社会的质量监督分为以下三种。

1）社会团体、组织和新闻机构的质量监督

社会团体、组织和新闻机构的质量监督是指社会团体、组织和新闻机构根据消费者和用户对商品质量的反映，对流通领域的某些商品和市场商品质量进行的监督检查。

2）社会舆论的监督

社会舆论的监督是指中国质量协会用户委员会、中国消费者协会、中国质量万里行组织委员会等组织代表广大消费者和用户的利益，对商品质量实行社会监督，有受理消费者投诉、责成损害消费者利益的企业给予赔偿、公布检验结果、通知生产不合格商品的企业改进商品质量等职权。在全社会形成广泛的影响，形成人人都来关心和重视产品质量这样一种氛围。

3）用户的质量监督

用户的质量监督是指内外贸部门和使用单位，为确保所购商品的质量而进行的监督检验。例如，用户购买大型成套设备、装置时，可以按合同的规定，自己派人或者委托技术服务部门进驻承制单位，对设备或装置的制造全过程实行质量监督。发现制造单位违反合同规定而粗制滥造时，有权通知企业改正或暂停生产，及时把住质量关，以保证成套设备装置的质量。

（二）形式

商品质量监督按其性质、目的、内容和处理方法不同可分为三种形式，即抽查型质量监督、评价型质量监督和仲裁型质量监督。

1. 抽查型质量监督

抽查型质量监督是指国家质量监督机构通过从市场或生产企业或仓库等地随机抽取的样品按照技术标准进行监督检验，判定其是否合格，从而采取强制措施，责成企业改进产品质量所进行的监督活动。抽查型质量监督的目的是，摸清一个时期产品（商品）质量情况，为国家加强对企业产品质量的宏观控制和指导提供依据，同时促进企业提高产品质量，以维护国家、企业和用户利益。抽查型质量监督包括季度质量监督抽查、日常质量监督抽查和市场商品质量监督三种。监督抽查的对象是涉及人体健康和人身财产安全的商品、影响国计民生的重要工业产品、重要的生产资料商品、消费者反映有质量问题的商品。抽查型质量监督的特点为：它是一种强制性的质量监督形式；抽查产品采用的是地点不限、随机抽样检查的方式；抽查检测数据科学、准确，对产品质量的判断、评价公正；抽查产品的质量检验结果公开；对抽查检验不合格的单位限期整改。

2. 评价型质量监督

评价型质量监督是指国家质量监督机构通过对企业的产品质量和质量保证体系进行检验，考核合格后，以颁发产品质量证书、标志等方法确认和证明产品已经达到某一质量水平，并向社会提供质量评价信息，实行必要的质量监督活动。例如，新产品质量鉴定、生产许可证质量监督、质量认证监督和优质产品监督等。评价型质量监督是国家干预产品质量的手段之一，其目的是扶优限劣，鼓励生产企业生产更多的优质产品。它的特点是：按国家规定标准，对产品进行型式检验，以确定其质量水平；对生产产品企业的生产条件、质量体系进行严格审查和评定；由政府或政府主管部门颁发相应的证书；允许在产品、包装、出厂合格证和广告上使用、宣传相应的质量标志，如产品质量认证的方圆标志等；实行事后监督，使产品质量保持稳定和不断提高。

3. 仲裁型质量监督

仲裁型质量监督是在产品质量有争议而进行仲裁时使用的手段，是国家质量监督机构站在第三方的立场上，公正地处理质量争议中的问题，从而加强对质量不法行为的监督，促进产品质量提高的一种质量监督活动。仲裁型质量监督包括争议方委托的质量仲裁、司法机构和合同管理部门委托的仲裁检验和消费者质量投诉等。仲裁型质量监督的特点是：仲裁监督的对象是有争议的产品；具有较强的法治性；根据监督检验的数据和全面调查情况，由受理仲裁的质量监督部门进行调解和裁决，质量责任由被诉方承担。

质量仲裁工作的一般程序为：申请仲裁→受理立案→调查研究→抽样→检验→作出质量判断→作出最终裁决（由司法部门执行）。

三、商品质量监督管理体制

依据我国《产品质量法》的规定，对产品质量的监督检查以抽查方式为主，对可能危及人体健康和人身、财产安全的产品，影响国计民生的重要工业产品，以及消费者、有关组织反映有质量问题的产品进行抽查。抽查的样品应当在市场上或者食业成品仓库内的待销产品中随机抽取。监督抽查工作由国务院市场监督管理部门规划和组织。县级以上地方市场监督管理部门在本行政区域内也可以组织监督抽查。产品质量检验机构必须具备相应的检测条件和能力，经省级以上人民政府市场监督管理部门或者其授权的部门考核合格后，方可承担产品质量检验工作，检验抽取样品的数量不得超过检验的合理需要，并不得向被检查人收取检验费用。

监督抽查的产品质量不合格的，由实施监督抽查的市场监督管理部门责令其生产者、销售者限期改正。逾期不改正的，由县级以上人民政府市场监督管理部门予以公告；公告后经复查仍不合格的，责令停业，限期整顿；整顿期满后经复查产品质量仍不合格的，吊销营业执照。生产者、销售者对抽查检验的结果有异议的，可以自收到检验结果之日起十五日内向实施监督抽查的市场监督管理部门或者其上级市场监督管理部门申请复检，由受理复检的市场监督管理部门作出复检结论。

第四节　商品质量追溯

一、商品质量追溯的产生与发展

（一）国外商品质量追溯发展情况

1. 政府层面

各国政府在食品药品等重点领域的监管政策加快了商品追溯系统的应用和发展。由于食品、药品等重点行业商品质量的重要性，各国政府为了保护消费者生命健康，大都采取立法的方式强制建立商品追溯体系。在食品与农产品领域，2000 年 1 月，欧盟发布了《食品安全白皮书》，提出要“从农田到餐桌”全过程追溯控制。根据欧盟管理的相关规定，从 2005 年 1 月 1 日起，凡是在欧盟国家销售的食品必须具备可追溯性，否则不允许上市销售，并且禁止进口不具备可追溯性的食品。

2020 年 9 月 23 日，美国食品药品监督管理局（U. S. Food & Drug Administration，FDA）发布了《针对特定食品的额外追溯记录要求》法规草案（以下简称 FDA 食品追溯新法规）。FDA 食品追溯新法规是美国推动《食品安全现代化法》实施的又一重要配套制度。法规以“食品追溯”为切入口，涉及输美食品供应链多个关键环节，美方视其为“智慧食品安全新时代的重要里程碑”。

在药品领域，美国很早就开始尝试建立药品流通领域的追溯体系。1988 年，美国制定的处方药营销法案中就要求药品经营企业提供药品的真实来源和销售记录文档，但纸张文档记录药品成本很高而且很容易造假。为此，2004 年 FDA 将射频识别技术（radio frequency identification，RFID）应用于药品追踪与追溯。法国、西班牙、瑞典等经济发达国家都制定了类似的法律法规。

2. 企业层面

全球领先企业出于自身管理需要，进一步拓展了商品追溯体系的应用。国际化企业的原材料采购、商品生产与销售往往分散在世界各地，从自身管理的需求出发，需要在全世界范围内建设商品追溯体系。

在汽车领域，由于加速踏板存在缺陷，丰田汽车公司 2010 年初在北美及欧洲等地召回总计 430 万辆汽车。尽管这次召回事件给丰田汽车造成了巨大的经济损失，但由于丰田公司通过自身的零部件追溯系统，快速定位缺陷零件影响的车型、数量以及销售地等重要信息，在很短时间内召回商品，从而最大限度地提高了消费者的信任度。因此，丰田汽车公司在召回事件发生之后仍然保持全球市场份额第一的位置。

在家电领域，韩国三星电子采用印制电路板（printed-circuit board，PCB）质量追溯系统，通过其中的商品追溯管理与物料管理模块，协助其制定商业决策，从而降低数据采集成本，得到简单、精确的元件和 PCB 质量追溯记录的报告，从而大幅提升了企业的精细化管理水平。

在零售领域，为了实现供应商管理可视化，全球零售领先企业麦德龙集团选用可追溯解决方案进行零售库存和保质期数据的管理，用于实现供应商跟踪与商品的配送管理，大大提高了运营效率。

3. 消费者层面

商品质量日益受到消费者关注，形成良好的商品追溯系统应用氛围。目前，发达国家的民众对商品质量的高度关注并非在短时间内形成的，而是在政府的推动下，商品质量意识逐渐增强，最终达到了现在的水平。

以日本为例，日本商品素以高质量赢得消费者的青睐，但在 20 世纪初，日本企业的商品质量并不好，这一状况到了 20 世纪下半叶才开始改善。日本企业质量管理的成功，在很大程度上得益于日本政府通过设立国家质量奖推动了企业改进商品质量。日本政府一方面帮助高质量商品生产企业树立良好的品牌形象，另一方面也在引导消费者监督商品质量。同时，随着经济的发展，消费者日益成熟和理智，对商品质量的要求更加严格，企业往往为满足消费者的要求，不得不提高商品质量。经过数十年的发展，日本全社会范围已经形成了政府、企业界与消费者共同高度关注商品质量的良好氛围。

从国外发达国家的发展情况来看，对于药品、食品等关系国计民生的重要行业，政府强制实施商品追溯监管政策，既是保护消费者健康安全的现实需求，也是药品、食品等重点商品质量安全保障的必然选择。

（二）国内商品质量追溯系统发展情况

1. 发展回顾

迄今为止，国内商品追溯行业的发展历程只有十余年时间，大致可以分为以下三个阶段。

1）以自动结算为主的启蒙阶段

20 世纪 90 年代初，条码技术进入我国，标志着国内商品追溯系统的应用进入了启蒙阶段。由于当时缺乏先进的产品管理思想，企业管理水平较低，并且没有意识到商品追溯对提高商品质量管理水平等方面的巨大价值，因此这一阶段的应用形态主要为零售领域的自动结算，表现为针对商品的追溯，还没有出现以条码技术为基础构建商品追溯应用系统。

2）以企业内部管理为主的起步阶段

进入 21 世纪，国内企业规模迅速增大，商品种类与数量呈现快速增长的趋势。传统以手工方式进行产品管理已经不能适应现代企业管理的需要。为了满足客户提升管理水平的需要，国内软件企业尝试采用自动识别技术开发面向企业仓储管理、生产管理等内部业务流程的商品追溯系统，行业进入起步阶段。

这一发展阶段主要表现出三大特点：一是系统以内部追溯应用为主，其中面向仓储管理的商品追溯为主要应用形态。主要原因是企业内部采购、生产和销售等业务环节的开展均与仓储管理有关，仓储管理的效率直接关系到整个企业运作的效率。二是软件逐渐占据主导地位，硬件退居次位，体现了软件是整个系统的核心与灵魂，而硬件只是系统的载体，主要完成商品的标识与信息采集功能。只有通过对用户具体业务流程精确理解和把握才能开发出成功的、满足用户需要的商品追溯系统。三是多数系统提供商主要以“定制化开发+系统集成”的方式开展业务。

3）以供应链全链管理为主的快速发展阶段

这一阶段行业发展呈现两大特点：一是真正意义上的以质量管理为主要目标、以追溯为实现手段的商品追溯系统应用形态大量涌现，并且商品质量的追溯管理延伸至供应链所有环节。二是应用范围从广度到深度都出现了很大的扩展，显示出旺盛的市场生命力。从广度上看，其应用领域已经覆盖了制造、流通等大部分行业，特别是近年来医药、乳制品、农产品等行业发生了多起严重影响消费者生命健康的商品质量安全事件，引起了政府监管部门的高度重视，极大地推动了商品追溯系统在上述行业的应用；从深度上看，商品追溯的范围也从企业内部扩展到从原料到最终商品的供应链所有环节。

2. 存在问题

经过近年的发展，虽然我国商品追溯系统发展取得了一定成绩，但仍然存在一些问题，主要表现在以下方面。

第一，片段化发展，难以实现全程追溯和全球追溯。目前，国内从事商品追溯的机构多为 IT 企业、物流企业和生产企业，一些政府机构也参与了部分建设。缺乏相关技术支撑和运作网点，以及职能的限制，造成的结果是，国内追溯多偏重流通环节，缺乏整链追溯；偏重追溯形式，缺乏信息内容；偏重国内监管，缺乏进口监管；偏重投资建设，缺乏百姓参与；偏重技术创新，缺乏商业创新。

第二，研究推广起步晚、影响范围较小。我国追溯领域的研究始于 2002 年，而此时欧美发达国家的农产品追溯系统已开始发挥作用，并且目前已建立起相对比较完善、涵盖面广、具有统一性的农产品追溯系统体系。就我国目前的情况来看，农产品追溯仍处于试点阶段，各省市起步时间和系统体制不完全相同，并且农产品追溯基本只普及到各试点的超市范围。在政府、企业和消费者等多方力量的推动下，商品质量追溯的应用领域还有待进一步拓展。

第三，商品质量追溯平台不统一。我国商品质量追溯平台无论从识别码、存储信息还是网络查询系统等方面都不完全统一，它们针对的食品对象也不尽相同。由于开发商不同，这些商品质量追溯平台存储的追溯信息未能贯通也不能达到共享，系统软件多不能兼容，并且无法进行跨系统查询，终端查询多为超市内的触摸操作屏，模式单一，不够便捷，这些对于向全国推广农产品追溯系统是一种局限。这与国外在记录管理、查询管理、标志管理，以及责任管理上都已建立起一个比较完整的制度还有一定差距。

第四，商品质量追溯相关法规及制度不完善。食品质量安全在我国已提升到国家安全的高度，在相关的法律法规方面也得到了进一步的完善，但对于农产品追溯制度的要求仅在《中华人民共和国食品安全法》等少数法律中涉及，因此缺乏完善的法律体系作为支撑，在各地的追溯执行上缺乏有效的保障。

第五，消费者缺乏对商品质量追溯的监督平台。现在的追溯系统虽提供了消费者查询、反映的途径，但在监管部门介入处理的过程前后没有一个有效的平台公布信息，缺乏群众监督的力度，致使追溯过程的情况得不到真实的反映。

二、商品质量追溯的定义

本书中追溯是指消费者对所购买产品的源头进行查询，比如可以追溯农产品的种植信息、加工信息、生产信息，以及所使用的肥料和农药信息。

商品质量追溯从本质上讲其实是站在顾客的角度产生的，顾客对其所购买的商品有质量方面的要求，生产厂家及零售商有着通过商品的大量销售产生经济效益的需求，基于双方的需求，质量追溯这一管理方式产生了。从信息系统的角度可以将追溯分为跟踪和追溯两部分。跟踪是指利用在商品形成链中采集的信息对商品进行追踪和监控。追溯则包括向前追溯和向后追溯。向前追溯可以实现生产厂家对商品的质量管理，向后追溯更适用于顾客对商品质量的溯源。

1）向前追溯

向前追溯是指依照商品的生产流程、运输路线、销售环节，督查其流动信息，按照商品合格标准，从前往后对商品进行定位。此时的追溯多用于商品召回，从原材料、零部件出发，沿着生产和供应链追溯，确定不合格品的位置。

2）向后追溯

向后追溯是基于顾客的角度，从后向前查找商品的源头信息，是一种“售后追溯”。当顾客购买的商品在使用过程中出现问题，利用在商品生产过程中标识的信息，使商品的生产过程一目了然。根据问题商品，查找出问题点。此时的追溯是从已发现问题的角度出发来获取问题商品的生产信息特征。

从以上概念可以看出，商品质量追溯可以从各个角度获取商品的生产信息，也可以从各个角度对商品的质量进行跟踪和溯源。现代化的机械生产虽然解放了人们的双手，但也使商品生产更加单一，这样的特点会造成商品批量化的质量缺陷，大量的材料、人力被浪费。因此，追溯系统中的信息必须最大化地详细和完善，争取覆盖方方面面，这样才能满足现代化生产方式的需求。

三、商品质量追溯的意义

商品质量关系到人民生命和财产安全，关系到国家经济和社会稳定发展。追溯作为商品质量保障体系的一种手段，日益受到各国政府的重视。实施商品质量追溯对政府、企业和消费者都有重要意义。

（一）对政府的意义

对于政府，通过商品质量追溯可以健全产品风险预警制度和召回制度，提升政府质量监管和产品安全治理能力，更好地履行政府责任。

（二）对企业的意义

商品质量追溯并不是为了监管企业而是为了帮助企业建立品牌形象，提升社会效益和经济效益。全程化的追踪管理既加强了企业质量管理，减少了纠错成本，又方便了企业搜集商品信息及了解消费趋势，提高了快速响应能力；可以精准召回有质量问题的商品，最大限度地减少损失；能够帮助企业进行供应链可视化、产品鉴别和防伪等管理。在流程制造领域，尤其是在食品安全、药品生产，以及一些化工产品制造领域，建立商品质量追溯体系已经成为企业赖以生存的重要管理手段之一。在离散制造企业，如汽车行业、电子产品行业，当出现质量问题时通过建立追溯系统迅速查清楚相关批次和质量问题存在的关键，并召回相关批次产品，一方面能够快速处理消费者的问题，另一方面能减少召回损失。

（三）对消费者的意义

商品质量追溯体系的建立对消费者来说，意义如下：一是当发生质量事故时能够提出恰当的应对措施，减少消费者的损失，满足消费者知情权需求，提升消费信心，保护消费者权益；二是能使消费者的利益得到保障。

➤本章小结

商品检验是判定商品质量的必需手段，按照不同的检验对象可以采用合适的检验方法；商品检验分为感官检验法、理化检验法、生物学检验法，检验之后可以将商品进行分级；商品质量认证制度作为一种科学的质量监督制度已被世界上很多国家采用，ISO9000 和 ISO14000 是世界管理体系认证普遍应用的国际标准；商品质量监督是一种质量分析和评价活动；商品质量监督的依据是国家质量法规和产品技术标准；我国的商品质量监督有国家的质量监督和社会的质量监督两种；以食品药品为重点领域，世界各国加快了商品追溯系统的应用和发展；质量追溯包括向前追溯和向后追溯；实施商品质量追溯对政府、企业和消费者都有重要意义。

➢关键术语

商品检验；商品质量认证；管理体系认证；服务认证；商品质量监督；商品质量追溯。

➢思考题

1. 简述商品检验的作用。
2. 简述商品检验的方法。
3. 简述商品质量认证的作用。
4. 论述质量体系认证与产品质量认证的异同。
5. 简述商品质量监督的种类。
6. 简述商品质量追溯的定义。

第五章

商品质量的维护管理

学习目标

1. 了解商品包装材料与技法，以及商品包装标志。
2. 理解商品包装的概念及其要素、商品储运的概念和商品养护的内涵。
3. 熟悉商品包装的分类、商品储存和运输期间的质量管理。
4. 掌握商品包装的作用、商品储运期间的质量变化、商品养护的作用和常用方法。

♦ **引导案例**☞

风格各异的酸奶包装设计

从世界范围来看，发展最快的乳制品是酸奶。欧洲每年乳制品的新产品中约7%是酸奶，每年有近千种酸奶新产品问世。

一个好的酸奶包装设计更容易被消费者关注，但其包装大多是为了配合销售，会根据形态分为包装盒、包装罐和包装袋。酸奶的包装除了要起到防水、防潮和方便运输的功能之外，更重要的是对产品的介绍。

独特的酸奶包装设计能迅速抓住消费者的眼球，比如下面的各类新产品包装设计。

（1）以轻松、年轻的插画设计为主题。

（2）酸奶包装设计上直接体现酸奶的成分，如市场上常见的脱脂、低脂等，或会有各式各样的口味，又或突出人体机能需要的钙、铁、锌、硒等元素。

（3）采用极简、小清新的风格对酸奶盒进行包装设计，以反映现代人轻松、愉悦的生活状态。

综上，在产品的包装设计上体现乳制品企业在口味、工艺、包装方面的创新，能极大地满足消费者的个性化需求，这也是促进乳制品销售的有力武器。

（资料来源：笔者根据相关资料整理）

第一节　商品包装

一、商品包装的概念及其要素

（一）概念

《包装通用术语》中对现代商品包装的定义是：为在流通过程中保护产品，方便储运，促进销售，按照一定技术方法而采用的容器、材料及辅助等的总体名称；也指为了达到上述目的而采用容器、材料和辅助物的过程中施加一定技术方法等的操作活动。

商品包装的含义包括两方面：一是指盛装商品的容器，通常称作包装物，如箱、袋、筐、桶、瓶等；二是指包扎商品的过程，如装箱、打包等。

商品包装具有从属性和商品性。包装是其内装物的附属品。包装本身具有价值和使用价值，同时又是实现包装内装商品价值和使用价值的重要手段。

（二）要素

（1）包装材料：是包装的物质基础，是包装功能的物质承担者。

（2）包装技术：是实现包装保护功能、保证包装内商品质量的关键。

（3）包装结构造型：是包装材料和包装技术的具体形式。

（4）表面装潢：是通过画面和文字美化、宣传和介绍商品的主要手段。

二、商品包装的作用

商品包装在商品生产、流通和消费各领域中，均有着重要的作用。

（一）生产继续的保证

商品包装是商品生产继续的保证。商品包装作为生产的最后工序活动与商品体本身生产工艺过程组成了整个生产体系。包装作业的效率和机械化程度直接影响生产的效率。包装满足生产的需要，可为商品的顺利生产提供必要的保证。

（二）保护商品品质与数量

保护商品品质与数量，实现商品的价值和使用价值是商品包装的主要目的。商品在运输、储存和销售过程中，会受到各种内外因素的影响，从而产生物理、机械、化学、生物学、生物化学等品质变化，使已经形成的商品使用价值丧失。所以，加强商品包装的保护功能十分必要。加强商品包装的保护功能相当于增加了可销售商品的数量，具有较大的社会效益和经济效益。以下情况均可能使商品品质与数量受到影响：运输过程中的颠簸、撞击；装卸过程中的跌落、冲击开裂；仓储期间的堆码承重会造成包装破损、商品体损伤、失散；温湿度、空气中的氧与有害气体，以及阳光等环境因素会使商品体出现干裂、脱水、潮解、融化、氧化、变色、老化、锈蚀等品质变化；微生物、昆虫、细菌侵入会导致商品霉变、虫蛀、腐败。因此，必须进行科学的包装，降低这些不利因素对商品造成的影响。

（三）便于流通

商品包装是商品流通的工具之一。商品从出厂后要经过分配调拨、运输装卸、开箱验收、储存保管、展示销售等一系列流通环节，才能到达消费者手中。为了提高流通效率，减少运输储存费用，加速商品流转，必须对商品按形态、数量、尺寸、规格进行包装，以便在运输过程中最大限度地利用运输工具的装载空间；在装卸过程中进行机械化作业；在储存过程中最大限度地利用仓储空间；在收发转移过程中方便识别、验收、计量、清点。

（四）便于销售

商品的销售包装主要以销售为目的，它与商品一起到达消费者手中，它除了具有保护商品的功能外，还起到宣传、美化、推销商品的作用。销售包装通过造型、装潢、文字说明传递商品信息，便于货架陈列，引起消费者购买欲望，起到“无声推销员”的作用。

（五）便于消费

销售包装随着商品一起出售给消费者，必须具有方便、指导消费的特点。包装的大小、形态要便于消费者携带、保存和使用，尤其是在使用过程中反复使用的小包装。包装的图案、文字说明等可以让使用者更加了解商品，包括商品的成分、性质、用途、使用方法、使用期限。包装上的使用说明还要对使用中可能发生的问题提出警告，并对处理方法给予指导，以免消费者的利益受到损害。此外，精心构思设计装潢美观、大方的商品包装，有时本身就是一件具有保存价值和美学价值的艺术品。某些商品被消费后，其包装容器还可作他用，满足人们某种特殊需要。所以，商品包装虽然主要是内装商品的附属品，但它本身也具有商品性。

（六）提高商品身价

商品的价格围绕商品价值波动，商品价值由商品社会必要劳动时间决定，这是政治经济学的基本原理。消费者承认的价格必须与商品质量相符合，并受同类商品市场竞争机制和供求关系的影响。商品包装是商品的外衣，在市场竞争中往往起到“掩蔽”或“放大”内在商品价值的作用。例如，有些出口商品存在“一等商品、二等包装、三等价格”的不正常现象，而许多出口商品由大包装改为小包装后可换回更多的外汇，这些现象都说明改进商品包装可增加商品价值，这并不违反商品价值规律，只是通过商品包装使其原有价值被人们重新认识。商品包装的这方面作用随着我国对外开放的不断发展，已逐渐被重视，尤其是在出口商品包装上，面临激烈的国际贸易竞争，这方面大有发展的余地。

三、商品包装的分类

（一）按商业经营习惯分类

以商业经营习惯为分类标志，可将商品包装分为内销包装、出口包装、特殊包装。具体如下。

（1）内销包装：是在国内销售的商品所采用的包装，具有简单、经济、实用的特点。

（2）出口包装：是为了适应商品在国外的销售，针对商品的国际长途运输所采用的包装，在保护性、装饰性、竞争性、适应性上要求更高。

（3）特殊包装：工艺品、美术品、文物、精密贵重仪器、军需品等所采用的包装，一般成本较高。

（二）按包装层次及防护要求分类

以包装层次及防护要求为分类标准，可将商品包装分为小包装、中包装、外包装。具体如下。

（1）小包装：是直接接触商品，与商品同时装配出厂，构成商品组成部分的包装。商品的小包装上多有图案或文字标志，具有保护商品、方便销售、指导消费的作用。

（2）中包装：是商品的内层包装，通称为商品销售包装。多为具有一定形状的容器等。它具有防止商品受外力挤压、撞击而发生损坏或受外界环境影响而发生受潮、发霉、腐蚀等变质变化的作用。

（3）外包装：是商品最外部的包装，又称运输包装。多是若干个商品集中的包装。商品的外包装上都有明显的标记。外包装具有在流通过程中保护商品安全的作用。

（三）按包装材料分类

以包装材料为分类标志，可将商品包装分为纸制包装、塑料包装、木材包装、金属包装、玻璃包装、纺织品包装、复合材料包装、其他材料包装。具体如下。

（1）纸制包装。纸制包装是指以纸和纸板为原料制成的包装。凡定量在 225 克/米 ^{2} 以下称为纸，定量在 225 克/米 ^{2} 以上称为纸板。此类包装材料占整个包装材料使用量的 40%。一般包装用纸以牛皮纸、纸袋纸、包装纸、玻璃纸为主。包装纸板以箱板纸、黄板纸、瓦楞纸、白板纸、白卡纸为主。纸包装容器多做成纸板箱、瓦楞纸箱、纸盒、纸袋、纸筒。纸包装有一定强度可满足使用要求，且成本低廉、透气性好、印刷装饰性好。

（2）塑料包装。塑料包装是指以人工合成树脂为主要原料的各种高分子材料制成的包装。主要的塑料包装材料有聚乙烯、聚氯乙烯、聚丙烯、聚苯乙烯等。塑料包装容器主要有全塑箱、钙塑箱、塑料袋、塑料瓶、塑料盒、编织袋等。塑料品种繁多，且塑料包装综合性能好。

（3）木材包装。木材包装是指以天然木材和人造板材制成的包装，主要有木箱、胶合板箱、托盘。

（4）金属包装。金属包装是指以黑白铁、镀锡钢板、铝箔等钢材制成的包装，主要有罐头、铁桶和钢瓶。

（5）玻璃包装。玻璃包装是以硅酸盐和金属氧化物烧结而成的透明包装。玻璃包装能直接看到内容物，而且耐腐蚀、稳定性好。玻璃包装以瓶罐为主。

（6）纺织品包装。纺织品包装是以天然纤维、人造纤维和合成纤维的织品制成的包装，以袋、包为主。

（7）复合材料包装。复合材料包装是以两种以上材料复合制成的包装，主要有纸与塑料、纸与铝箔和塑料。

（8）其他材料包装。其他材料包装是以竹、藤、苇等制成的包装，主要有各种筐、篓、草包等。

（四）按包装技法分类

以包装技法为分类标志，商品包装可分为以下几类。

（1）防水、防潮包装。防水、防潮包装是为防止水和潮气侵入、影响内装物质量而采取一定防护措施的包装。例如，用防水材料衬垫包装容器内侧，或在包装容器外部涂刷防水材料使防潮包装材料密封商品，或在包装容器内加干燥剂以吸收残存潮气等。

（2）防锈包装。防锈包装是为防止内装物锈蚀而采取一定防护措施的包装。例如，在产品表面涂刷防锈油（脂）或用气相防锈塑料薄膜、气相防锈纸包封产品等。

（3）防震包装。防震包装是为减缓内装物受到的冲击和振动，保护其免受损坏而采取一定防护措施的包装。例如，用发泡聚苯乙烯、海绵、木丝、绵纸等缓冲材料包衬内装物，或将内装物用弹簧悬吊在包装容器里等。

（4）防霉包装。防霉包装是为防止内装物发霉影响质量而采取一定防护措施的包装。例如，对内装物和包装材料进行防霉处理等。

（5）防尘包装。防尘包装是为防止沙尘进入包装容器而采取一定防护措施的包装。例如，将内装物或包装易进尘处用柔性纸包扎或用塑料薄膜袋套封等。

（6）防辐射包装。防辐射包装是防止外界辐射线通过包装容器而采取一定防护措施的包装。例如，将感光胶卷盛装在能够阻止光辐射的容器中。

（7）防盗包装。防盗包装是为防止内装物被盗而设计的一种打开后会留下明显被盗痕迹的包装。

（8）防爆包装。防爆包装是为防止易爆性内装物发生爆炸而采取一定防护措施的包装。

（9）防燃包装。防燃包装是为防止易燃性内装物燃烧而采取一定防护措施的包装。例如，在包装容器内衬以耐火材料，包装容器外涂刷防火材料等。

（10）防虫包装。防虫包装是为保护内装物免受虫类侵害而采取一定防护措施的包装。例如，在包装材料中掺入杀虫剂，在包装容器中使用驱虫剂、杀虫剂或脱氧剂等。

（11）泡罩包装。泡罩包装是将产品封合在用透明塑料薄片形成的泡罩与底板之间的一种包装方法。

（12）贴体包装。贴体包装是将产品放在能透气的、用纸板或塑料制成的底板上，上面覆盖加热软化的塑料膜（片），通过底板抽真空，使薄片（膜）紧密地包贴产品，其四周封合在底板上的一种包装方法。

（13）收缩包装。收缩包装是用收缩薄膜裹包产品或包装件，然后加热使薄膜收缩包紧产品的一种包装方法。

（14）拉伸包装。拉伸包装是将拉伸薄膜在常温下拉伸，对产品或包装件进行裹包的一种操作。

（15）真空包装。真空包装是将产品装入气密性包装容器里，抽去容器内部的空气，使密封后的容器内达到预定真空度的一种包装方法。

（16）条形包装。条形包装是将一个或一组薄片、胶囊之类的小型产品包封在两层连续的节状包装材料之间，每个或每组产品周围热封合形成一个单元的一种包装方法。每个单元可以单独撕开或剪开以便于销售或使用。条形包装多用于医药产品。

（17）充气包装。充气包装是将产品装入气密性包装容器，用氮、二氧化碳等气体置换容器中原有空气的一种包装方法。

（18）无菌包装。无菌包装是将产品、包装容器、材料或包装辅助器材灭菌后，在无菌的环境中进行充填和封合的一种包装方法。

（19）透气包装。透气包装是随着条件的变化（如温度的改变），空气可以出入的一种闭合式包装。

（20）现场发泡包装。现场发泡包装是在包装容器与衬有薄膜的产品之间的空隙处注入能产生塑料泡沫体的原料，并通过化学反应形成紧包产品的泡沫体的操作。这种操作通常在包装的现场，用特别的发泡设备进行。

（21）喷雾包装。喷雾包装是将液体或膏状产品装入带有阀门和推进剂的气密性包装容器中，当开启阀门时，产品在推进剂产生的压力作用下被喷射出来的一种包装方法。喷射出来的产品有雾状、泡沫状、膏状等多种状态。多用于杀虫剂、空气清洁剂、香水等的包装。

（22）保鲜包装。保鲜包装是在规定的储存条件下，不用罐头包装方式，而采用具有特殊性能的包装材料和特殊结构的容器包装水果、蔬菜等食品，或对这类食品进行必要的化学、物理处理，使其在一定时间内保持色、香、味而采取一定防护措施的包装。

（23）隔热包装。隔热包装是为减少储运过程中包装件内与外界环境的热传递而采取一定防护措施的包装。例如，在包装容器内衬以隔热材料等。

（24）速冻包装。速冻包装是用耐冷、耐潮包装材料和速冻技术使冷冻内装物能在冷藏条件下较长时间储存的包装。

（25）儿童安全包装。儿童安全包装是一种保护儿童安全的包装，其设计结构使大部分儿童在合理时间内难以开启或难以取出一定数量有毒害的内包装物。

（26）木夹板包装。木夹板包装是用上下两块木板将产品夹在中间并捆扎固定的包装。

（27）集合包装。集合包装是为了便于装卸、储存和运输，将若干包装件或产品包装在一起，形成一个合适的搬运单元。

（28）托盘包装。托盘包装是将包装件或产品堆码在托盘上，通过捆扎、包裹或胶粘等方法加以固定，形成一个搬运单元，以便机械设备搬运。

四、商品包装的合理化

（一）包装要适应各种流通条件的需要

要确保商品在流通过程中的安全，商品包装应具有一定的强度。对于不同运输方式和运输工具，还应有选择地利用相应的包装容器和技术处理。总之，整个包装应适应各种流通条件的需要。

（二）包装要适应商品的特性

商品包装必须根据商品的特性，分别采用相应的材料与技术，使包装完全符合商品理化性质的要求。

（三）包装要适应标准化的要求

商品包装必须推行标准化，即对商品包装的包装容（重）量、包装材料、结构造型、规格尺寸、印刷标志、名词术语、封装方法等加以统一规定，逐步形成系列化和通用化，以便有利于包装容器的生产，提高包装的生产效率，简化包装容器的规格，节约原材料，降低成本，易于识别和计量，从而保障包装质量和商品安全。

（四）包装要适量、适度

对销售包装而言，包装容器大小与内装商品相宜，包装费用应与内装商品相吻合。预留空间过大、包装费用占商品总价值比例过高，都有损消费者利益，误导消费者“过分包装”。

（五）包装要绿色、环保

商品包装的绿色、环保要求要从两个方面认识：首先，材料、容器、技术本身应是对商品、对消费者而言，是安全的和卫生的；其次，包装的技法、材料容器等对环境而言，是安全的和绿色的，在选材料和制作上，遵循可持续发展原则，节能、低耗、高功能、防污染，可以持续性回收利用，或废弃之后能安全降解。

五、商品包装的标志

商品包装的标志是用简明图形或按照有关规定的包装储运指示标志，说明商品在搬运、装卸、储存、运输等过程中应注意的事项，包括指示标志，危险品指示标志和代号标志三类。

（1）指示标志：指根据商品性能、特点，对一些易碎、易残损、易变质的商品，在装卸、搬运、操作、储存保管条件等方面提出的注意事项和防护要求。常见指示标志如图 5-1 所示。

图 5-1　常见指示标志

（2）危险品指示标志：指有关部门规定的主要危险、危害性标志。用以表示危险品的化学与物理性能及其危害程度。同时，指示在搬运、装卸、储存、保管、堆垛等各环节操作中的安全要求。例如，“易燃物品”“有毒品”“爆炸品”“腐蚀品”等。常见危险品标志如图 5-2 所示。

图 5-2　常见危险品标志

（3）代号标志：一台车一个代号。凡整船装载的水陆联运或中转分运的同到港、不同到站；同到站不同专用线；几个整车同时发运的，应编制车代号标志。有利于中转分送和防止出现差错及加速商品的流转。

第二节　商 品 储 运

一、商品储运的概述

商品储运包含商品流通中的储存和合理运输两个环节，商品质量很大程度上取决于商品储运过程中的质量。

（一）商品储存

商品储存是指商品在生产、流通领域中的暂时停泊和存放过程，以保证商品流通和再生产过程的需要为限。商品储存通过自身不断循环，充分发挥协调商品产销矛盾的功能，而成为促进商品流通以至整个社会再生产的不可缺少的重要条件。

（二）商品合理运输

商品合理运输是指在有利于商流业务开展的条件下，按照商品的特点和合理流向，充分利用各种运输方式，选择合理的运输路线和运输工具，以最短的里程、最少的环节、最快的速度和最小的劳动消耗，安全优质地完成商品运输任务。

二、商品储运期间的质量变化

商品储运过程中发生的质量变化可以归纳为以下三类。

（1）商品的物理机械变化：挥发、溶化、渗漏、串味、沉淀、玷污、破碎与变形等。

（2）商品的化学变化：氧化、分解、水解、化合、聚合、裂解、老化、风化等。

（3）商品的生化变化及其他生物引起的变化：呼吸作用、发芽、胚胎发育、后熟作用、霉腐、虫蛀等。

三、商品储存的质量管理

（1）有效期管理：物料入库时应确认其在有效期内，如果超过平均的停滞时间，该时间应该明确是否对有效期产生影响。

（2）环境管理：不同的物料存储环境有不同的要求，一般是温湿度及安全要求（如远离火源、热源等），也有对洁净度的要求。

（3）先进先出管理：该项目是仓库管理的首要要求，很多事项与之相关，如有效期管理、批次管理、追溯管理等。

（4）标示管理：商品标示牌、储存位置图等。

（5）账务管理：进行周期盘点，一般有记录卡、出入账系统等。

（6）工业工程管理：如根据物料的大小、使用频次、运输及使用高度、入出库数量等设计合理的库位及输送。

（7）其他管理：如运输工具管理、库位管理、周转率管理等。

四、商品运输的质量管理

商品运输的质量管理需要从以下几方面入手。

1. 运输距离优化

运输既然是商品在空间上的移动或称“位移”，那么商品移动的距离即运输里程的远近，便是决定其合理与否的一个最基本的因素。物流部门在组织商品运输时，首先要考虑运输距离，并尽可能地靠近生产地销售，避免舍近求远。

2. 运输环节简化

在物流过程的各个环节中，运输是一个很主要的环节，也是决定物流合理性的一个重要因素。因为运输环节需要进行装卸、搬运、包装等工作，多一个过程，就需要多付出劳动。所以物流部门在调运商品时，对有条件直运的，尽可能组织直达、直拨运输，使商品不进入中转仓库，越过一切不必要的中间环节，由产地直接运到销地或用户，减少二次运输。

3. 运输工具合理化

要根据不同商品的特点，分别利用铁路、水运或汽车运输等不同运输方式，选择最佳运输线路，合理使用运力。改进车船的装载技术和装载方法，提高技术装载量；使用最少的运力，运输更多的商品，提高运输生产效率。

4. 运输时间最短化

对商业物流来说，为了更好地为顾客服务，及时满足顾客的需要，时间是一个决定性因素。运输不及时，不仅容易失去销售机会，造成货物脱销或积压，而且容易引起商品的货损货差，增加物流管理费用，降低运输效率。在市场变化很大的情况下，时间问题更为突出。在物流过程中，要特别强调运输时间，要抢时间、争速度，要想方设法地加快货物运输，尽量压缩待运时间。

5. 运输费用最低化

运输费用占物流费用的比例很大，是衡量物流经济效益的重要指标，也是组织合理运输的主要目的之一。运输费用不仅影响商业物流企业或运输部门的经济效益，而且影响销售成本。

上述因素既互相联系，又互相影响，有的还相互矛盾。如在一定条件下，运输时间短了，费用却不一定省，或运输费用低了，运输时间却又长了。这就要求进行综合分析，寻求最佳运输方案。在一般情况下，运输时间快、运输费用省，是商品运输质量管理的两个主要目标，集中体现了物流过程中的经济效益。

第三节　商 品 养 护

一、商品养护的内涵

商品养护是指商品在储存过程中所进行的保养和维护。从广义上说，商品从离开生产领域而未进入消费领域之前这段时间的保养与维护工作，都称为商品养护。

二、商品养护的作用

商品养护的作用是面向库存商品，根据库存数量、发生质量变化速度、危害程度、季节变化，按轻重缓急分别研究制定相应的技术措施，使货物质量不变，以求最大限度地避免和减少商品损失，从而降低保管损耗。

三、商品养护的常用方法

商品在储运环节中每时每刻都在发生变化，商品养护的任务就是在认识和掌握各种库存物变化规律的基础上，采取相应的组织管理和技术措施，从而有效地抑制外界因素的影响，创造适宜的环境，提供良好的条件，最大限度地减缓和控制货物的变化，以保持货物使用价值。

（一）影响商品储运质量的内因

（1）商品的物理性质（吸湿性、导热性、耐热性、透气性）。
（2）商品的机械性质（形态、结构在外力作用下的反应）。
（3）商品的化学性质（化学稳定性和商品的毒性、腐蚀性、燃烧性、爆炸性）。
（4）商品的化学成分。
（5）商品的结构。

（二）影响商品变化的外因

（1）自然因素：主要指温度、湿度、有害气体、日光、尘土、杂物、虫害、雀害等自然灾害。
（2）人为因素：主要指保管场所选择不合理、包装不合理、装卸搬运不合理、堆码苫垫不合理和违章作业等因素。
（3）储运期过长：商品储存运输的时间临近或超过商品保质期，会对商品的质量产生较大的影响。

（三）商品养护的措施

（1）严格验收入库和运输交付商品。
（2）适当安排储存场所和运输工具。
（3）科学进行储运过程中的堆码与苫垫。
（4）控制好仓库和运输工具的温度、湿度（方法有自然通风、机械通风、密封、吸潮剂吸潮）。
（5）认真进行商品在库检查、在途运输检查和日常盘点。
（6）搞好仓库和运输工具的清洁卫生。

➢本章小结

商品包装既是名词又是动词，包括包装材料、包装技术、包装结构造型和表面装潢四个要素；商品储运过程中发生的质量变化可以归纳为物理机械变化、化学变化和生化变化及其他生物引起的变化三种；商品养护是指商品在储存过程中所进行的保养和维护，追求最大限度地避免和减少商品损失，降低保管损耗；商品养护方法要根据影响商品质量的外因和内因两个方面来选择合理的措施。

➢关键术语

商品包装；商品包装的合理化；商品包装的标志；商品储运；商品养护。

➢思考题

1. 简述商品包装的概念和基本要素。
2. 论述商品包装的作用。

3. 论述商品包装合理化的途径。
4. 论述商品储运期间的质量变化。
5. 简述商品养护的作用。
6. 简述商品养护的常用方法。

第六章

新产品开发

学习目标

1. 了解商品信息的概念、分类。
2. 理解新产品开发的概念和意义。
3. 熟悉新产品开发的程序和注意事项。
4. 掌握商品信息的特性、新产品开发的方式和新产品开发的策略。

♦ **引导案例**☞

“新可口可乐”的创新受阻

自 1886 年亚特兰大药剂师约翰·彭伯顿发明标志性的可口可乐配方以来，可口可乐在全球市场的拓展可谓势如破竹。然而，1985 年的一次重大决策，却成为美国商界百年来备受争议的失误。

20 世纪 80 年代，可口可乐在饮料市场的霸主地位受到挑战，市场份额的增长速度从 1984 年的 13%锐减至 1985 年的 2%。与此同时，百事可乐凭借“百事可乐新一代”的广告策略，成功吸引了年轻人的目光，市场份额从 6%猛增至 14%。

可口可乐公司对此并不认同，进行了一系列口感测试，但消费者普遍更喜欢百事可乐的口味。市场调查也显示，可口可乐的市场地位正受到严重挑战。尽管可口可乐在广告投入、销售网络、自动售货机等方面均优于百事可乐，但市场份额却不断流失。

面对这一困境，可口可乐公司决定进行重大改革。1981 年，新任董事长戈伊苏埃塔宣布，公司需要接受一切必要的改革。经过深入调查，公司发现口味问题是导致市场份额下降的关键因素。于是，可口可乐公司启动了代号“堪萨斯计划”的秘密市场调查，探索改变口味的可能性。

调查结果显示，虽然部分消费者对改变口味表示不安，但大多数消费者愿意尝试新口味的可口可乐。基于这一结果，可口可乐公司决定开发一种全新口感的可乐，并在全国范围内进行大规模口味测试。测试结果显示，超过半数的消费者更喜欢新口味的可乐，这似乎为公司的决策提供了有力支持。

然而，在推出新口味之前，公司必须做出一系列重要决策，包括是否保留旧口味或完全替代。经过慎重考虑，公司高层决定全面改变可口可乐的口味，并将旧口味撤出市场。

这一决策对于可口可乐来说无疑是一场冒险，但也反映了公司对市场变化的敏锐洞察和勇于创新的决心。然而，这场冒险的结果却出乎所有人的意料，新口味的推出引发了消费者的强烈反响和抵制，最终不得不恢复原有配方。这一事件成为可口可乐历史上的一个转折点，也引发了关于品牌忠诚度和消费者口味的深刻思考。

1985 年 4 月 23 日，可口可乐公司作出了一个大胆决策：调整其传统配方，以迎合消费者对更甜口味的需求。公司董事长在纽约林肯中心举行了盛大的记者招待会，向全国媒体介绍了新一代可口可乐。尽管邀请了 200 多家媒体出席，但大多数记者对新产品的优点持怀疑态度，这一态度在后续报道中愈发明显，影响了公众对新可乐的接受度。

可乐产品变化的消息在 24 小时内迅速传遍美国本土。新可乐试用人数达到 1.5 亿人，远超以往新品的纪录，初期市场反馈看似积极。然而，好景不长，新可乐上市仅 4 小时内，就接到了大量抗议电话。随着批评声浪的扩大，这一改变被部分消费者视为对传统的亵渎，甚至上升到了爱国情感的层面。

社会学家罗伯特·安东尼奥指出，这一变化触动了某些人的情感底线，他们觉得一个神圣的象征被侵犯了。公司内部也开始感受到压力，消费者抵制情绪日益高涨。许多人表示，作为美国文化的象征，可口可乐的改变让他们感到背叛。

在那个夏天，可口可乐公司收到了超过 4 万封抗议信件。一些极端的消费者甚至成立了组织，威胁要提起诉讼。市场上，老可口可乐的价格水涨船高，瓶装商也纷纷要求恢复旧配方。

经过市场调查，公司意识到公众对新可乐的负面情绪正在加剧。新可乐的销量迟迟不见起色，而消费者的抗议声却愈演愈烈。最终，可口可乐公司不得不作出决策：恢复传统配方。这一决定立即引发了公众的热议和欢呼，可口可乐的销量和股价也随之回升。然而，这次尝试给可口可乐公司带来了沉重的经济损失和品牌形象损害。

这次事件深刻教训了可口可乐公司：在追求创新的同时，必须尊重消费者的传统情感和文化认同。品牌的价值不仅在于产品本身，更在于它所承载的历史和文化内涵。

（资料来源：笔者根据相关资料整理）

第一节　商品信息

一、商品信息的概念

商品信息是指能够被接收者接收，并满足其某种特殊需要，有关商品及其生产、流通或消费的消息、情报、数据或知识等的总称。

二、商品信息的特性

（一）商品信息具有使用价值和价值

人们获取商品信息的目的，在于利用它认识和改造世界。商品信息的有用性在于它能启迪思想，解除疑问，增长知识，提高商品管理决策水平和生产经营效率及效益，因而具有使用价值。商品信息的搜集、加工、传递和交流，要消耗人的劳动，从而可以交换和转让，所以也具有价值。商品信息是人类的一种资源和财富。

（二）商品信息具有多信源、多信宿、多通道、多层次特征

在市场经济条件下，商品的生产、流通、消费各个环节是通过市场密切联系的，我国市场是多买方、多卖方、多渠道、多功能的开放市场，这就决定了商品信息的多信源、多信宿、多通道和多层次的特征。每个商品生产和经营企业，在市场中总是以买方和卖方身份交替出现，它们既是信息的接收者，也是信息的发出者。国家机关、财政、银行、物价、税收、工商管理、技术监督等宏观控制部门，常常是商品信息的义务发布者。报纸、杂志、广播、电视等大众媒体也不断发布最新商品信息，以指导商品的生产、经营与消费，其公开传播的商品信息已占总量的80%以上。利用计算机网络技术，进而形成全球性、全国性商品信息网络系统，已呈星火燎原之势。

（三）商品信息具有时效性、随机性和流动性

随着我国社会主义市场经济体制的建立和逐步完善，价值规律开始客观地发挥作用，市场竞争不可避免。企业要想在市场竞争中取胜，获得主动权，就必须及早掌握可靠的商品信息，在市场竞争日益激烈的情况下，市场情况瞬息万变，商品信息生成速度快、数量大，活动极为频繁，时效性极强，且有流动性、随机性特点。商品信息的及时、准确、适用和传递有序，对企业的预测与决策十分重要，但这却是企业内部难以有效控制的。因此，在同类企业之间、相关企业之间、企业与政府之间、企业与用户之间必须建立有效的商品信息网络系统，以便为企业科学的决策提供有效的外部市场信息。

（四）商品信息具有多级流动性

信息源（国家、厂家、商家、消费者或用户）输出的商品信息被信宿接收后，信宿再将该信息作用结果用信息形式反馈给信息源，然后信息源根据这种反馈信息进行必要的调节与控制。控制的基础是信息，一切信息传递都是为了实现有效控制，而任何控制又都需要通过反馈才能实现。没有反馈，就没有自动调节；没有反馈，就无法实现控制。例如，从宏观经济管理来看，一个管理过程实质上是信息输入→宏观决策→信息控制→反馈输入这样一个信息循环过程，但宏观经济管理仅有简单的双向信息流动是不够的，事实上在商品生产企业→商品流通企业→消费者或用户之间就存在多级信息输入和信息反馈，其信息流动始终是以商品市场为核心进行的。因此，这里有一个大的系统管理和多级递阶控制与反馈的问题。

三、商品信息的分类

（一）按照来源分类

1. 原始信息和加工信息

（1）原始信息是指未经加工的，有关商品生产、流通、消费活动的原始数据单据和

记录，又称一次信息，它是最基本、最常见的信息。

（2）对原始信息按生产经营者或消费者、用户的既定目标和要求，进一步加工整理后，就成为加工信息，也可称为二次信息或三次信息，二次信息是在转换一次信息过程中产生的信息，如信息索引、各种统计报表、经济合同等；三次信息是对二次信息再加工后的信息，通常以综述、报道、分析报告等形式表现出来。

2. 内部信息和外部信息

（1）内部信息是指企业内部商品生产或流通方面的有关资料和数据，主要由计划、会计、统计、技术、质检、销售等业务部门收集储存。

（2）外部信息是从企业外部环境传递到企业的各种商品信息，如各国和本国政府的有关法律、法规和政策；国内外市场供求情况；同类商品的比较；同行业竞争情况；等等。

3. 宏观信息和微观信息

（1）宏观信息是指反映商品活动状态和方式全貌的信息，如各种商品总的供求状况、质量水平、产业政策和产业结构的变化、消费结构的改变、社会商品购买力等，这种信息的综合性强，反映商品的经济活动总量，主要为国家和地方的宏观决策与控制服务。

（2）微观信息是反映单个企业或个别商品的生产经营情况的信息。它们数量大、时效性强，主要用于企业的微观决策与管理活动。

（二）按照内容分类

商品信息可分为商品供求信息、商品技术信息、商品管理信息、商品生产经营环境信息和商品消费信息等。

（1）商品供求信息是商品供给信息、商品价格信息、流通渠道信息及商品需求信息的总和。

商品供给信息包括：商品质量、品种、规格、式样、花色、数量、服务方式；新技术、新材料、新工艺的应用情况；新商品的技术现状和发展趋势；商品的包装、商标、使用说明；消费者对商品的印象和评价；商品广告；等等。

商品价格信息包括：商品的出厂、批发、零售价格；商品定价标准；商品之间的比价、地区差价、季节差价；消费者对商品价格变动的反应；等等。

流通渠道信息包括：商品包装、储存、运输情况；商品分销渠道、方式；批发商、零售商的销售情况；消费者或用户对零售商、代销商的印象；推销方式和售后服务；等等。商品价格信息和流通渠道信息都直接影响市场商品供求的变化。

商品需求信息包括：某种商品现有和潜在的购买人数；购买者的欲望和动机及习惯；购买方式；同类商品销售数量；同类企业的同类商品的市场占有率；消费者对同类商品不同品牌、质量等级、档次、包装的偏好、评价和建议；某类商品的消费者类型（年龄、性别、民族、职业等）分布；收入和消费水平分布；等等。

（2）商品技术信息包括：新发明和专利技术；商品新结构的设计或新配方；先进工艺流程；新设备、新技术和新材料；新商品研制开发；等等。

（3）商品管理信息，依据企业管理活动的三个环节——计划决策、组织指挥与控制监督，又可分为决策信息、作业信息和控制信息。

决策信息是在企业的生产经营活动中，企业为确定商品生产经营目标、方针和计划所需得到的信息。决策信息主要来自企业外部环境，如国家有关政策、法令，商品产销的中长期预测，同行业竞争策略，等等。但只有将外部信息同内部信息结合起来，才能科学地制订企业生产经营管理的战略计划。

作业信息是指日常企业内部各环节间的信息流动及各环节业务活动所必需的信息，如生产车间的作业计划执行情况、销售活动中的每日销量变化等。

控制信息是企业管理者按预定目标控制企业活动，协调各生产经营环节，以克服企业活动的偏差，保证企业正常运营的信息。

（4）商品生产经营环境信息是指由于外部影响商品生产经营的各种因素变化而形成的信息。它包括：政治环境信息，如国家重大方针、政策的变化；法律、法令、经济计划的颁布；国际的政治和军事冲突；等等。经济环境信息，如人口、收入的变化；物价水平和消费水平的变动；整个国民经济结构的调整；国际的经济或贸易制裁；等等。社会文化环境信息，如教育程度、文化水平、职业构成、风俗习惯等。

（5）商品消费信息包括：商品生产经营者对商品（尤其是新商品）消费的科学指导；保护消费者合法权益的法律、法规；商品的质量抽查公报；商品改进措施和建议；等等。

（三）按发生时间分类

商品信息分为历史信息、实时信息和预测信息。

（1）历史信息，是对已发生过的商品及其运动事实的描述和评价，如某类商品的发展史、品种沿革、升级换代情况，生产工艺的变革，等等。掌握商品历史信息，对于了解过去，指导商品生产经营活动，预测未来商品及其生产经营的发展，具有重要意义。

（2）实时信息，又称现状信息，是一定时点正在发生的商品运动状态和方式的反映，如正在生产或流通或消费过程中的商品情况，正在制定或实施的有关商品及其生产、流通、消费活动的方针、政策及法律、法规，等等。这种信息的时效性很强，必须善于捕捉和利用。

（3）预测信息，又称未来信息，是指对商品未来运动状态和方式的预测。它根据预测时间的长短，又分为近期预测信息、中期预测信息或长期预测信息三种。时间长短的划分并没有一定标准，应根据所研究对象的变化速度、影响深远程度和作用范围来确定。通常，近期预测信息为 1 年或 1 年以下，中期预测信息为 1～4 年，长期预测信息为 5～10 年或者更长。由于距现实的时间越长，因素的可控性越差，特别是科学技术进步迅速，所以近期预测信息准确性较高，而中期预测信息、长期预测信息往往只能描述其发展方向，预报时间越长，准确性就越差。

（四）按表现形式分类

商品信息可分为文件信息、声像信息和实物信息。文件信息一般有商品标准、商品法规、商品情报资料、市场行情资料，以及各种经济合同、简讯、报告等；声像信息有录音、录像、磁盘、光盘、电视、广播、传真、电话等；实物信息有客商来样加工的实物样品、商品展览展销、商品陈列、时装设计大赛与时装表演等。

第二节 新产品开发的概念、意义、分类和方式

一、新产品开发的概念

新产品开发是指从研究选择适应市场需要的产品开始到产品设计、工艺制造设计，直到投入正常生产的一系列决策过程。从广义而言，新产品开发既包括新产品的研制，也包括原有的老产品改进与换代。新产品开发是企业研究与开发的重点内容，也是企业生存和发展的战略核心之一。企业新产品开发的实质是推出不同内涵与外延的新产品。对大多数公司来说，是改进现有产品而非创造全新产品。

市场营销学中使用的新产品概念不是从纯技术角度理解的，产品只要在功能或形态上得到改进，与原产品产生差异，并为顾客带来新的利益，即被视为新产品。

二、新产品开发的意义

开发新产品，打开新的经营领域是企业竞争力的要素之一，企业在单一产品方向上开发新产品和系列产品虽然可以扩大生产规模，但是单一产品的市场容量毕竟有限，这样就会限制企业的发展，因此，就需要企业通过开发新的产品进入新的领域，寻求新的发展空间，从而提高企业抵御市场风险的能力。在市场经济中，各种商品的发展程度是不平衡的，并且具有很大的不确定性，有的产品的需求是长期的并稳定的，而有的产品的需求却是短期的。现在，越来越多的企业认识了这一市场规律，当第一种产品取得了稳定的市场份额后，立即开发第二种、第三种产品，并进入新的领域，既求得了新的发展空间，扩大了经营规模，又增强了抗风险能力。具体来说，新产品开发的意义有可以成为竞争优势的源泉；可以加强战略优势；能够增强企业形象；有利于提高企业研究开发能力；可以充分利用生产和经营资源；可以提高品牌权益；可以影响人力资源。

三、新产品开发的分类

（一）按创新程序分类

按创新程序分类，新产品开发可分为全新新产品、改进新产品、换代新产品，具体如下。

（1）全新新产品：指利用全新的技术和原理生产出来的产品。

（2）改进新产品：指在原有产品的技术和原理的基础上，采用相应的改进技术，使

外观、性能有一定进步的新产品。

（3）换代新产品：指采用新技术、新结构、新方法或新材料在原有技术基础上有较大突破的新产品。

（二）按所在地的特征分类

按所在地的特征分类，新产品开发可分为地区或企业新产品、国内新产品、国际新产品，具体如下。

（1）地区或企业新产品：指在国内其他地区或企业已经生产但该地区或该企业初次生产和销售的产品。

（2）国内新产品：指在国外已经试制成功但国内尚属首次生产和销售的产品。

（3）国际新产品：指在世界范围内首次研制成功并投入生产和销售的产品。

（三）按开发方式分类

按开发方式分类，新产品开发可分为技术引进新产品、独立开发新产品、混合开发的产品，具体如下。

（1）技术引进新产品：指直接引进市场上已有的成熟技术制造的产品，这样可以避开自身开发能力较弱的难点。

（2）独立开发新产品：指从用户所需要的产品功能出发，探索能够满足功能需求的原理和结构，结合新技术、新材料的研究独立开发制造的产品。

（3）混合开发的产品：指在新产品的开发过程中，既有直接引进的部分，又有独立开发的部分，将两者有机结合在一起而制造出的新产品。

四、新产品开发的方式

企业开发新产品，选择合适的方式很重要。选择得当，符合企业实际情况，就能少承担风险，易获成功。一般有独创方式、引进方式、改进方式和结合方式四种。

（1）独创方式。从长远考虑，企业开发新产品最根本的途径是自行设计、自行研制，即所谓独创方式。采用这种方式开发新产品，有利于产品更新换代及形成企业的技术优势，也有利于产品竞争。自行研制、开发产品需要企业建立一支实力雄厚的研发队伍、一个深厚的技术平台和一个科学、高效率的产品开发流程。

（2）引进方式。技术引进是开发新产品的一种常用方式。企业采用这种方式可以很快地掌握新产品制造技术，减少研制经费和投入的力量，从而赢得时间，缩短与其他企业的差距。但引进技术不利于形成企业的技术优势和企业产品的更新换代。

（3）改进方式。改进方式是以企业的现有产品为基础，根据用户的需要，采取改变性能、变换形式或扩大用途等措施来开发新产品。采用这种方式可以依靠企业现有设备和技术力量，开发费用低，成功把握大。但是，长期采用改进方式开发新产品，会影响企业的发展速度。

（4）结合方式。结合方式是独创方式与引进方式相结合的方式。

第三节　新产品开发的策略、程序及注意事项

一、新产品开发的策略

新产品的开发是企业产品策略的重要组成部分。新产品开发的主要策略如下。

（一）领先策略

领先策略是在激烈的产品竞争中采用新原理、新技术、新结构优先开发出全新产品，从而先入为主，领略市场上的无限风光。这类产品的开发多从属于发明创造范围，采用这种策略，投资数额大，科学研究工作量大，新产品实验时间长。

（二）超越自我策略

超越自我策略的着眼点不在于眼前利益而在于长远利益。这种暂时放弃一部分眼前利益、最终以更新更优的产品去获取更大利润的经营策略，要求企业有长远的“利润观”理念，要注意培育潜在市场，培养超越自我的气魄和勇气，不仅如此，更需要有强大的技术做后盾。

（三）紧跟策略

采用紧跟策略的企业往往针对市场上已有的产品进行仿造或进行局部的改进和创新，但基本原理和结构与已有产品相似。这种企业跟随既定技术的先驱者，以求用较少的投资得到成熟的定型技术，然后利用其特有的市场或价格方面的优势，在竞争中对早期开发者的商业地位进行侵蚀。

（四）补缺策略

每个企业都不可能完全满足市场的需求，所以在市场上总存在着未被满足的需求，这就为企业留下了一定的发展空间。这就要求企业详细地分析市场上现有产品及消费者的需求，从中发现尚未被占领的市场。

二、新产品开发的程序

新产品开发是一项极其复杂的工作，从根据用户需要提出设想到正式生产产品投放市场为止，其中经历许多阶段，涉及面广、科学性强、持续时间长，因此必须按照一定的程序开展工作，这些程序之间互相促进、互相制约，才能使产品开发工作协调、顺利地进行。产品开发的程序是指从提出产品构思到正式投入生产的整个过程。由于行业的差别和产品生产技术的不同特点，特别是选择产品开发方式的不同，新产品开发所经历的阶段和具体内容并不完全一样。现以加工装配性质企业的自行研制产品开发方式为对象，来说明新产品开发需要经历的各个阶段。

（一）调查研究阶段

发展新产品的目的是满足社会和用户需要。用户的要求是新产品开发选择决策的主要依据。为此必须认真做好调查计划工作。该阶段主要是提出新产品构思，以及新产品的原理、结构、功能、材料和工艺方面的开发设想和总体方案。

（二）构思创意阶段

新产品开发是一种创新活动，产品创意是开发新产品的关键。在这一阶段，要根据社会调查掌握的市场需求情况及企业本身条件，充分考虑用户的使用要求和竞争对手的动向，有针对性地提出开发新产品的设想和构思。产品创意对新产品能否开发成功有至关重要的意义和作用。

1. 新产品开发构思创意的来源

企业新产品开发构思创意主要来自以下三个方面。

（1）来自用户。企业着手开发新产品，首先要通过各种渠道掌握用户的需求，了解用户在使用老产品过程中有哪些改进意见和新的需求，并在此基础上形成新产品开发创意。

（2）来自该企业职工，特别是销售人员和技术服务人员，经常接触用户，用户对老产品的改进意见与需求变化他们都比较清楚。

（3）来自专业科研人员。科研人员具有比较丰富的专业理论和技术知识，要鼓励他们发扬这方面的专长，为企业提供新产品开发的创意。此外，企业还通过情报部门、工商管理部门、外贸等渠道，征集新产品开发创意。

2. 新产品开发构思创意的内容

新产品创意包括以下三个方面的内容。

（1）产品构思。产品构思是在市场调查和技术分析的基础上，提出新产品的构想或有关产品改良的建议。

（2）构思筛选。并非所有的产品构思都能发展成为新产品。有的产品构思可能很好，但与企业的发展目标不符合，也缺乏相应的资源条件；有的产品构思可能本身就不切实际，缺乏开发的可能性。因此，必须对产品构思进行筛选。

（3）产品概念的形成。经过筛选后的构思仅仅是设计人员或管理者头脑中的概念，离形成产品还有相当的距离，还需要形成能够为消费者所接受的、具体的产品概念。产品概念的形成过程实际上就是构思创意与消费者需求相结合的过程。

（三）新产品设计阶段

产品设计是指从确定产品设计任务书到确定产品结构的一系列技术工作的准备和管理，是产品开发的重要环节，是产品生产过程的开始，必须严格遵循“三段设计”程序。

（1）初步设计阶段。初步设计阶段一般是为下一步技术设计做准备。该阶段的主要工作是编制设计任务书，让上级对设计任务书提出体现产品合理设计方案的改进性和推荐性意见，经上级批准后，作为新产品技术设计的依据。初步设计阶段的主要任务在于正确地确定产品最佳总体设计方案、设计依据、产品用途及使用范围、基本参数及主要技术性能指标、产品工作原理及系统标准化综合要求、关键技术解决办法及关键元器件，特殊材料资源分析、对新产品设计方案进行分析比较，运用价值工程，研究确定产品的合理性能（包括消除剩余功能）及通过不同结构原理和系统的比较分析，从中选出最佳方案，等等。

（2）技术设计阶段。技术设计阶段是新产品的定型阶段。它是在初步设计的基础上完成设计过程中必需的试验研究（新原理结构、材料元件工艺的功能或模具试验），并写出试验研究大纲和试验研究报告；做出产品设计任务书；画出产品总体尺寸图、产品主要零部件图，并校准；运用价值工程，对产品中造价高的、结构复杂的、体积笨重的、数量多的主要零部件的结构、材质精度等选择方案进行成本与功能关系的分析，并编制技术经济分析报告；绘出各种系统原理图；提出特殊元件、外购件、材料清单；对技术任务书的某些内容进行审查和修正；对产品进行可靠性、可维修性分析。

（3）工作图设计阶段。工作图设计的目的是在技术设计的基础上完成供试制（生产）及随机出厂用的全部工作图样和设计文件。设计者必须严格遵守有关标准规程和指导性文件的规定，设计绘制各项产品工作图。

（四）新产品试制与评价鉴定阶段

新产品试制阶段又分为样品试制和小批试制阶段。

（1）样品试制阶段。它的目的是考核产品设计质量，考验产品结构、性能及主要工艺，验证和修正设计图纸，使产品设计基本定型，同时要验证产品结构工艺性，审查主要工艺上存在的问题。

（2）小批试制阶段。该阶段的工作重点在于工艺准备，主要目的是考验产品的工艺，验证它在正常生产条件下（即在生产车间条件下）能否保证所规定的技术条件、质量和良好的经济效果。试制后，必须进行鉴定，对新产品从技术上、经济上做出全面评价，然后才能得出全面定型结论，投入正式生产。

（五）生产技术准备阶段

在生产技术准备阶段，应完成全部工作图的设计，确定各种零部件的技术要求。

（六）正式生产和销售阶段

在正式生产和销售阶段，不仅需要做好生产计划、劳动组织、物资供应、设备管理等一系列工作，还要考虑如何把新产品引入市场，如研究产品的促销宣传方式、价格策略、销售渠道和提供服务等方面的问题。新产品的市场开发既是新产品开发过程的终点，又是下一代新产品再开发的起点。通过市场开发，可确切地了解开发的产品是否适应需要以及适应的程度；分析与产品开发有关的市场情报可为开发产品决策、为改进下一批（代）产品、为提高开发研制水平提供依据，同时还可取得有关潜在市场大小的数据资料。

三、新产品开发注意事项

（一）以功能为中心制订产品开发计划

新产品开发是围绕实现一定的功能开展的，在通过市场研究弄清用户的确切需求后，就可以分析企业产品所提供的实际功能和客观需求之间的差距，得到哪些功能尚属空白、哪些功能尚未很好提供等有益信息。显然，在对企业的研究与开发力量及生产运作条件进行分析后，就能编制出旨在克服上述某种不足的产品开发计划，它包括的工作内容也就沿着功能这条主线开展。

（二）最大限度地降低产品总成本

产品具有竞争优势的一个重要前提是产品的总成本低，在传统观念中，企业仅仅考虑制造成本而忽视使用成本，并且认为制造成本是由生产运作过程所决定。这是一种片面的观点。实际上，产品成本责任的绝大部分取决于设计开发和生产运作部门，而制造部门的成本责任的绝大部分是由设计阶段所决定的。因此，应将降低产品总成本的努力贯穿于新产品开发的整个过程中，并协调统一好制造成本和使用成本的关系。例如，进行产品设计时，在满足用户对功能需求的前提下，产品的结构应尽量简单化，以便于制造和检修，从而降低产品的制造成本和使用成本；进行生产运作系统设计时，也应在产品设计已决定了的产品制造成本的大致范围内，通过采用和企业实际条件相符的先进适用技术和最优工艺方案，最大限度地减少产品制造成本。

（三）形成新产品开发的良性循环

所谓良性循环是指产品能正常地更新换代。为此，企业必须高度重视新产品开发工作，并制订完善的新产品开发工作规划，力争做到在生产运作第一代产品的同时，就积极开发第二代，研究第三代，构思设想第四代，以确保有连续不断的新产品投放市场，使企业在整个生产经营过程中保持旺盛的生命力，不断谋求发展。

（四）开展创造性思维

不管是新产品的开发，还是老产品的小改革，都要以创造性的设想为基础。新产品的开发源于有创造性的设想。因此，应借助头脑风暴、检核表法、综摄法、缺点列举法等有效的创造技法来挖掘潜在的创造力，以获取有价值的产品构思创意，指导人们进行发展的、全方位立体思考。

➢本章小结

新产品开发之前要对商品信息进行充分的挖掘。商品信息具有多信源、多信宿、多通道、多层次等特征。根据不同的管理目的和需要，可以把商品信息按照来源、内容、发生时间、表现形式等不同标志进行分类。企业要在同行业中保持竞争力并能够占有市场份额，就必须不断地开发出新产品，并快速推向市场，满足多变的市场需求。新产品开发有独创方式、引进方式、结合方式和改进方式等四种方式。新产品开发的策略包括领先策略、超越自我策略、紧跟策略和补缺策略。新产品开发程序包括调查研究阶段、构思创意阶段、新产品设计阶段、新产品试制与评价鉴定阶段、生产技术准备阶段及正式生产和销售阶段。

➢关键术语

商品信息；新产品开发。

➢思考题

1. 简述商品信息的特性。
2. 论述新产品开发的意义。
3. 简述新产品开发的方式。
4. 简述新产品开发的策略。
5. 论述新产品开发的程序。

第七章

服务商品

学习目标

1. 了解各种服务概念的界定和服务商品的分类。
2. 理解服务商品质量的特性、评价要素。
3. 熟悉服务商品的概念、分类。
4. 掌握服务商品质量的定义和构成。

♦ 引导案例☞

“好服务”是什么?

在物质与信息飞速发展的当下，消费升级已成趋势，商品本身不再是唯一的竞争焦点。如今，商品遍布各地，而消费者更为看重的是购物过程中的体验。那么，在体验经济的新时代，什么样的服务能够打动消费者的心，让他们愿意为你的商品买单呢?

众多网友纷纷点赞四川航空股份有限公司的飞机餐，称其为国内最佳。究竟好在哪里呢？四川航空股份有限公司在服务上别出心裁，有以下几个做法与其他航空公司有所不同。

首先，在送餐时，空姐会贴心询问乘客是否需要辣酱，这一举措让很多乘客倍感温暖。

其次，除了常规的冷热饮品，四川航空股份有限公司还特供红枣茶等特色饮品，空姐更是热情地为乘客续杯，让乘客感受到家的温馨。

再次，除了常规餐饮，四川航空股份有限公司还提供蒸胡萝卜、蒸红薯等健康小吃，紧跟健康饮食的潮流。

最后，四川航空股份有限公司的空姐服务亲切自然，少了些刻板的正式感，多了些人性化的关怀。

这些特色服务不仅超越了行业的普遍标准，更超出了顾客的预期。所谓超越一般标准的服务，不仅仅是微笑或服务的标准化，更是要让顾客感到愉悦与舒适。

而超越顾客的事前期待，则是服务管理的更高境界。日本管理大师畠山芳雄指出，顾客在接受服务前已有一定的期待，而实际体验后的评价，往往决定了他们对服务质量的判断。当实际评价高于事前期待时，顾客会感到非常满意，更有可能成为回头客。

这一观点与我们作为消费者的体验不谋而合。例如，当我们走进一家口碑良好的餐厅，总希望菜品和服务都能超出预期。若实际体验果真如此，我们自然会感到惊喜，并愿意再次光顾。然而，要实现这一目标并不容易。服务并非标准化的商品，每次的体验都独一无二。因此，如何确保每次服务都能超越顾客的事前期待，对企业的服务管理水平提出了更高的要求。

（资料来源：笔者根据相关资料整理）

第一节 服务与服务商品

一、服务概念的界定

服务是指为集体（或别人的）利益或为某种事业而工作。在《质量管理体系 基础和术语》（GB/T19000—2016）中规定，服务是“至少有一项活动必需在组织和顾客之间进行的组织的输出”。经济学意义上的服务，是指以等价交换的形式，为满足企业、公共团体或其他社会公众的需要而提供的劳务活动，它通常与有形的产品联系在一起。

二、服务商品的概念

随着电子商务平台的衍生，出现了很多类型的商品，综合来看，商品可分为实物商品和服务商品。

实物商品是指将商品货物转换成货币时，需要中间媒介的参与（物流）且是有形物品如鸡蛋、服装、手机。

服务商品是指能够实现交易的无形商品，无须中间媒介（物流）的参与即可完成交易。

三、服务商品的特征

1. 无形性

服务商品最基本的特征是服务的无形性，服务是由一系列活动组成的过程，这个过程不像感知有形商品那样可以触摸到。对于大多数服务来说，购买服务并不等于拥有其所有权。

2. 异质性

异质性主要是员工和顾客之间的相互作用，以及伴随这一过程的所有变化因素导致的。服务是由人表现出来的一系列行动，而且员工所提供的服务通常是顾客眼中的服务，由于没有两个完全一样的员工，也没有两个完全一样的顾客，因此就没有两种完全一致的服务。

3. 生产和消费的同步性

大多数商品是先生产，然后进行销售和消费；但大部分服务却是先销售，然后同时进行生产和消费。这便意味着服务生产的时候，顾客在现场，而且会观察甚至参加到生产过程中来。多名顾客共同消费往往会有相互作用，因而会影响彼此的体验。

4. 易逝性

易逝性是指服务不能被储存、转售或者退回的特性。由于服务无法储存和运输，服务分销渠道的结构与性质和有形产品差异很大，为了充分利用生产能力，对需求进行预测并制订有创造性的计划成为重要和富于挑战性的决策问题。

四、服务商品的分类

根据 WTO 统计和信息系统局的国际服务贸易分类表，国际服务贸易分为 11 大类 142 个服务项目，这个分类表基本上包括服务业的主要范围，即商业服务，通信服务，建筑及有关工程服务，销售服务，教育服务，环境服务，金融服务，健康与社会服务，与旅游有关的服务，娱乐、文化与体育服务，运输服务。

第二节 服务商品质量

一、服务商品质量的定义

服务商品质量是指服务商品能够满足规定和潜在需求的特征和特性的总和，是指服务工作能够满足被服务者需求的程度；是企业为使目标顾客满意而提供的最低服务水平，也是企业保持这一预定服务水平的连贯性程度。

1. 服务水平

好的服务商品质量不一定是最高水平，管理人员首先要识别公司所要追求的服务水平。当一项服务满足其目标顾客的期望时，服务质量就可认为是达到了优良水平。

2. 目标顾客

目标顾客是指那些由于他们的期望或需要而要求得到一定水平服务的人。随着经济的发展和市场的日益成熟，市场的划分越来越细，导致每项服务都要面对不同的需求。企业应当根据每一项产品和服务选择不同的目标顾客。

3. 连贯性

连贯性是服务商品质量的基本要求之一。它要求服务提供者在任何时候、任何地方都保持同样的优良服务水平。服务标准的执行是最难管理的服务质量问题之一。对一个企业而言，服务的分销网络越分散，中间环节越多，保持服务水平的一致性就越难。服务商品质量越依赖员工，服务水平不一致的可能性就越大。

二、服务商品质量的构成

服务质量既是服务本身的特性与特征的总和，也是消费者的感知反应，因而服务质量既由服务的技术质量、职能质量、形象质量和真实瞬间构成，也由感知质量与预期质量的差距所体现。

（1）技术质量是指服务过程的产出，即顾客从服务过程中所得到的东西。例如，宾馆为旅客休息提供的房间和床位，饭店为顾客提供的菜肴和饮料，航空公司为旅客提供的飞机、舱位，等等。对于技术质量，顾客容易感知，也便于评价。

（2）职能质量是指服务推广的过程中顾客所感受到的服务人员在履行职责时的行为、态度、穿着、仪表等给顾客带来的利益和享受。职能质量完全取决于顾客的主观感受，难以进行客观的评价。技术质量与职能质量构成了感知服务质量的基本内容。

（3）形象质量是指消费者企业在社会公众心目中形成的总体印象。它包括企业的整体形象和企业所在地区的形象两个层次。企业形象通过视觉识别、理念识别、行为识别等系统多层次地体现。顾客可从企业的资源、组织结构、市场运作、企业行为方式等多个侧面认识企业形象。企业形象质量是顾客感知服务质量的过滤器。如果企业拥有良好的形象质量，些许的失误会得到顾客的谅解；如果失误频繁发生，则必然会破坏企业形象；倘若企业形象不佳，则企业任何细微的失误都会给顾客造成很坏的印象。

（4）真实瞬间则是服务过程中顾客与企业进行服务接触的过程。这个过程是一个特定的时间和地点，这是企业向顾客展示自己服务质量的时机。真实瞬间是服务质量展示的有限时机。一旦时机过去，服务交易结束，企业也就无法改变顾客对服务质量的感知；如果在这一瞬间服务质量出了问题也无法补救。真实瞬间是服务质量构成的特殊因素，这是有形产品质量所不包含的因素。

服务生产和传送过程应计划周密，执行有序，防止棘手的"真实的瞬间"出现。如果出现失控状况并任其发展，出现质量问题的危险性就会大大增加。一旦真实的瞬间失控，服务质量就会退回到一种原始状态。服务过程的职能质量更是深受其害，进一步恶化。

三、服务商品质量的特性

（一）功能性

功能性是企业提供的服务所具备的作用和效能的特性，是服务质量特性中最基本的一个。

（二）经济性

经济性是指被服务者为得到一定的服务所需要的费用是否合理。这里所说的费用是指在接受服务的全过程中所需的费用，即服务周期费用。经济性是相对于所得到的服务质量而言的，即经济性是与功能性、安全性、时间性、舒适性等密切相关的。

（三）安全性

安全性是指企业保证服务过程中顾客、用户的生命不受危害，健康和精神不受到伤害，货物不受到损失。安全性包括物质和精神两方面，改善安全性重点在于物质方面。

（四）时间性

时间性是为了说明服务工作在时间上能否满足被服务者的需求，时间性包含及时、准时和省时三个方面。

（五）舒适性

在满足了功能性、经济性、安全性和时间性等方面需求的前提下，被服务者还期望获得服务过程的舒适性。

（六）文明性

文明性属于服务过程中为满足精神需求的质量特性。被服务者期望得到一个自由、亲切、受尊重、友好、自然和谅解的气氛，有一个和谐的人际关系。在这样的条件下来满足被服务者的物质需求，这就是文明性。

四、服务商品质量的评价要素

服务质量的评价是在服务传递过程中进行的。顾客对服务质量的满意度可以定义为将对接受的服务的感知与对服务的期望相比较。当感知超出期望时，服务被认为具有特别质量，顾客会表示满意；当感知没有达到期望时，服务注定是不可接受的；当期望与感知一致时，质量是令人满意的。如图 7-1 所示，服务期望受到口碑、个人需要和过去经历的影响。

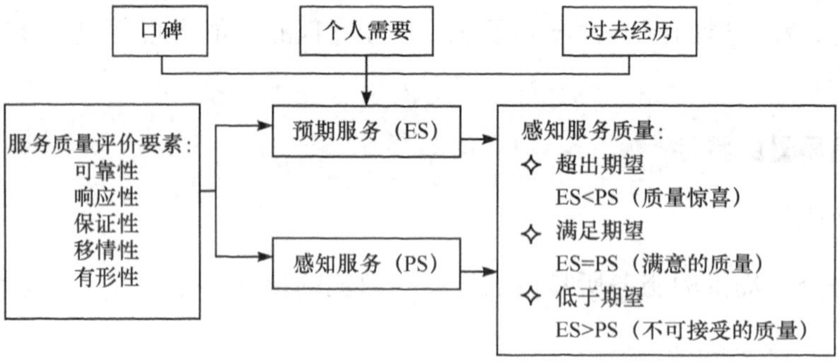

图 7-1　服务质量评价要素及过程

ES 即 expected services；PS 即 perceived services

图 7-1 给出了服务质量的评价要素，包括可靠性、响应性、保证性、移情性、有形性五个方面。

1. 可靠性

可靠性是可靠地、准确地履行服务承诺的能力。可靠的服务行为是顾客所期望的，它意味着服务以相同的方式、无差错地准时完成。可靠性实际上是要求企业避免在服务过程中出现差错，因为产生差错给企业带来的不仅是直接意义上的经济损失，而且可能意味着企业会失去很多的潜在顾客。

2. 响应性

响应性是指帮助顾客并迅速有效提供服务的愿望。让顾客等待，特别是无原因的等待，会对质量感知造成不必要的消极影响。出现服务失败时，迅速解决问题会给质量感知带来积极的影响。对于顾客的各种要求，企业能否给予及时的满足将表明企业的服务导向，即是否把顾客的利益放在第一位。同时，服务传递的效率还从侧面反映了企业的服务质量。研究表明，在服务传递过程中，顾客等候服务的时间是关系到顾客感觉、顾客印象、服务企业形象及顾客满意度的重要因素。所以，只有尽量缩短顾客等候时间，提高服务传递效率，才能大大提高企业的服务质量。

3. 保证性

保证性是指员工所具有的知识、礼节及表达出自信和可信的能力。它能增强顾客对企业服务质量的信心和安全感。当顾客同一位友好、和善且学识渊博的服务人员打交道时，他会认为自己找对了公司，从而获得信心和安全感。友好态度和胜任能力是缺一不可的。服务人员缺乏友善的态度会使顾客感到不快，而如果他们对专业知识懂得太少也会令顾客失望。保证性的内容包括完成服务的能力、对顾客的礼貌和尊敬、与顾客有效的沟通、将顾客最关心的事放在心上的态度等。

4. 移情性

移情性是设身处地地为顾客着想和对顾客给予特别的关注。移情性的内容包括接近顾客的能力、敏感性和有效地理解顾客需求。

5. 有形性

有形性是指有形的设施、设备、人员和沟通材料的外表。有形的环境是服务人员对顾客更细致的照顾和关心的有形表现。对这方面的评价可延伸到包括其他正在接受服务的顾客的行动。

➢本章小结

随着交易方式的改变，服务商品在市场中的比重逐步增大；服务商品是指能够实现交易的无形商品，无须中间媒介（物流）的参与即可完成交易；服务商品具有无形性、异质性、生产和消费的同步性、易逝性；服务质量既是服务本身的特性与特征的总和，也是消费者的感知反应，因而服务质量既由服务的技术质量、职能质量、形象质量和真实瞬间构成，也由感知质量与预期质量的差距所体现；可以从可靠性、响应性、保证性、移情性、有形性等五个方面评价服务质量。

➢关键术语

服务；服务商品；服务商品质量。

➢思考题

1. 简述服务商品的特征。
2. 简述服务商品质量的构成。
3. 论述服务商品质量的特性。
4. 论述服务商品质量的评价要素。

第八章

食品商品管理

学习目标

1. 了解食品的概念。
2. 理解食品的营养成分及质量特性。
3. 熟悉食品的分类，茶叶、酒类和其他食品的分类及主要品种。
4. 掌握主要食品品种的质量要求、检验和养护管理。

♦ **引导案例**☞

高度酒长期存放品质会不变吗?

在酒的世界里，人们普遍相信长时间的贮存能增添其独特风味。然而，对于酒究竟储存多久最为美味，特别是像五粮液这样的浓香型白酒，却并非尽人皆知。事实上，浓香型白酒拥有其独特的储存黄金期，过长时间的存放可能会导致酒质下降。

在酒友间流传着"浓三酱五"的俗语，这意味着对于浓香型白酒而言，存放三年往往能显著提升其酒质。但这并不意味着三年是浓香型白酒的存放极限。实际上，储存的关键在于酒是否为原酒。对于高度原酒来说，在适宜的密封和温度条件下，它可以存放长达二三十年甚至更久。

五粮液作为52度的降度酒，其储存黄金时间通常在7年左右。若存放时间过长，酒质可能逐渐下降。酯化反应虽然会增强酒的香味，但也会减少醇类成分，同时需要醛类等物质达到平衡，以达到最佳口感。若储存条件不满足，建议存放 3～5 年即饮用，以免好酒变味，这也是部分老酒口感偏酸的原因。

（资料来源：笔者根据相关资料整理）

第一节 食品概述

一、食品的概念和分类

（一）概念

食品是指各种供人食用或者饮用的成品和原料，以及按照传统既是食品又是中药材的物品，但不包括以治疗为目的的物品。

（二）分类

1. 传统分类

（1）主食：指粮食性食品，包括米饭、馒头、大饼、面条或者其他谷类、薯类制品。

（2）副食：指经过精加工的食品，包括食糖、糖果、罐头、茶叶、调味品、乳制品、蜜制品、豆制品、饮料、饼干、糕点、小食品及烟、酒、果品等。

（3）粮油：指粮食和油料及其加工成品和半成品的统称。粮油包含主食，不包含副食。

2. 按照食品成分分类

按照食品成分，其可分为碱性食品和酸性食品，人们进食尽量酸碱搭配才有助于维持体内血液酸碱度即 pH 的平衡。所谓酸性和碱性食品，并非由口感或味觉来识别，主要是看食品被机体吸收氧化后所蕴含的化学元素。含氮、硫、磷等非金属元素较多的为酸性食品，含钠、钾、钙、镁等金属元素较多的是碱性食品。并非味道酸的就是酸性食品，如醋是酸的，柑、梅、杏等水果也是酸的，但它们非但不是酸性食品，恰恰相反，却是典型的碱性食品。又如，粮食、糖果、糕点、鱼、猪肉及其他动物肉类等，不是碱性食品，它们全都属于酸性食品。

二、食品的营养成分及质量特性

食品中包含的营养成分包括碳水化合物（糖类）、脂肪、蛋白质、维生素、水、无机盐。

（一）碳水化合物（糖类）

碳水化合物是人体最主要的热量来源，参与许多生命活动，是细胞膜及不少组织的组成部分；维持正常的神经功能；促进脂肪、蛋白质在体内的代谢作用。糖是保护肝脏、维持体温恒定的必要物质。组成糖类的三元素是淀粉、蔗糖、葡萄糖。糖类为人体提供70%的热量，一般每天 250～750 克的主食就可以满足人体热量的需求。机体各个组织中都有一定的糖储备。

（二）脂肪

脂肪是组成人体组织细胞的一个重要组成成分，每克脂肪提供的能量是相同质量的蛋白质或碳水化合物的 2 倍；脂肪还是人体内能量供应的重要储备形式；脂肪有利于脂溶性维生素的吸收，可维持人体正常的生理功能；体表脂肪可隔热保温，减少体热散失，支持、保护体内各种脏器，以及关节等不受损伤。一般人体日需脂肪占食物总热量的15%～30%。一般正常活动的人每天摄入 25 克左右的脂肪就可以满足生理需要，长时间参加活动可以增加到每天 30～36 克。

（三）蛋白质

如果把人体看作一座大厦，那么蛋白质就是构成这座大厦的建筑材料。蛋白质参与组织更新和修复，可调节人体的生理活动，增强抵抗力；蛋白质还可以为儿童生长发育提供能源，故又是产能营养素。

（四）维生素

维生素是维持人体正常生理功能必需的一类化合物，它不提供能量，也不是机体的构造成分，但在膳食中绝对不可或缺，如某种维生素长期缺乏或不足，即可引起代谢紊乱，以及出现病理状态而形成维生素缺乏症。要注意，过量摄入维生素和维生素缺乏都会导致不良后果，如缺少维生素 C 会导致坏血病。

（五）水

水是人类和动物赖以生存的重要条件。水可以转运生命必需的各种物质及排出体内不需要的代谢产物，促进体内的一切化学反应，通过不自觉的水分蒸发及汗液分泌散发大量的热量来调节体温。例如，缺少水分会造成脱水等症状。重则会导致死亡。

（六）无机盐

无机盐即无机化合物中的盐类，旧称矿物质，在生物细胞内一般只占鲜重的 1%～1.5%，在人体中已经发现 20 余种人体必需的无机盐，其中常量元素有钙（Ca）、磷（P）、钾（K）、硫（S）、钠（Na）、氯（Cl）、镁（Mg）。微量元素有铁（Fe）、锌（Zn）、硒（Se）、钼（Mo）、氟（F）、铬（Cr）、钴（Co）、碘（I）等。虽然无机盐在细胞、人体中的含量很低，但作用非常大，如果注意饮食多样化，少吃动物脂肪，多吃糙米、玉米等粗粮，不要过多食用精制面粉，就能使体内的无机盐维持正常应有的水平。缺钙会导致佝偻病（老人会导致骨质疏松），缺铁会引起缺铁性贫血，缺锌会导致发育不良。

三、食品安全与卫生

（一）食品安全

《中华人民共和国食品安全法》规定，食品安全是指食品无毒、无害，符合应当有的营养需求，对人体健康不造成任何急性、亚急性或者慢性危害。食品安全要求食品对人体健康造成急性或慢性损害的所有危险都不存在，是一个绝对概念。食品安全是一个专门探讨在食品加工、存储、销售等过程中确保食品卫生及食用安全，降低疾病隐患，防范食物中毒的跨学科领域。

（二）食品污染

食品一旦受污染，就会危害人类的健康。食品污染是指人们吃的各种食品，如粮食、水果等在生产、包装、运输、储存、销售、烹调过程中，混进了有害有毒物质或者病菌。食品污染分为生物性污染、化学性污染及物理性污染三类。

1. 生物性污染

生物性污染是指有害的病毒、细菌、真菌及寄生虫污染食品，属于微生物的细菌、真菌，是人的肉眼看不见的。细菌、真菌的存在是导致鸡蛋变臭及蔬菜腐烂的主要原因。

细菌有许多种类，有些细菌如变形杆菌、黄色杆菌、肠杆菌可以直接污染动物性食品，也能通过工具、容器、洗涤水等途径污染动物性食品，使食品腐败变质。真菌的种类很多，最早为人类服务的霉菌就是真菌的一种。如今人们吃的腐乳、酱制品都离不开霉菌。不过，菌株也会产生毒素，其中毒性最强的是黄曲霉毒素，人吃了被这种毒素污染的食品后，有可能引起原发性肝癌。

影响霉菌生长繁殖的因素有很多，与食品关系密切的有水分、温度、基质、通风等条件，为此，控制这些条件，可以减少霉菌和毒素对食品造成的危害。

2. 化学性污染

化学性污染是指因化学物质对食品的污染造成的食品质量安全问题。目前危害最严重的化学性污染物是化学农药和工业有害物质（如重金属、多环芳烃类、N-亚硝基化合物等）。此外，滥用食品加工工具、食品容器、食品添加剂、植物生长促进剂等也是引起食品化学污染的重要因素。常见的食品的化学性污染有农药污染和工业有害物污染。

全世界有农药1200余种，常用的有250余种。农药有多种分类方法，如按照农药的化学结构特点，可分为无机农药和有机农药，有机农药又可分为多种，如有机氯、有机砷、有机硫、有机磷等；按照农药的作用方式可分为内吸剂、触杀剂、胃毒剂、熏蒸剂等；按农药的用途和毒性主要分为杀虫剂、杀菌剂、除草剂、熏蒸剂、杀鼠剂等。

随着现代工业技术的发展，工业有害物质及其他化学物质对食品的污染也越来越引起人们的重视。工业有害物质及其他化学物质主要指金属毒物，如甲基汞、镉、铅、砷、N-亚硝基化合物等。工业有害物质污染食品的途径主要有环境污染，食品容器、包装材料和生产设备、工具的污染，食品运输过程的污染，等等。

3. 物理性污染

物理性污染主要来自复杂的多种非化学性的杂物，虽然有的污染物可能并不威胁消费者的健康，但会严重影响食品应有的感官性状和营养价值，食品质量得不到保证，主要有来自食品产、运、储、销的污染物，如粮食收割时混入的草籽、液体食品容器池中的杂物、食品运销过程中的灰尘及苍蝇等；食品的掺假使假，如肉中注入的水、奶粉中掺入大量的糖等；食品的放射性污染，主要来自放射性物质的开采、冶炼、生产、应用及意外事故造成的污染。

食品的物理性污染通常指食品生产加工过程中的杂质超过规定的含量，或食品吸附、吸收外来的放射性核素所引起的食品质量安全问题。

第二节　茶叶商品

一、茶叶的主要成分及特性

（一）主要成分

茶叶属于嗜好食品，与茶叶质量有关的化学成分，主要是影响茶叶色、香、味的成分，具体如下。

1. 茶多酚

茶多酚是茶叶中多酚类物质的总称，也称茶单宁或茶鞣质，包括儿茶素类、黄酮、黄酮醇类、花青素类、酚酸、缩酚酸类及聚合酚类等，其中儿茶素在茶多酚中的比例最高，为茶多酚总量的 60%～80%，它具有杀菌、降压、强心等功效，对尼古丁和吗啡等有毒生物碱有解毒作用。黄酮有清除自由基、抗氧化、抗衰老的作用；花青素可使茶叶色泽晦暗、滋味苦涩；酚酸不仅可以杀菌，还可以醒脑提神，美白肌肤。

由上可见，茶多酚与茶叶质量关系十分密切，它既与饮茶的功效有关，也是决定茶叶色、香、味的主要成分。茶多酚极易氧化，红茶在制作时即利用了这一特性使茶叶叶红、汤红，而绿茶的制作则应尽量减少其氧化以保证绿茶的绿叶、绿汤。茶多酚的含量一般是嫩叶多于老叶，春叶多于夏秋叶，绿茶多于红茶，通常含量在 20%～35%（干茶）。

2. 生物碱

茶叶中的生物碱主要是咖啡因、茶碱和可可碱等，它们均属于嘌呤的衍生物，其中以咖啡因含量最多，也最重要。咖啡因能兴奋中枢神经，解除大脑疲劳，强心利尿，减轻酒精、烟碱等有害物质对人体的伤害。

纯的咖啡因是针状结晶，微溶于冷水，其溶解度随水温升高而增大。咖啡因在茶叶中与部分茶多酚结合生成配位化合物。这种配位化合物能溶于热水，在冷水中溶解度减小，因此当茶水冷凉后，会出现浑浊现象，俗称“冷后浑”，这是茶汤浓、内容物丰富的表现，这种现象以红碎茶最为常见。

咖啡因在茶叶中的含量一般为 2%～4%，其含量以弱光中生长的茶树（如高山云雾中）产的茶叶较多，并且新梢鲜叶越幼嫩，生物碱含量越高。

3. 芳香油

芳香油也叫茶香精，是酯、醇、酮、酸、醛类等有机物的混合物，易挥发，是赋予茶叶香气最主要的成分。茶叶中芳香油的含量极少，为 0.003%～0.02%（干茶）；一般情况下嫩叶优于老叶，高山茶多于平地茶，红茶多于绿茶，由于芳香油属易挥发成分，故陈茶的茶香较差。

4. 蛋白质和氨基酸

茶叶中含有较多的蛋白质，为 17%～20%（干茶），除蛋白质外还含有一定量的游离氨基酸（1%～3%），氨基酸的存在有利于提高茶汤的滋味，使茶汤具有鲜爽味。

5. 糖类

茶叶中含糖类 20%～30%，有单糖、双糖及淀粉、纤维素、果胶质等多糖。单糖和双糖能使茶汤具有甜醇味，可溶性果胶质可使茶汤具有醇厚感。

6. 色素

色素是构成干茶、茶汤、叶底颜色的主要物质。绿茶的色素物质主要是叶绿素，故茶绿、汤绿、底绿；红茶的色素主要是儿茶素的氧化产物茶黄素和茶红素等，故茶红、汤红、底红。

（二）特性

1. 陈化性

茶叶经长时间储存后，会出现香气下降、色泽变暗等不良变化，即陈化现象。因茶叶的香气成分芳香油易挥发，因此经长时间储存后，香气散失。茶多酚的氧化造成绿茶的碧绿、翠绿、黄绿逐渐变暗变深，红茶的油润色泽会逐渐失去而成为灰褐色，这也导致茶叶冲泡后，绿茶及红茶茶汤失去明亮的光泽，另外也使茶汤的滋味变得淡薄，失去鲜爽味。

2. 吸湿性

茶叶由于经干制形成了疏松多孔的组织结构，并且茶叶的很多成分如茶多酚、咖啡因、糖类、蛋白质等都具有亲水性，因此茶叶具有很强的吸湿性。吸湿后的茶叶，其陈化过程会显著加快，并容易发生霉变。

3. 吸附异味性

茶叶的多孔结构和疏松状态使茶叶具有较强的吸附异味性。这一特性可用来制造花茶，使茶叶除有茶香外，还有宜人的花香味。但茶叶在储运销售与存放过程中则应避免与有异味的物质接触，以免影响茶叶质量，甚至丧失饮用价值。

二、茶叶的分类

（一）按初制技术分类

我国茶区广阔，茶类丰富。从初制技术上分，有绿茶、红茶、黄茶、黑茶、白茶、青茶六大茶类。通过再加工，又有若干小分类，归属于大类之下，如绿茶中的花茶等。

（1）绿茶为不发酵茶，一般经过杀青、揉捻、干燥三道工序。绿茶的品质特点是色绿汤清，杀青工序是该茶类制法的主要特点，根据杀青方法的不同又分为炒青和蒸青两类。

（2）红茶为全发酵茶。红茶的品质特点是红汤红叶。红茶要经过萎凋和发酵两道工序。红茶根据外形分为工夫红茶、红碎茶、小种红茶三种。工夫红茶，加工需经多道工序，精工细做，颇花工夫，故得此名；红碎茶是在揉捻过程中，边揉边切，使条茶成为颗粒状；小种红茶条粗而壮实。

（3）黄茶是一种后发酵茶。黄茶在初加工时要经过一道“闷黄”的工序，在揉捻后渥堆闷黄，成茶为黄汤黄叶。

（4）黑茶是一种后发酵茶。黑茶的品质特点是叶色黑褐，汤色为褐黄色或褐红色，其一般制法的特点是堆积变色。黑茶采用的原料较粗老，是压制紧压茶的主要原料，如茶饼、茶砖等。

（5）白茶是一种微发酵茶。白茶的品质特点是白色茸毛多，汤色浅淡，叶底呈绿叶红筋状。一般经过萎凋和干燥两道工序，靠摊凉和微火烘干。

（6）青茶也称乌龙茶，它是一种半发酵茶。青茶的品质特点是绿叶红镶边，汤色为橙黄色或金黄色。青茶一般经过萎凋、做青、炒青、揉捻、干燥等多道工序。做青是青茶初制工艺中的特殊工序，主要通过做青擦破叶边缘细胞，促进酶变，形成红色镶边。

在商业经营上，按照茶叶不同的制造方法，并结合茶叶的品质，将茶叶分为绿茶（包括黄茶、白茶）、红茶、花茶、紧压茶和乌龙茶。

（二）各类茶叶的质量特点

1. 绿茶类

绿茶的特征是在初制时采取高温杀青，来制止酶对茶多酚产生的氧化反应。所以绿茶具有色绿汤清的特点。

绿茶按杀青方法不同分蒸杀青和炒杀青两种。蒸杀青是我国传统杀青的方法，其优点是干茶、叶底和汤色较翠绿，但香气欠鲜锐，滋味较涩。炒杀青香气鲜锐、味鲜爽。我国绿茶大部分都是炒杀青。

绿茶按干燥方法不同分为炒青绿茶、烘青绿茶和晒青绿茶。

1）炒青绿茶

按茶的形状区分，可分为长炒青、圆炒青和扁炒青。由于长炒青的产区最广、产量最多，因而通常称炒青。

（1）长炒青。形状紧结，浑直匀齐，有锋苗，色泽绿润；香气浓高；滋味浓醇，汤色微黄清澈，叶底黄绿明亮。

（2）圆炒青。圆炒青是我国绿茶的主要品种之一，它外形呈颗粒状，圆紧似珠，匀齐重实，色泽墨绿油润。内质香气纯正，滋味浓厚，汤色清明，叶底黄绿明亮，芽叶完整。

（3）扁炒青。扁炒青外形呈扁条。

属于炒青绿茶的品种主要有以下几种。

第一，珍眉。由长型眉茶中筛选的外形紧结匀整，稍有弯曲，形状如眉的长型茶精制而成。珍眉的质量特点是干看色泽银灰，汤色黄绿清澈，滋味浓醇，叶底嫩绿。

第二，贡熙。由精制眉茶时筛选其中的拳形茶制成。外形似拳，肥壮结实，干看色泽灰绿，汤色清澈稍黄，香气和滋味次于珍眉，叶底较卷曲。

第三，珠茶。珠茶是圆形炒青精制而成，主要产于浙江嵊州市。珠茶外形浑圆，紧结似珠，其珠形越细，质量越佳。干看色泽灰绿，有乌亮的光泽，汤色清澈稍黄，香气纯正，滋味醇厚，叶底卷曲，叶片较大。质量介于珍眉和贡熙之间。

第四，龙井茶。因产于龙井茶村而得名，是我国著名的绿茶之一。外形扁平挺直，匀齐光滑，芽毫隐藏稀见；色泽嫩绿或翠绿，色调均匀而油润；汤色清澈明亮，香气清鲜而持久，滋味甘美醇厚，有鲜橄榄的回味；叶底匀嫩成朵。所以龙井茶一向以色绿、香郁、味甘、形美而闻名中外。

第五，碧螺春。碧螺春为卷曲形炒青绿茶，产于苏州太湖的东洞庭山及西洞庭山一带。因原产东山碧螺峰上的碧螺庵附近，故称碧螺春。此茶由采摘极嫩的新芽制成，炒烘结合，精工细作，以保证芽叶完整和色泽翠绿。碧螺春的条形纤细，卷曲似螺，白毫显露，冲泡时"雪花"飞舞，香气袭人，滋味爽口，叶底嫩匀，完整成朵。

2）烘青绿茶

烘焙干燥的绿茶属于烘青茶，有毛烘青和特种烘青。

（1）毛烘青。外形形状尚紧直，有锋苗，露毫，色泽深绿油润；内质香气清纯，滋味鲜醇，汤色黄绿清澈明亮，叶底嫩绿明亮，嫩匀完整。毛烘青是条形茶，产区分布甚广，各主要产茶省均有生产，浙江、安徽和福建三省品种最多，且以中小叶种为主。品名一般在"毛烘青"前加产地名，如浙毛烘青、徽毛烘青、闽毛烘青、湘毛烘青、苏毛烘青、川毛烘青和滇毛烘青等。

（2）特种烘青，即烘青名优茶，主要有黄山毛峰、太平猴魁、开化龙顶、江山绿牡丹等。

3）晒青绿茶

晒青绿茶又称普通晒青或细青。外形形状尚紧结，色泽乌绿欠润，香气低闷，常有日晒气，汤色及叶底泛黄，常有红梗红叶，品质比烘青差。晒青绿茶主要有以下几种。

（1）普通晒青。多用产地命名，主要有滇青、陕青、川青、桂青、粤青、黔青、鄂青等。其中大叶种的滇青质量最好，是蒸压花茶、方普洱、紧茶、饼茶的原料。

（2）特种晒青。特种晒青经过日光干燥或晾干而成，但加工中不炒、不揉，经过不同程度的萎凋后，再经过干燥而成。成品茶披满白毫，呈白色，故属于白茶类。特种晒青的代表品种有白毫银针、白牡丹、贡眉、寿眉等，其中白毫银针质量最佳，是用嫩芽制成的，白牡丹用一芽二叶制成，采嫩梢制成的是贡眉，采摘"银针"嫩芽后的嫩梢制成的是寿眉。

2. 红茶类

红茶的特征是在初制中茶多酚发生了较深刻的氧化（即经过"发酵"过程），所以其产品质量特征是干茶色泽乌润，汤色红亮，并且有红茶特有的香气和滋味。红茶类的商品茶主要有以下几种。

1）工夫红茶

因做工精细而得名，其形状紧细，香气馥郁纯正，滋味醇厚，汤色红亮，叶底呈古铜色。

2）红碎茶

红碎茶对外形要求不高但重内质，要求汤色红艳明亮，香高，味"强、浓、鲜"，富有收敛性。

3）小种红茶

小种红茶的外形稍松散粗大，味烈爽口，是我国生产较早的红茶。

3. 乌龙茶类

乌龙茶类属于半发酵茶，是我国的特产。成品茶条较为粗壮，稍松散，香气滋味兼有绿茶的鲜浓和红茶的甘醇，茶汤棕红明净，叶底具有绿叶红镶边的特点。乌龙茶类的商品茶主要有以下几种。

1）武夷岩茶

武夷岩茶产于福建省北部的武夷山地区，山上岩峰峥嵘，茶树生长在山坑岩堑之间，故称武夷岩茶。岩茶在青茶中采制技术最精细，质量也最好。岩茶外形要求粗壮、紧实；色泽油润，红点明显，不带梗；香味高浓而持久，具有花香；汤色深、橙黄而明净，叶底红色比例多于铁观音和水仙。岩茶的品种很多，多以茶树品种命名。属于名岩名丛的品种有大红袍、肉桂、白鸡冠等；属于普通名丛的品种有千里香、金锁匙、铁罗汉等。

闽北的建阳还生产奇种和水仙。

2）安溪铁观音

闽南的乌龙茶多以茶树品种命名，安溪铁观音茶树鲜叶制成的青茶质量上乘，另外还有毛蟹、桃仁、梅占等茶树品种鲜叶制成的青茶。铁观音的质量特点是形状粗壮弯曲，色泽黑绿乌润有光，香高而秀，汤色金黄、明净，滋味浓厚，入口微苦而后转甜。叶底"青蒂""绿腹红点""红镶边"。

3）凤凰水仙

凤凰水仙产于广东潮安、饶平、陆丰等地，其中以潮安的凤凰单丛水仙最为著名。由于从茶园中选择优株，进行单株培育，单株采制而成，故名凤凰单丛。凤凰水仙春季萌芽早，清明前后开采到立夏为春茶。夏、暑茶在立夏后至小暑间。秋茶在立秋至霜降。立冬至小雪采制的为雪片茶。其中春茶的产量最高、质量最佳。其质量特点是有天然的花香、形状卷曲紧结而肥壮、色泽青褐、汤色黄艳而带绿、滋味鲜爽甘醇、叶底"绿叶红镶边"、耐冲泡。

4）台湾乌龙

台湾乌龙白毫较多，呈铜褐色，汤色橙红，滋味醇和，尤以馥郁的清香著名。台湾一年四季都可采茶，春茶因雨水过多，质量较次，夏茶晴天多，质量最好，秋茶次于夏茶，冬茶的质量与春茶接近。

4. 花茶类

花茶是在成品茶的基础上，经过窨花而制成。茶叶经窨花后，不仅香气增加，并且茶叶吸收鲜花的香桂油，人喝了有助消化，并起到兴奋的作用。高级花茶香气鲜灵，浓郁清高，滋味浓厚鲜爽，汤色清澈、淡黄、明亮，叶底细嫩、匀净、明亮。

5. 紧压茶

紧压茶是用黑茶、晒青绿茶和红茶的副茶为原料，经蒸茶、装模或装篓压制成型的再制茶。这种再制茶便于储运，主要销于边区少数民族地区，属于边茶。

三、茶叶的质量审评

不同的茶类和花色品种各有不同的品质特征，审评时应对照标准样茶，按照审评项目和品质规格要求进行评比，从而鉴别出品质的优次和确定等级。

（一）红、绿毛茶审评

毛茶外形审评一般分为形状、整碎、净度、色泽四个项目。茶叶形状虽大部分为条形，但也有圆形、扁片形、卷曲形和碎粒形等。内质审评一般分为香气、汤色、滋味和叶底四个项目。

1. 外形审评

1）形状

形状指外形的形态和紧结程度。不同的品类由于形态不同，紧结度要求也有所不同。条形红、绿毛茶以形状紧直、有锋苗、重实、匀齐的为好，以形状宽松、轻飘、带扁、弯曲的为差；圆形绿毛茶以颗粒细圆紧结、重实、匀齐的为好，以颗粒粗松、开口、扁块多和轻飘的为差；扁形绿毛茶以平扁、光滑、尖削、挺直、匀齐的为好，以粗糙、短钝和带浑条的为差。

一般外形紧结光润、芽毫显露、重实饱满的叶质幼嫩；反之，外形松散粗糙、色泽枯燥、身骨轻飘，叶质就老。如果初制不当，松紧和轻重可能有所变化，但嫩度仍然可以分辨出来。单看外形形状时，必须注意标志嫩度的不同特征，按各类各级毛茶标准样的要求，具体分析，综合衡量，最后确定评定结果。

2）整碎

整碎是指茶叶外形的完整和断碎程度，以匀整为好，断碎为次。比较标准的茶叶审评是将茶叶放在盘中（一般为木质），使茶叶在旋转力的作用下，依形状大小、轻重、粗细、整碎形成有次序的分层。其中粗壮的在最上层，紧细重实的集中于中层，断碎细小的沉积在最下层。各茶类都以中层茶多为好。上层一般是粗老叶子多，滋味较淡，水色较浅：下层碎茶多，冲泡后往往滋味过浓，汤色较深。

3）净度

净度主要看茶叶中是否混有茶片、茶梗、茶末、茶籽，以及制作过程中混入的竹屑、木片、石灰、泥沙等夹杂物的多少。净度好的茶不含任何夹杂物。

4）色泽

干茶的色泽包括色度与光泽度两个方面，与毛茶的产地、嫩度、工艺等紧密相关。高山产的绿茶，一般绿而带黄；低山或平原产的绿茶，一般深绿。嫩度较好的毛茶，色泽较光润；嫩度较差的毛茶，色泽常较枯燥；采摘粗放、老嫩不匀的，常常色泽复杂。初制不当，常使色泽枯暗。绿毛茶一般以翠绿、嫩绿、深绿而油润的为好，青绿、青黄次之，暗黄、枯黄更次。红毛茶一般以乌润为好，褐红、枯红次之，枯黄、花杂更次。在审评时，色度和光泽度应结合起来，并根据高、中、低档茶的规律性特征，正确地鉴定茶的色泽。

2. 内质审评

1）香气

毛茶的品类和等级不同，茶香类型和高低也不相同，如高级绿茶具有鲜嫩、清高的香气；炒青香气浓高或浓醇；毛烘青香气一般较清新和鲜爽；红毛茶具有馥郁芳香和甜糖香；等等。审评香气，一般要考虑以下几点因素。

第一，香气是否正常。香气正常即指本品类应具有的新茶香气，如绿茶要清香、红茶要甜香、黄大茶要有锅巴香等。香气不正常一般有两种类型：一是初制不当导致茶叶本身产生异常气味，如青草气、水闷气、熟烂气、日晒气、发酵气、老火气等，严重的则有烟、焦、酸、馊、霉等气味；二是沾染外界的异气味，如石灰气、油气、鱼腥气、农药气等。

第二，香气的类型。一般高级绿茶有嫩香、清香、花香和熟栗子香等，红茶具有馥郁的芳香、甜糖香和水果香等。茶叶的香气一般以鲜嫩、清高、浓郁的为好，纯正、平和的次之，低淡、粗老的更差。

第三，持久程度。香气的持久程度是香气良好的表现。茶叶热嗅、温嗅时香气好，冷嗅仍有香气的，属于香气持久的表现。但如果热嗅、温嗅时香气较好，冷嗅时已基本没有香气，就属于香气不持久。

2）汤色

审评汤色主要看汤色的深浅、明暗和清浊的程度及颜色等。不同茶类的花色品种有不同颜色。绿毛茶品类较多，一般以绿中呈黄到青黄，清澈明亮，基本无沉淀物的为好，以深黄或泛红、暗浊的为差。红毛茶汤色以红艳明亮、“金圈显著”的为好；以浅红带黄或红暗的为差。有些优质红茶，在茶汤冷却后产生“冷后浑”的现象，这是品质好的表现，与开汤时出现混浊现象有本质的不同，应严格区别。初制不当造成的次品和劣变茶，绿茶汤色往往黄暗和黄浊，严重的甚至泛红。红茶汤色则红暗混浊。

3）滋味

审评茶汤滋味，先鉴别是否纯正，再通过鉴别浓淡、强弱、鲜爽、醇和及收敛性强弱来辨别优次。对不纯正的要再鉴别苦、涩、粗、异及其轻重程度。一般绿茶以鲜浓、鲜醇、浓厚、余味回甘及收敛性强的为好，以苦涩、淡薄、有粗老味的为差。一般红毛茶以醇厚甜和、富有芳香的为好，以淡薄、青涩、有粗老味的为差。凡有不纯的滋味，如有酸、馊、烟、焦、霉和其他异味的，为次品或劣变茶。

4）叶底

叶底的优次，很大程度上可以反映出毛茶色、香、味的品质情况。审评叶底主要看叶质老嫩程度，叶张整碎及色泽优次和开展与否。审评叶底，一般要考虑以下几点因素。

第一，嫩度。以芽头、嫩叶的含量多少和叶质的老嫩来衡量。芽头以肥壮的为好，以细瘦短小的为差。叶质老嫩可以从叶质的软硬和有无弹性来判断：放手后不松弛，叶表面平滑的，表示嫩度好；指压粗硬有弹性，放手即松弛的，表示粗老；叶脉隆起质硬触手的更老。叶肉厚软的为好，软而薄的为次，硬而薄的更次。

第二，匀度。主要看芽头和叶张老嫩、大小、厚薄等组成情况及整碎程度。这些因子相近，基本一致的为匀度好，反之为差。看匀度是作为鉴定整盘叶底嫩度平均水平的辅助因子，但匀度好不等于嫩度好，匀度差也不等于叶底老。匀度与鲜叶采制有很大关系，审评时主要还是看各种叶子组成老嫩的总水平。

第三，色泽。叶底色泽主要看色度和亮度。一般绿毛茶以嫩绿、黄嫩明亮的为优，以带青张、青暗或黄暗及带红梗红叶的为差，黄熟的最差；红毛茶以鲜艳、红亮的为优，以红暗、乌暗的为差，以有乌条、花青的为最差。

（二）其他茶类毛茶审评

1. 青茶审评

青茶审评方法和要求与其他茶类有所不同。它着重于香气和滋味，并有一定的外形特征要求。

2. 白毛茶审评

白毛茶干看时，要嫩度、色泽、形态并重，适当结合净度；湿看时以叶底色泽、嫩度为主，兼嗅香气。

3. 黄毛茶审评

黄毛茶主要是黄大茶，其他则属高级特种茶。黄毛茶审评方法与绿毛茶的审评方法基本相同。黄大茶干看形状、色泽和梗叶是否完整；湿看汤色、滋味、香气和叶底。以汤色深黄，味浓厚，叶底色黄，耐冲泡，梗长而壮，叶大而肥厚，梗叶不断损的为好。忌茶梗折断、脱皮，皮皱缩和有烟、酸、霉味。

4. 黑毛茶审评

黑毛茶审评的干看和湿看与红茶和绿茶基本相同。干看时以嫩度、形状松紧为主，兼评净度、色泽、干香等因子；湿看时以嫩度和色泽为主。一般称取 10 克样茶放在 500 毫升的白瓷杯中，用开水冲泡后加盖，中间用筷子将杯中的叶子拨动一次，使叶子充分展开，5 分钟后，将叶底夹到碗盖上，依次审评香气、汤色、滋味和叶底。

四、茶叶的储藏

根据茶叶的特性，茶叶应储存在干燥、密闭、隔热、避光的条件下。一般温度为 15℃左右，不宜超过 30℃，湿度在 70%左右，不宜超过 80%，并应控制异味污染，具体可采用瓦坛、铁罐、塑料袋等方法进行储藏。

第三节　酒类商品

一、酒类商品概述

酒的品种繁多，分类的标准和方法也不一致。常用的分类方法有以下几种。

1. 按制造方法分类

按制造方法可分为酿造酒、蒸馏酒、配制酒三大类。

（1）酿造酒。酿造酒也称发酵酒。所谓酿造酒，是用含糖原料，经过糖化、发酵、过滤、杀菌后制得的酒，属低度酒，如黄酒、啤酒、葡萄酒和果酒等。

（2）蒸馏酒。蒸馏酒系指以含糖或淀粉质原料，经糖化、发酵蒸馏制得的酒，大多为高度酒，如白酒（烧酒）、威士忌、白兰地、伏特加、朗姆酒等。

（3）配制酒。配制酒又名再制酒。用酿造酒或蒸馏酒（或食用酒精）为酒基，配加植物药材、动物性药材，经过调味配制而制成的酒，称为药酒，如竹叶青、五加皮等。用花果类等芳香原料配制的酒一般称为露酒，如青梅酒、橘子酒、玫瑰酒等。配制酒大多为中低度酒。

2. 按酒中酒精含量分类

按酒精含量（一般以容量百分比表示）可分为高度酒、中度酒、低度酒三类。

（1）高度酒。酒精含量在 40%以上的酒类，如白酒、白兰地等。

（2）中度酒。酒精含量为 20%～40%的酒类，如多数的露酒和药酒。

（3）低度酒。酒精含量在 20%以下的酒类，如啤酒、葡萄酒、黄酒、果酒等。

3. 按糖分含量分类

按酒中含糖浓度，可分为甜型酒、半甜型酒、半干型酒、干型酒四类。这种分类方法通常是对黄酒、葡萄酒而言的。

（1）甜型酒。黄酒含糖 10 克/100 毫升以上，葡萄酒含糖 5 克/100 毫升以上。

（2）半甜型酒。黄酒含糖 3～10 克/100 毫升，葡萄酒含糖 1.2～5 克/100 毫升。

（3）半干型酒。黄酒含糖 0.5～3 克/100 毫升，葡萄酒含糖 0.4～1.2 克/100 毫升。

（4）干型酒。黄酒含糖在 0.5 克/100 毫升以下，葡萄酒含糖在 0.4 克/100 毫升以下。

4. 国际性评审会分类法

依据国际标准和行业惯例，饮料酒可分为啤酒、葡萄酒、天然蒸馏酒、高度蒸馏酒、利口酒及其他酒精性饮料六大类。这里仅介绍后四类酒的分类原则。

（1）天然蒸馏酒。天然蒸馏酒是以蒸煮过的水果皮渣或破碎后的水果为原料，经过发酵、蒸馏而制得的酒，如葡萄白兰地、水果白兰地等各种水果蒸馏酒及特种加香天然蒸馏酒。酒度 30～50 度。

（2）高度蒸馏酒。高度蒸馏酒是以糖蜜、甘蔗汁或其他含淀粉质为原料，经糖化、发酵、蒸馏精制而成的蒸馏酒，如威士忌、朗姆酒、伏特加、玉米烧酒等。酒度 38～55 度。

（3）利口酒。利口酒是国外对配制酒的总称。“利口”即英文 liqueur 的译音，有“溶解再制”之意。

（4）其他酒精性饮料。其他酒精性饮料包括充气利口酒类、散酒类、药酒类和鸡尾酒类。

5. 按我国传统分类

按我国传统，可把酒分为六大类，即白酒、黄酒、啤酒、果酒、配制酒及国外蒸馏酒。

（1）白酒，大曲酒、麸曲酒、小曲酒、窖酒、二锅头等。

（2）黄酒，如绍兴酒、红曲酒、即墨老酒、封缸酒等。

（3）啤酒，如淡色啤酒（黄色啤酒）、浓色啤酒（黑啤酒）等。

（4）果酒，如葡萄酒、山楂酒、苹果酒、广柑酒、梨酒、菠萝酒等。

（5）配制酒，如十全大补酒、三鞭酒、人参酒、蛇酒、莲花白酒、青梅酒、橘子酒、玫瑰酒等。

（6）国外蒸馏酒，如白兰地、威士忌、伏特加、朗姆酒等。

二、白酒

（一）白酒的原料

1. 含糖原料

凡是含有淀粉或糖分的粮谷或农副产品，以及无毒无异味的野生原料均可酿酒。主要有谷物，如高粱、大米、玉米、大麦等；薯类，如白薯、木薯、马铃薯等；农副产品，如米糠、高粱糠、废糖蜜等；野生植物，如橡子、茯苓等。上述原料中含糖越多，产生的酒精也越多。

2. 酒曲

酒曲又称曲子，是淀粉原料的糖化剂。酒曲中存在的糖化菌能把淀粉水解为可发酵糖，并有一定的发酵作用。不同的酒曲不仅关系到淀粉原料的出酒率，而且对白酒的质量和风味均起着重要作用。酿造白酒的种类主要有大曲、小曲和麸曲等。

（1）大曲，又名砖曲，是以小麦、大麦和豌豆等为原料经自然发酵制成的。其中存在的糖化菌以曲霉菌为主，另外还有根霉、毛霉和酵母及少量的醋酸菌、乳酸菌等。大曲酿造的白酒，香味浓厚，质量较高，但用曲量大、耗粮多，生产周期较长。因此，只有酿造名酒和优质酒才使用大曲。

（2）小曲，又名药曲，因曲胚形小而得名。小曲是用米粉、米糠和中草药，接入隔年陈曲经自然发酵制成。小曲中主要的菌种是根霉和少量的毛霉、酵母等。小曲兼有糖化和发酵双重作用，其酿造的白酒，一般香味较淡薄，属于米香型白酒。小曲酿酒的用曲量少，出酒率高，淀粉利用率可达 80%。

（3）麸曲，又名块曲，是以麸皮为主要原料，接入纯种的糖化霉菌，如黄曲霉、黑曲霉、根霉等，经人工控制温度、湿度培养而成的散状曲。用麸曲酿酒具有节约粮食、出酒率高、便于机械化生产且生产周期短等好处，适应于多种原料酿酒。

3. 辅料

辅料又称填充料。采用固体法发酵时，在配料中必须加入一定量的辅料，调整淀粉浓度有利于糖化发酵，辅料能吸收一部分浆水和酒精，使蒸料和酒醅疏松，为发酵和蒸酒创造适宜的条件。辅料的种类较多，主要有稻壳、谷壳、花生壳和玉米芯。

4. 酒母

酒母指含有大量能将糖类发酵成酒精的人工酵母培养液，是酿酒中的发酵剂，主要作用是使可发酵糖变成酒精和二氧化碳。

5. 水

水对白酒的质量和风味均有影响。古语言："名酒产地，必有佳泉。"水质不洁，将影响糖化和发酵，酿造白酒所用的水应该是无色透明、无异味、无杂质，水的硬度适宜并应符合饮用水的正常要求。

（二）白酒的成分和品种

1. 成分

白酒的最主要成分是酒精和水，此外还有少量的其他成分，如醛、酸、高级醇及酯等。白酒的质量与这些成分的含量和比例有着密切的关系。具体如下。

（1）酒精。白酒中的酒精是衡量酒度高低的标志，白酒的度数是指气温在 20℃时 100 毫升酒中所含酒精的毫升数。白酒中酒精的含量增加，不仅会引起烈性增高，人喝完胃中还会有烧灼的感觉，对人体健康不利。

（2）总酸。白酒中的有机酸主要是醋酸、丁酸、己酸和少量的乳酸。发酵时产生的有机酸，在蒸馏时因沸点高于酒精和水，所以在酒尾中有机酸的含量较多，而酒头中较少。白酒中含有少量的酸对酒的风味有好的作用，即可以提高酒的风味，含酸过少的白酒，酒味淡薄，但含酸过多又会使白酒风味变劣，产生酸涩味。白酒在储存过程中，酸与醇能酯化成芳香的酯类，从而提升白酒的香气。

（3）总醛。醛类不仅有强烈的刺激性和辛辣味，而且有害于人体健康，白酒中所含的醛主要是乙醛，发酵不正常，尤其是酵母繁殖时营养不良，会产生较多的乙醛。由于乙醛沸点低，蒸馏酒酒头的含量较多。白酒经储存后，乙醛会挥发而减少。另外，乙醛与酒精发生缩合反应能生成乙缩醛。

（4）总酯。白酒中酯是醇类和羧酸酯化反应的产物，由于白酒中存在的羧酸和醇类种类不同，因此形成的酯也不同。不同的酯具有不同的香气特点，白酒香型的划分主要取决于芳香成分，而酯是白酒中最主要的芳香成分。

（5）甲醇。甲醇对人的视觉神经影响很大，白酒中的甲醇主要来自原料中原果胶。

（6）杂醇油。杂醇油会使白酒具有苦涩味，并能使饮酒者头晕不舒服。

（7）氰化物。氰化物是烈性毒物，以木薯或代用品为原料酿造的白酒中往往含有氰化物。

（8）铅。白酒中存在铅主要是生产中使用不纯的（含铅）锡制的冷凝器或者含铅的盛酒容器污染导致的。

2. 品种

我国白酒品种繁多，由于酿酒原料、生产工艺、技术条件的不同，因此形成了不同的香型和风味特点，大体上可以分为酱香型、浓香型、清香型、米香型等类型。

（1）酱香型。酱香型白酒以贵州茅台酒为代表，又称茅香型。这种酒风味特点是酱香突出、幽雅细致、酒体醇厚、曲味悠长。挥发性的酚化合物是其香气的主体成分，用气相色谱分析法可从茅台酒中检出苯酚、邻甲酚、间甲酚等挥发性的酚化合物。酱香型的白酒中还含有多元醇和乙酸酯。我国酱香型白酒种类不多，四川的古蔺郎酒、湖南的武陵酒、黑龙江的北大仓酒就属于酱香型白酒。

（2）浓香型。浓香型白酒以四川泸州老窖特曲酒为代表。浓香型白酒的风味特点是窖香浓郁、绵甘适口、香味协调、尾净余长。浓香型白酒香气的主体成分是乙酸乙酯和适量的丁酸乙酯。浓香型白酒在我国白酒中占的比重最多，如五粮液、洋河大曲、古井贡酒、双沟大曲、淮北口子酒等。

（3）清香型。清香型白酒以山西杏花村汾酒为代表。清香型白酒的风味特点是清香纯正、口味协调、微甜绵长、余味爽净。清香纯正是指其主体香气成分乙酸乙酯和乳酸乙酯相互搭配协调。除汾酒外，河南宝丰酒、山西祁县六曲香也属于清香型白酒。

（4）米香型。米香型白酒的风味特点是米香清雅纯正、入口柔绵、落口甘洌、回味怡畅。米香型白酒的主体香气成分是以乳酸乙酯为主，乙酸乙酯稍低，除了酯类外，异戊醇和异丁醇的含量要高于其他香型的白酒。小曲酒多属于米香型白酒，如桂林三花酒。

（三）白酒的感官鉴定

对白酒质量状况的评价主要以感官鉴定为主，理化鉴定只作为参考因素。对白酒进行感官鉴定，要求鉴定人员有丰富的经验和必要的知识。鉴定的结果通常采用记分法，按感官质量指标包括色泽、香气和滋味。

1. 色泽

将白酒倒入高脚玻璃酒杯中，观察酒液，白酒应无色、透明，无沉淀杂质，发酵期和储藏期较长的白酒，如带有极微的浅黄色这是允许的。散装白酒往往由于调度加浆，或水质较硬，或白酒含杂醇油、酯类较多，会出现轻微的浑浊或沉淀，需要根据实际情况，改进加浆的水质和降低白酒中高沸点成分的含量。

2. 香气

白酒的香气是通过人们的嗅觉器官（鼻）来检验的。优质白酒有一股扑鼻的芳香感觉，这是芳香物质分子对嗅觉器官进行刺激后反映出来的。

白酒的香气可分为溢香、喷香和留香，当鼻腔靠近酒杯口，白酒中的芳香物质就溢散于杯口附近，很容易使人闻到香味，这叫溢香或闻香。当酒液进入口腔后，香味即充满口腔，这叫喷香。当酒液咽下后，口中还余留香味，这叫留香。经嗅觉检验，一般白酒都有一定的溢香；名酒和优质酒，不仅有明显的溢香，还有较好的喷香和留香。鉴定香气时还应区别其香型是否典型。

3. 滋味

滋味是通过味觉器官（舌头）来鉴定的。白酒的滋味要纯正，无强烈的刺激性（烧灼喉舌）。白酒滋味与香气有密切的联系，香气较好的白酒，其滋味也较好。名酒和优质酒要求滋味醇厚、味长、甘洌、回甜，入口有愉快舒适的感觉。

三、啤酒

（一）啤酒的种类

1. 根据酿造中是否杀菌分类

（1）鲜啤酒。鲜啤酒没有经过杀菌，一般鲜啤酒发酵时间短，稳定性较差，容易出现酵母浑浊，所以鲜啤酒的保存期短。鲜啤酒的味比较鲜爽，是夏季畅销的清凉饮料。

（2）熟啤酒。啤酒装瓶或装罐后，经过杀菌工序即为熟啤酒。熟啤酒的酒龄较长，稳定性较好，保存期一般在 60 天以上，高档产品可以保持半年以上。

2. 根据色泽深浅分类

（1）黄啤酒（或称浅色啤酒）。黄啤酒是啤酒中最主要的品种，呈浅黄色，用短麦芽做原料，口味较清爽，酒花香气较突出。

（2）黑啤酒（或称深色啤酒）。黑啤酒呈咖啡色，富有光泽，用焦香麦芽做原料，麦汁浓度较高，发酵度较低，固形物含量较高，口味比较醇厚，有明显的麦芽香。

3. 根据麦汁浓度不同分类

（1）低浓度啤酒。低浓度啤酒发酵前的麦汁浓度通常只有 6 度～8 度（巴林糖度计），酒精含量约为 2%（重量计）。低浓度啤酒适合在夏天作为清凉饮料，其稳定性较差。

（2）中浓度啤酒。中浓度啤酒是啤酒中产量最多的品种，其麦芽浓度为 10 度～12 度，其中尤以 12 度最普遍。酒精含量在 3.5%（重量计）左右。

（3）高浓度啤酒。高浓度啤酒的麦汁浓度为 14 度～20 度，酒精含量为 4.9%～5%，稳定性较好，适宜储存和远销。

（二）啤酒的质量指标和质量要求

啤酒的质量可以从感官鉴定和理化鉴定两个方面进行，同时这两者之间有着密切的关系，其评定结果取决于啤酒中所含的主要成分的组成和比例。啤酒的质量指标及质量要求如下。

1. 透明度

啤酒的色泽虽有深浅之分，但都要求酒液透明，且不能有悬浮的颗粒，更不能有沉淀。啤酒出现这些不正常的现象说明啤酒的稳定性差。造成稳定性差的原因，或是酿酒工艺操作不完善，或是啤酒存放已超过保存期限。啤酒出现失光（即不透明）现象，说明质量不合要求，不允许供应市场。

2. 色泽

由于使用麦芽的种类不同，啤酒的色泽有深浅之分，用短的、浅色麦芽制成的啤酒，其色较浅，为黄啤酒；用长的、焦麦芽制成的啤酒，其色泽较深，为黑啤酒。

3. 泡沫

啤酒的泡沫对啤酒的质量和风味具有特殊的意义，有清凉爽口和解暑散热的作用，所以要求啤酒有充沛的泡沫，泡沫细腻洁白，并有较好的持泡性。啤酒泡沫的这些特征与啤酒中含有的二氧化碳多少有关，也与啤酒中存在的表面活性物质（如蛋白质、酒花树脂、酒精等）有关，前者决定泡沫是否充沛，后者决定泡沫细腻洁白程度和持泡性。

4. 香气和滋味

啤酒应具有酒花的清香和麦芽香，黄啤酒酒花清香突出，黑啤酒有明显的麦芽香。

啤酒滋味以纯正、柔和、清凉、爽口为优。一般浅色啤酒注重爽口愉快的感觉，而深色的啤酒则侧重口味醇厚。

5. 酒精含量、实际浓度、麦汁浓度和发酵度

酒精含量、实际浓度、麦汁浓度和发酵度是一组鉴定啤酒质量的理化指标，其中麦汁浓度是酿造啤酒的基础，发酵度也很关键，它们的变化直接影响酒精含量和实际浓度（浸出物含量），并与啤酒滋味、泡沫性能和稳定性密切相关。

6. 酸度

啤酒在发酵过程中会产生少量的酸，尤其乳酸含量较多。适量的含酸量有利于改进啤酒的风味，但酸的含量较多则会使啤酒的风味变劣。啤酒的酸度为 1.8 度～3 度（中和 100 毫升啤酒至 pH=8.2 时，所消耗 0.1 摩尔/升的氢氧化钠标准溶液体积称为啤酒的酸度，每消耗 1 毫升为 1 度）。

四、葡萄酒

葡萄酒是以新鲜葡萄或葡萄汁为原料，经过发酵酿造而成的酒精饮料。

（一）葡萄酒的原料

酿酒所用葡萄应选择高产、无病害、适应性强、含糖量高、含酸适中、出汁率高的品种，葡萄包括果梗和果实两部分，果梗中含大量粗纤维、木质素和树脂、单宁、矿物质等，糖分、有机酸含量少。果皮中含有的花色苷主要为花青素和花翠素。果皮中的色素在发酵中溶于酒，酿造红葡萄酒时，果实带皮发酵，酒色呈深红色或鲜红色。果肉是酿酒的主要部分，含较多的糖、有机酸、矿物质、含氮物、果胶。果核中含脂肪、单宁、树脂较多，脂肪在发酵时易引起氧化使葡萄酒产生油脂味，酿酒时应去核。酿酒的果品很多，应选择含糖量高、酸度适中、果汁多的品种。

（二）葡萄酒的感官鉴定

1. 观色

白葡萄酒随酒龄的增长颜色会逐步加深，红酒相反。观察酒杯心与杯壁边缘的色调差异可以发现，红葡萄酒边缘颜色比杯心的颜色浅，白葡萄酒则相反。这是酒精张力所带来的折射差别。酒龄越长的酒，其杯心与边缘的色调差异就越大，这也是判别酒龄的一个方法。在观察颜色之后，将酒杯举起放在明亮的光线和眼睛之间，观察酒的澄清度，其中好的酒应该是清澈的，若酒中出现雾状或有细微悬浮物，则说明酒有问题。摇动酒杯，缓缓将杯中的酒摇醒以展露特性。观察酒从杯壁往下淌的痕迹，俗称挂杯。挂杯现象是酒中的酒精和残留糖所形成的张力的表现，酒液往下淌的速度越慢，表明此酒的酒精和残留糖含量越高。

2. 闻酒

闻酒应该在观察挂杯现象之前进行。首先，判断酒是不是有异味；其次，甄别酒的香味种类；最后，将酒杯轻轻旋动，使酒沿杯壁旋转，将酒中的香气释放出来，增加香气浓度。迅速闻酒中释放出的气味，看它与原始气味相比是否稳定。要用短促的深呼吸方式来闻。

3. 尝酒

将酒杯举起，杯口放在双唇之间，压住下唇，头稍向后仰，把酒轻轻地吸入口中，每次品尝应以半口为宜。不要急于咽下去，让酒在口中停留十几秒钟，用舌头搅拌口里的酒，使舌头的各个部位及口腔都能接触到酒，并使酒均匀地分布在舌头表面，然后将葡萄酒控制在口腔前部，微微张开嘴，吸入少许新鲜空气，品尝大约10秒钟，以便评判它的细微差别。

第四节　其他食品商品

一、肉及肉制品

（一）肉的性质

肉的性质主要包括肉的容重、比热容、肉的颜色、肉的保水性、肉的嫩度、肉的气味与味道等。这里仅介绍后四种性质。

1. 肉的颜色

肉的固有红色是由肌红蛋白的色泽决定的。色泽越暗的肉肌红蛋白含量越多。畜禽屠宰后即使放血充分，在微细血管中也仍会残留少量血液，所以血液中含有的血红蛋白对肉的颜色有直接影响。肉类放置在空气中，经过一定时间，颜色会发生由暗红色到鲜红色再到褐色的变化。冷却或冻结并经过长期保藏的肉类，也会发生上述颜色变化。此外，有时肉有变绿、变黄、发荧光等现象，这是细菌、霉菌的繁殖使蛋白质分解造成的。

2. 肉的保水性

肉的保水性亦称肉的持水性，是指肉在加工过程中，其水分及添加到肉中的水分的保持能力。肉的保水性受动物宰前的活动状况，动物宰后肉的变化（僵直、成熟等），动物的品种、年龄、不同部位等因素影响。家兔肉的保水性最好，牛肉、猪肉、鸡肉依次降低。肌肉中脂肪越多，保水性越好，这可能是肌肉间脂肪多，使得肌肉组织的细微结构松散，因而提高了保水能力。

3. 肉的嫩度

肉的嫩度是指肉的坚韧性或肉的硬度。肉的嫩度除了与宰前动物的品种有关，还与肌肉纤维的结构和粗细、肉中结缔组织的含量和成分、热加工、水化作用等有关。

肉的嫩度与动物的种类有直接关系，如猪肉比牛肉的柔嫩度高。同一畜禽由于生前的活动状况不同，各部位肌肉的嫩度相差很大。结缔组织含量越多的肉，其嫩度越差。经过充分僵直、成熟过程的肉，其嫩度会有很大改善。此外，肉的嫩度还受 pH 和水化程度的影响。pH 为 5.0～5.5，这时肉的嫩度最低。pH 达到 6.6，保水性增加 2 倍以上，嫩度也会相应增加。

4. 肉的气味

肉的气味是由多种微量的有机化合物综合而成，这些成分的阈值很低，即使在极低的浓度下也能被察觉，且很不稳定，极易受热分解和氧化。

肉的气味，受动物的种类、年龄、加热条件等因素影响，如牛肉的气味会随其屠宰年龄的增长而增强，比如牛从 8～11 个月长到 30～32 个月时其肉的气味会显著增强。

（二）肉的保管

肉的保管的最高准则是销售前保持其最好的新鲜度。肉的腐坏主要是微生物造成的。因此，要使肉保持新鲜度必须注意以下两点：一是肉在流通过程中始终要保持卫生，即从宰前、屠宰加工、冷却、运输等环节都要注意防止肉受到新的细菌污染；二是在整个流通过程中，要使肉始终处于低温环境，这样可以抑制腐败细菌的繁殖。

1. 鲜肉的保管

鲜肉是指屠宰后经过冷却但未经低温冷冻的家畜肉，即冷却肉。国外的食品市场以销售冷却鲜肉为主，这主要是因为国外的养畜场可随时供应供屠宰的活畜，市场销售畜肉量的多少不受活畜供应的限制。国内市场的冷却鲜肉供应也在增加。冷却鲜肉不但食用品质比冻肉好，还可节省低温冷冻所需的大量能源。冷却鲜肉应放入冷藏柜保管。宰后未经预冷只经晾挂过程的鲜肉，其余温未完全散尽，这种肉送至零售店后，应继续晾挂，使其凉透，然后再送入冷藏柜，不可直接放入冷藏柜中。使肉面周围保持较高的湿度和较低的温度，可以防止空气中的二氧化碳导致血红素的变色，使肉保持鲜红的色泽。

2. 冻肉的保管

冻肉是指在−23℃的低温下冻结后，又在−18℃的冷库中储存过一段时间的肉。销售冻肉应随卖随解冻。解冻之后的肉，肉色变白，肉汁流失，难以保存，所以解冻后的肉应尽快售完。

（三）肉的检验

屠宰后的畜禽肉的用途是市场销售或加工为肉制品，但不论何种用途，肉的卫生要求都是首要的。因此，屠宰动物首先须经官方兽医实施检疫。此外，还要求肉有良好的新鲜度。肉的新鲜度一般可分为新鲜肉、可疑肉、不新鲜肉三类。判断肉新鲜度的指标如下。

1. 感官指标

（1）肉的外观。新鲜肉的表面有一层微干的外膜，色泽光润，肉的切面为红色，带有各种畜肉特有的色调，稍湿润，但不黏，肉汁透明；次鲜肉表面有一层暗色干皮或黏液，脂肪部分缺乏光泽，混浊，切面色泽发暗；变质肉表面干燥，呈黑色或很潮湿发黏，带绿色，常发霉，切面呈暗灰色，肉间汁液很浑浊。

（2）肉的硬度和弹性。新鲜肉的切面致密，有弹性，用手指按压凹陷后，能迅速复原；次鲜肉比新鲜肉断面较软，弹性较小，手指按压后，不能立即复原，并且往往不能全部恢复原状；变质肉质软，无弹性，用手按压后不能复原。

（3）肉的气味。新鲜肉有清淡的自然芳香，具有各家畜肉特有的气味；次鲜肉表面有酸气或霉臭气、氨臭气，深层则无这种异味；变质肉表层及深层均有这种异味。

（4）肉的脂肪状况。新鲜肉脂肪分布均匀，无油腻味，无酸败气味和苦味，新鲜猪肉的脂肪呈白色，柔软而富有弹性；新鲜牛肉脂肪呈白色、黄色或淡黄色，质硬，用手挤压可分裂为碎块；新鲜羊肉脂肪呈白色，组织紧密，质硬。次鲜肉的脂肪颜色发灰无光泽，用手挤压易黏手，有时有酸败味。变质肉脂肪灰色有明显的污秽，有黏液和发霉现象，有强烈的油脂酸败味，当肉的分解强化时，脂肪很软，呈淡绿色。

（5）肉的骨髓。新鲜肉的管状骨中骨腔内充满骨髓，质硬发黄，断面有光；次鲜肉骨髓不完全，常脱离骨腔壁，质较软，色暗，灰白色或灰色无光；变质肉骨髓同骨腔有较大空隙，骨髓质柔软，色暗淡。

（6）肉汤的外观及气味。新鲜肉经煮沸后，肉汤透明芳香，滋味鲜美，汤面聚集大片的油滴；次鲜肉汤汁浑浊（冻肉有时肉汤也发浑），无芳香味，往往有不良的气味，液面油滴少而小，脂肪往往有酸败味；变质肉的肉汤极浑浊，肉汤中悬浮有絮状烂肉屑，有恶臭味，汤面几乎无油滴。

2. 理化指标

（1）肉中的氨含量。氨是由蛋白质分解产生的，因此肉越新鲜，含氨量越少。

（2）肉的pH。家畜屠宰后，微生物及肉中酶引起的生物化学变化使得肉的pH发生变化。新鲜肉的pH通常为5.8～6.2；可疑肉的pH为6.3～6.6；不新鲜肉的pH则为6.7及以上。如果肉的pH超过新鲜肉的界限，但在感官检验时无腐坏现象，则可能是屠宰前家畜疲劳或有病造成的。

（3）肉中的硫化氢。肌肉中含硫的蛋白质在微生物的作用下，可以分解并产生硫化氢。一般来说，肉不新鲜时，硫化氢含量明显。

3. 微生物指标

在宰后检查中，如感官指标不能判定，理化指标也异常，则需进行细菌检验。通常要检查细菌总数、是否有致病菌及其类别。用显微镜检查细菌数及其类型时，肉样及工具须经消毒处理。检查过程如下：首先，将被检查的肉样在载物片上按压。其次，镜检。新鲜肉压片的视野中没有或仅有单个的球菌或杆菌；可疑肉可发现 20～30 个球菌和少数杆菌；不新鲜肉中主要是杆菌，数量在 30 个以上，甚至多至难以计数。

（四）肉制品

1. 肉制品的分类

1）根据加工方法分类

（1）腌腊制品。腌腊制品包括以食盐腌制为主的火腿、腌肉，以及腌制后经烟熏烘烤或晾晒而成的腊肉。腌腊制品在食用时，经蒸煮后方能食用。

（2）灌肠制品。灌肠制品是以肉为主要原料，经过切碎或绞碎并添加配料混匀后装入肠衣或其他包装材料内的一种肉食品，主要包括风干香肠、肉肠及灌肠。

（3）干肉制品。干肉制品又称为脱水肉制品，这类肉制品主要是脱去肉中过多的水分，包括肉松、肉干、干猪蹄筋等。

（4）烧制品。烧制品是将生肉和添加的配料一同放在锅内煮而制成的肉食品。烧制品一般包括白烧（又称清饨或白煮）、酱制（又称红烧）、卤制、熏制、糟制和过油等。其中著名的产品有白肝、酱牛肉、酱汁肉、熏猪头肉、糟肉和过油肉。烧制品中以酱、卤制品的产量和消费量所占比重最大，几乎全国各地均有生产，因此，这类肉制品又被称为酱卤制品。烧制品因地区和消费习惯不同，在产品风味上有咸、甜之分。

（5）烤制品。烤肉制品风味独特，能保持原有的鲜味，制品色泽鲜明，外焦里嫩，风味独特。其中以广式最为著名，代表品种为烤乳猪，此外还有烤肉、叉烧肉。

2）根据地方特色分类

（1）京式肉制品。京式肉制品又称为北式或北味肉制品。京式肉制品在各地肉食品中历史较为悠久，产品特点是口味重、所用佐料的品种及数量较多。京式肉制品中以烧制品最为著名，包括烧牛肉、烧羊肉、酱牛肉及酱猪肉等。

（2）苏式肉制品。苏式肉制品又称南味肉制品，其中包括苏州、无锡、上海等地肉食品，尤以苏州最为著名。苏式肉制品的特点是味浓醇而带甜，以烧制品和脱水肉制品为代表产品。

（3）西式肉制品。西式肉制品指仿制国外的一些肉制品，其中以灌肠制品为主，尚包括一部分腌腊制品。这类肉制品的产品特点是鲜嫩、味淡、香料特殊。

（4）广式肉制品。广式肉制品指广东及广西生产的肉制品。广式肉制品吸收了京式、苏式和西式肉制品的优点后又独具一格，其中以烤制品最为著名，如广东叉烧、烤乳猪等。此外，广东香肠和广东腊肉也是广式肉制品中较为著名的产品。

2. 肉制品的质量鉴别

（1）咸猪肉。优质咸猪肉肉质紧密，瘦肉为鲜红色或暗红色，肥肉为青白色，肉皮干硬洁净呈苍白色，切面呈红色，弹性好，具有咸猪肉特有的香味。劣质咸猪肉肉质结构疏松，瘦肉为暗色或灰绿色，发黏，切面色泽不均匀，呈褐色或灰色，弹性差，脂肪发黄，有明显酸臭或哈喇味。

（2）腊猪肉。优质腊猪肉外表干燥，切面呈鲜红色或棕红色，脂肪微黄，无酸败、哈喇味或异味。劣质腊猪肉外表湿润，严重时发霉，肌肉松软，呈现暗黑色；切面脂肪为浑黄色，严重时有酸败味、哈喇味或其他异味。

（3）香肠。香肠质量可从外表、肠衣与肉馅的贴紧度、色泽、气味等方面加以鉴别。优质的香肠，肠衣干燥结实，肠衣紧贴肉馅，无空隙，色泽均匀分明，呈均匀灰红色或玫瑰红色，脂肪呈白色，切面坚实有光泽，具弹性，瘦肉与脂肪比例适当，具有香肠特有的香气。劣质香肠表面渗卤，呈灰绿色，肠衣易与肉馅分离，肠衣缺乏弹性，有哈喇味、酸败味或其他异味。

（4）火腿。优质火腿外表新鲜清洁，皮肉干燥，脚细直，腿心长，骨不露，油头小，刀工光净，肉质坚实而有弹性，形状完整均匀，切面为鲜红色，脂肪为白色，有浓郁火腿香味；劣质火腿则外表湿润、松软，肉质松弛，脂肪呈黄色或褐色，有哈喇味。

二、饮料商品

饮料一般可分为含酒精饮料和无酒精饮料（又称软饮料）。酒精饮料系指供人们饮用且乙醇（酒精）含量在 0.5%～65%v/v[①]的饮料，包括各种发酵酒、蒸馏酒及配制酒。无酒精饮料是指酒精含量小于 0.5%v/v，以补充人体水分为主要目的的流质食品，包括固体饮料。

（一）碳酸饮料

碳酸饮料是含有二氧化碳的饮料总称。但一般由于发酵自身产生二氧化碳的不归入此类，即碳酸饮料的二氧化碳是人工冲入或压入的。

1. 碳酸饮料的分类

（1）果汁型，是指原果汁含量不低于 2.5%的碳酸饮料。

（2）果味型，一是指以食用香精为主要赋香剂、原果汁含量低于 2.5%的碳酸饮料；二是指含有干果果实浸提液的碳酸饮料。

（3）可乐型，是指含有可乐果、白柠檬、月桂、焦糖或其他类似辛香和果香混合香气的碳酸饮料。

（4）其他型为上述三种类型以外的碳酸饮料，如苏打水、盐汽水，以及含有非果实的植物提取物或非果香的食用香精的碳酸饮料。

2. 碳酸饮料中二氧化碳的作用

碳酸饮料的风味主要取决于其所含的二氧化碳，二氧化碳在碳酸饮料中主要起到以下作用。

（1）清凉作用。当人们饮用了碳酸饮料之后，在腹中由于温度升高，压力降低，碳酸即分解为二氧化碳，多余的二氧化碳从体内排出时，会带走热量，给人以清凉爽快之感。

（2）抑制微生物生长，延长产品的货架期。二氧化碳可致死嗜氧微生物，pH 较低，

---

① v/v 指 100 毫升饮料酒中含有乙醇的体积比。

除耐酸菌外均难以生长，充二氧化碳会造成正压，也会抑制微生物生长，因此国际上认为3.5～4倍体积的含气量是汽水的安全区。一般汽水灌装后无杀菌操作，但保质期可达数月，产品含气量充足是其条件之一。

（3）提高碳酸饮料的杀口感。二氧化碳含量高则杀口感强，含量低则口感柔和，不同品种的汽水要求不同。

（4）突出各种汽水特殊香气。碳酸饮料中含有的各种呈味物质，可使糖、酸及二氧化碳的调和缓解，但主要决定于二氧化碳的含量。二氧化碳含量过低，则淡而无味，不杀口，清凉感也不明显；二氧化碳含量过高，则会冲淡饮料应有的可口风味，使酸甜比失调，导致饮料甜的不甜，酸的不酸，仅有二氧化碳的强烈刺激味感。

（二）果蔬汁饮料

果汁和蔬菜汁是采用成熟的新鲜水果和蔬菜（少数采用干果）为原料，经挑选、洗净、采用榨汁或浸提等方法制得的汁液。果汁和蔬菜汁实质上是整个果蔬或局部细胞中液泡的汁液，是果蔬中最具营养价值的成分，风味天然、佳美，易被人体吸收，果蔬汁可以直接饮用，也可调制成各种饮料。

（三）发酵饮料

发酵饮料主要有乳酸发酵饮料、果汁乳酸发酵饮料、蔬菜汁发酵饮料、谷类乳酸发酵饮料、格瓦斯。

1. 乳酸发酵饮料

乳酸发酵饮料是利用乳酸杆菌对牛乳、豆乳、豆渣、脱脂花生、饼粕、各类果蔬、谷类（大麦、小麦、玉米等）、蛋类及水产品进行发酵而制取的。通过乳酸发酵可改善和提高原料的有效营养成分，增进色香味，提高原料利用率。经发酵豆乳的豆腥味及苦涩味消失，色泽变白。乳酸发酵饮料中的双歧杆菌饮料，特别是双歧活性乳酸菌饮料，对清理肠道毒物、抑制有害菌生长有一定的作用。

2. 果汁乳酸发酵饮料

果汁乳酸发酵饮料工艺上的难点是果汁含酸较高，抑制乳酸菌的繁殖生长，因此应选含酸低的（如香蕉、成熟的柿子、枣、梨、荔枝等）品种，若含酸高则需采用硅藻土或酰胺树脂吸附降酸，然后接种发酵。

3. 蔬菜汁发酵饮料

蔬菜汁发酵饮料既可保存原有营养，又可改善口味；既可采用单一蔬菜汁发酵，也可采用混合蔬菜汁、水果蔬菜混合汁、蔬菜牛奶混合汁。

4. 谷类乳酸发酵饮料

谷类乳酸发酵饮料是利用大米、玉米、小麦、大麦等富含淀粉的谷物先经糖化发酵，再经乳酸发酵而制成的。

5. 格瓦斯

格瓦斯原是俄罗斯的一种传统发酵饮料，有面包格瓦斯和果汁格瓦斯，这种饮料营养丰富、多汽多沫、酸甜爽口，具有麦乳、酒花发酵香味，含微量乙醇和二氧化碳，干物质为7.3%，既可做清凉饮料又可代酒助兴。

（四）蛋白饮料

蛋白饮料有动物蛋白饮料和植物蛋白饮料两大类。

1. 动物蛋白饮料

动物蛋白饮料中的动物蛋白主要是乳及乳制品或其他动物蛋白，以这些动物蛋白为主要原料，再加入相应的添加剂便可制成动物蛋白饮料。

2. 植物蛋白饮料

植物蛋白饮料是以富含蛋白质的植物籽仁，如大豆、绿豆、花生仁、芝麻、杏仁、核桃仁、葵花籽仁等为主要原料，再加入甜味剂、稳定剂、香味剂、风味剂、色素酸味剂等，经过原料处理、浸泡、选料、磨浆、浆渣分离、调配、杀菌、均质等工艺而制成的饮料。

（五）固体饮料

固体饮料是指以某种原料为主，配以其他辅料（或不加辅料）加工制成的水分小于5%的固体状的、经冲溶后饮用的饮料制品。

1. 果香型固体饮料

果香型固体饮料是指以糖、果汁（或不加果汁）、食用香精、着色剂等为主要原料制成的产品。

2. 蛋白型固体饮料

蛋白型固体饮料是指以糖、乳制品、香精等为主要原料制成的产品。

（六）运动饮料

国家标准中将运动饮料定义为营养素及其含量能适应运动或体力活动人群的生理特点，能为机体补充水分、电解质和能量，可被迅速吸收的饮料。

市场上出现的各种运动饮料的成分大体相同，它们都含有一定量的糖。由于人体内的糖储备有限，运动时，如因大量消耗而未得到补充，肌肉就会乏力，运动能力也会随之下降。另外，大脑 90%以上的功能来自血糖，血糖下降将会使大脑对运动的调节能力减弱，从而产生疲劳感。因此，科学配方的运动饮料中必须含有一定量的糖才能达到补充能量的作用。另外，运动饮料中还含有适量的电解质。运动出汗将导致钾、钠等电解质大量丢失，从而引起身体乏力，甚至抽筋。而运动饮料中含有适量的钾、钠，能迅速被人体吸收，补充体力。当然，有些运动饮料还会增加其他附加成分，如 B 族维生素——促进能量代谢；维生素 C——清除自由基，延缓疲劳；牛磺酸和肌醇——促进蛋白质合成，调节新陈代谢，加速消除疲劳。

三、乳及乳制品

（一）乳的成分

乳汁是哺乳动物乳腺的正常分泌物，不同类别的哺乳动物的乳，其主要化学成分是基本相同的，但各成分的含量有一定差异。不同品种的乳牛所产的乳中，各成分的含量略有不同。牛乳的成分主要有水分、脂肪、蛋白质、乳糖、无机盐、维生素、酶及其他物质等。

1. 水分

牛乳中的水分是由乳腺细胞分泌的，水分里溶解着牛乳中的各种物质。牛乳中的水分为 80%～90%，分为游离水、结合水和结晶水，其中结合水与蛋白质、乳糖、盐类结合存在，用一般的方法不易除去，所以乳粉生产中经常保留 3%左右的水分。

2. 脂肪

牛乳中的脂肪含量因乳牛的品种及其他条件而异，一般为 3%～5%，与乳及乳制品的特有风味有极大关系。乳脂肪中含有磷脂、固醇、色素及脂溶性维生素。

3. 蛋白质

牛乳中蛋白质含量为 3%～4%，其中最主要的有三种：酪蛋白，约占总量的 83%；乳白蛋白，约占总量的 13%；乳球蛋白和少量的脂肪球膜蛋白，约占总量的 4%。乳蛋白质的性质对于牛乳的处理、乳制品的生产有重要的意义。

4. 乳糖

乳糖是乳汁中特有的成分，在普通的牛乳中含量为 4%～6%。乳糖属双糖，分子式和蔗糖相同，但结构式不同，在水解时生成葡萄糖和半乳糖。乳糖不易溶于水，甜味也不如蔗糖。

5. 无机盐

乳汁中含有人体所需要的各种无机盐类，其含量虽少，但却很有营养。在牛乳的主要无机成分中，碱性成分超过酸性成分，因此牛乳属于碱性食品。

6. 维生素

牛乳中含有脂溶性维生素 A、D、E、K，以及水溶性维生素 B_1、水溶性维生素 B_2、水溶性维生素 B_6、水溶性维生素 B_{12}、水溶性维生素 C、维生素 PP、泛酸、维生素 H、叶酸等。维生素 A 在普通煮沸条件下，一般不会被破坏。维生素 B 族和维生素 D 对热也较稳定，乳中的维生素 C 对温度、空气（氧）、金属的作用很不稳定，如有微量铜存在时，乳一经加热，维生素 C 就会被破坏。

7. 酶

乳中存在各种酶，如过氧化物酶、还原酶、解脂酶、乳糖酶等。乳中酶的来源有两种：一是由乳腺所分泌；二是落入乳中的微生物繁殖时所产生的。

8. 其他物质

乳中除上述成分外，还有一些其他物质，虽然数量不多，但对乳的质量、理化性质、食用品质等均有一定影响，主要包括磷脂、固醇、气体、免疫球蛋白等。

（二）乳的理化性质

1. 乳的物理性状

牛乳为胶体溶液，其中乳糖和一部分可溶性盐类可形成真正的溶液状态，而蛋白质则与不溶性盐类形成胶体悬浮液，脂肪则形成乳浊液状态的胶体性液体，水分作为分散介质，构成一种均匀稳定的悬浮状态和乳浊状态的胶体溶液。

1）色泽

新鲜的牛乳是一种乳白色或稍带微黄色的不透明液体，这是乳的成分对光的反射和折射所致。稍带微黄色是乳中含有核黄素、乳黄素和胡萝卜素的结果。奶油的黄色则与季节、饲料及牛的品种有较大的关系。

2）滋味和气味

正常的鲜乳具有特殊的香味，尤其是加热之后香味更加浓厚，这是乳中含有挥发性脂肪酸和其他挥发性物质所致，但乳的气味受外界因素影响较大，应注意环境卫生。新鲜的乳纯净则稍带甜味，这是因为乳中含有乳糖。

3）pH 和酸度

正常乳的 pH 为 6.5～6.7，酸度为 16～18°T。乳的酸度分为自然酸度和发酵酸度，二者之和称为总酸度。自然酸度主要由乳中的蛋白质、柠檬酸盐、磷酸盐及二氧化碳等酸性物质所形成。牛乳挤出后在存放过程中，由于微生物的作用，分解乳糖产生乳酸，牛乳酸度升高，这种因发酵产酸而升高的酸度被称为发酵酸度。通常所说的“酸度”是针对总酸度而言的。

4）密度和比重

牛乳的密度是指乳在 20℃时的质量与同容积水在 4℃时的质量之比。牛乳的比重则指在 15℃时一定容积牛乳的重量与同容积同温度水的重量之比。在同温度下，乳比重和乳密度的差异值很小，但因测定的温度不同，两者之间相差 0.0019（简化为 0.002）。即乳密度比乳比重小 0.002，并依此来进行比重和密度的换算。正常乳的比重为 1.028～1.032，平均值为 1.03。乳的比重随温度而变化，在 10～25℃的范围内，温度每变化一度，乳的比重则会相差 0.0032。

5）冰点和沸点

乳的冰点平均为–0.56℃，乳的沸点在常压下为 100.17℃。乳的冰点随水含量的增多而升高，牛乳中每加入 1%的水，其冰点约上升 0.00054℃。乳的沸点随着其中子物质含量的增多而升高，当乳浓缩 50%时，沸点即上升 0.5℃。

2. 乳的化学组成

组成乳的化学成分主要有水分、蛋白质、脂肪、碳水化合物（主要是乳糖）、矿物质和微量元素、维生素、酶、色素、气体。表 8-1 重点介绍了鲜乳中蛋白质、脂肪和乳糖的相关数据。

表 8-1　鲜乳的化学成分　　单位：%

化学成分	双峰驼乳	山羊乳	牛乳	马乳	驴乳
蛋白质	3.6	3.5	3.3	1.6	1.5
脂肪	5.7	3.8	3.6	2.3	1.1
乳糖	4.2	4.5	4.7	6.7	6.4

资料来源：陆东林，刘朋龙，徐敏，等. 驼乳的化学成分和营养特点[J]. 新疆畜牧业，2014，（2）：10-12

（三）乳制品

1. 炼乳

炼乳是牛乳的浓缩制品。炼乳的特点是能够保持乳品的营养成分，缩小鲜乳的体积，便于携带和运输，以及长期保藏。

1）炼乳的种类

（1）全脂炼乳。采用全脂乳，经灭菌、浓缩制成的，分加糖和不加糖两种。

（2）脱脂炼乳。采用分离出乳脂后的脱脂乳为原料制成的，分加糖和不加糖两种。

（3）炼乳脂。以乳脂为原料经浓缩而成，有加糖和不加糖之分，含有大量的乳脂肪。

（4）其他品种。在原料之外加入某种辅助材料，如咖啡炼乳、可可炼乳等。

2）感官指标

（1）气味和滋味。具有良好消毒牛乳的纯香味，味甜而纯正（甜炼乳），无其他杂味。

（2）组织状态。组织细腻，质地均匀一致，无脂肪分离和乳糖结晶现象，具有均匀流动性。

（3）色泽。色泽呈乳白（黄）色，颜色均匀一致，有光泽。

2. 乳粉

乳粉是将鲜乳经杀菌、浓缩和喷雾干燥而制成的粉末状产品，主要有全脂乳粉、脱脂乳粉、调制乳粉（在鲜乳中加入部分维生素、无机盐及其他一些营养素加工制成的）。乳粉的感官指标如下。

（1）气味和滋味。正常的乳粉应具有消毒牛乳的纯香味，无其他异味；凡具有加热过度的气味和滋味、饲料味、脂肪氧化味、焦臭味、不新鲜的滋味、油哈喇味等，均为劣质品。

（2）色泽。正常的乳粉应呈淡乳黄色。

（3）组织状态。正常的乳粉应呈干燥的粉末状态，无凝块或结团现象。

（4）冲调性。要求润湿不结块，冲调后完全无团块、无沉淀。

3. 奶油

奶油是从鲜乳分离出的稀奶油，经杀菌、成熟、搅拌、压炼而制成的脂肪制品。奶油营养丰富，含脂肪高，发热量大，既可直接食用又可作为工业原料。

奶油按加工工艺可分为鲜制奶油、酸制奶油和重制奶油。鲜制奶油是用杀菌稀奶油制成，味道淡或咸均可；酸制奶油用杀菌稀奶油经添加发酵剂发酵制成；重制奶油则是用熔融了的稀奶油或奶油制成。

4. 酸乳

酸乳是以鲜乳为原料，经杀菌处理，冷却后加入纯乳酸菌发酵剂，保温发酵而成的产品。酸乳能增强食欲，促进消化，富于营养，是人们喜爱的乳制品。根据酸乳的生产方法和凝结的物理结构可分为凝固型酸乳和搅拌型酸乳。

➢本章小结

食品中包括碳水化合物（糖类）、油脂、蛋白质、维生素、水、无机盐等营养成分；食品污染分为生物性污染、化学性污染及物理性污染三类；茶叶、酒类、肉、饮料和乳制品等是常见的食品品种，各品种的成分、分类、质量要求和养护措施等区别较大，需要分类掌握。

➢关键术语

食品；食品的营养成分；食品安全；茶叶；白酒；啤酒；葡萄酒；肉制品；饮料；乳制品。

➢思考题

1. 简述食品的分类。
2. 简述食品的营养成分。
3. 简述茶叶的主要成分及特性。
4. 简述茶叶的分类。
5. 论述茶叶的质量审评。
6. 简述白酒的质量要求。
7. 简述啤酒的质量要求。
8. 简述葡萄酒的质量要求。

第九章
日用工业品

学习目标

1. 了解日用工业品的定义、分类、塑料制品回收标志。
2. 理解日用工业品的质量要求。
3. 熟悉主要塑料制品的特性、合成洗涤剂的类型和作用、皮革的原料、皮革的种类和主要皮革制品。
4. 掌握塑料的分类、塑料的质量检验、化妆品的作用、皮革制品的质量要求及鉴别。

♦ **引导案例**☞

国家药品监督管理局重点监管化妆品质量

化妆品安全问题一直是国家和消费者极为关注的议题。为确保市场化妆品的安全，国家药品监督管理局持续对市场流通的化妆品进行定期或不定期的抽查，然而质量问题依旧存在。据国家药品监督管理局 2022 年 2 月发布的通告，经过严格检验，发现包括倩芙祛痘平衡喷雾（男士专用）、倩芙祛痘平衡喷雾（女士专用）、诗妍希莹润祛痘霜等在内的 8 批次化妆品，均含有《化妆品安全技术规范（2015 年版）》明确规定的禁用原料。

值得注意的是，此次通报的 8 批次化妆品中，有 6 批次是祛痘产品，涉及的禁用原料包括克林霉素、林可霉素、地塞米松等。更令人担忧的是，这 8 批次化妆品中还有一款是专为婴幼儿设计的藕然婴宝肤乐膏。

针对此次事件，国家药品监督管理局已要求广东省药品监督管理部门对涉及上述 8 批次不合格化妆品的注册人、备案人及受托生产企业展开深入调查，并要求相关企业立即采取风险控制措施，彻底自查整改。同时，国家药品监督管理局也呼吁各地药品监督管理部门加强监管，对违法经营的化妆品追根溯源，依法严肃处理违法行为，对涉嫌犯罪的，将移交公安机关处理。

（资料来源：http://health.cnr.cn/sy/zx/20220223/t20220223_525748189.shtml）

第一节　日用工业品概述

一、日用工业品的定义和分类

日用化学商品是指由化学原料制成的，人们用于清洁卫生、美容保健、修饰仪表、驱蚊杀虫等目的的日常用品。

日用化学商品品种繁多，范围广泛，主要包括洗涤用品、化妆品、口腔清洁用品、皮革保护用品、空气清新剂、日用胶黏剂等。

二、日用工业品的质量要求

（一）适用性

适用性是指日用工业品为满足其用途所必须具备的性能，如电冰箱必须能制冷。

（二）耐用性

耐用性是指日用工业品在使用过程中，能够抵抗各种外界因素对其破坏的性能，如电灯泡的发光耐久性等。

（三）卫生安全性

卫生安全性是指日用工业品在流通、使用过程中，有关保障人体健康和人身安全的性能，如化妆品应对人体皮肤无刺激性等。

（四）结构合理性

结构合理性是指日用工业品的形状、大小、部件组配合理程度等性能，如火柴梗的长度和横截面积要能够满足点燃可燃物所需要的时间要求并且剩余长度适宜。

（五）外表美观性

外表美观性是指日用工业品的造型和装饰能够符合人们审美情趣的性能，如花瓶更注重外观造型等。

第二节　塑 料 制 品

一、塑料的定义

塑料是指以高分子合成树脂为主要成分，在一定的温度、压力等条件下，可塑制成型，并在常温下保持形状不变的材料。也可以说，塑料是一类人工合成的、具有可塑性的高分子材料。

二、塑料的分类

目前工业生产的塑料已有几百种，其中常用的有60多种，为了便于研究和使用，需要进行科学的分类。

1. 按塑料受热后的性能表现划分

（1）热固性塑料。热固性塑料的特点是在一定的温度下，经过一定时间的加热或加入固化剂后即固化成型。固化后的塑料，质地坚硬，而且不溶于任何溶剂，也不能用加热的方法使其再次软化，因为加热温度过高其就会分解。常见的热固性塑料有胶木、电玉、装饰板及不饱和聚酯塑料等。

（2）热塑性塑料。热塑性塑料的特点是受热软化，冷却变硬，加工过程中一般只有物理变化而保持其化学本性。热塑性塑料的树脂多为加聚而成。常见的热塑性塑料有硝酸纤维塑料、醋酸纤维塑料、聚乙烯塑料、聚丙烯塑料、聚苯乙烯塑料、聚氯乙烯塑料等。

2. 按塑料的应用范围划分

（1）通用塑料。通用塑料主要是指产量大、用途广、价格低的一类塑料。它们占塑料总产量的80%左右。常见的通用塑料有聚乙烯、聚氯乙烯、聚丙烯、聚苯乙烯、酚醛和氨基塑料等。

（2）工程塑料。工程塑料一般是指能在工程技术中作为结构材料的塑料。工程塑料显著的特征是机械强度高、耐化学腐蚀和耐高温性能强，可代替金属或做其他特殊的用途。常见的工程塑料有聚酰胺、聚碳酸酯、聚甲醛、聚砜、ABS塑料①、聚苯醚、氟塑料等。

3. 按可燃程度划分

（1）易燃性塑料。易燃性塑料遇明火后剧烈燃烧，不易熄灭，如硝酸纤维塑料等，这类塑料被列为危险品。

（2）可燃性塑料。可燃性塑料遇明火燃烧，无自熄性，但燃烧速度较快，如聚乙烯、聚丙烯等。

（3）难燃性塑料。难燃性塑料在较强的明火中可燃烧，离火后很快熄灭，如酚醛塑料、醋酸纤维塑料、聚氯乙烯塑料等。

三、塑料制品回收标志

塑料制品回收标志，由美国塑料行业相关机构制定。这套标志将塑料材质辨识码打在容器或包装上，从1号到7号，让民众无须费心去学习各类塑料材质的异同，就可以简单地加入回收工作的行列。每个塑料容器都有一个小小的“身份证”——一个三角形符号，通常在塑料容器底部。三角形里边有数字1～7，每个编号代表一种塑料容器，它们的制作材料不同，使用方法和禁忌也不同。

（一）塑料名称及缩写代码

（1）聚酯 01 PET。

---

① ABS塑料是丙烯腈（Acrylonitrile）、丁二烯（Butadience）、苯乙烯（Styrene）三种单体的三元共聚物。

（2）高密度聚乙烯 02 HDPE。

（3）聚氯乙烯 03 PVC。

（4）低密度聚乙烯 04 LDPE。

（5）聚丙烯 05 PP。

（6）聚苯乙烯 06 PS。

（7）其他塑料 07 Others。

（二）标志尺寸

标志尺寸为长 40 毫米和宽 40 毫米。如遇特大或特小的包装件，标志的尺寸可按此规定适当放大或缩小。

四、主要塑料制品

（一）聚乙烯塑料及其制品

1. 聚乙烯塑料

聚乙烯塑料，商业上简称“工塑”，俗称“软塑料”。聚乙烯是石油和天然气中的乙烷、丙烷、丁烷及重柴油、粗重油等，经过一系列的化学反应过程而合成的高分子聚合物，属于非极性高分子饱和开链烃。聚乙烯根据生产方法的不同可以分为高压聚乙烯、低压聚乙烯和改性聚乙烯三种类型。

2. 聚乙烯的特性

聚乙烯能耐日常生活中的各种酸、碱及盐类水溶液的腐蚀，不溶于一般溶剂，具有无毒、无味、无臭的特点。高压聚乙烯的密度低，质地较软，外观呈乳白色半透明状，具有较好的柔软性、伸长率、耐冲击性。低压聚乙烯密度较高、质地坚硬，耐温性、耐寒性较好，外观呈乳白色不透明状，比重一般在 0.94～0.96，抗拉强度较高。有很强的耐寒性能，在−70℃时仍有柔软性。

3. 聚乙烯塑料的主要制品

聚乙烯用途十分广泛，主要用来制造薄膜、包装材料、容器、管道、单丝、电线电缆、日用品等，并可作为电视、雷达等的高频绝缘材料。随着石油化工的发展，聚乙烯生产得到迅速发展，产量约占塑料总产量的 1/4。

（二）有机玻璃及其制品

1. 有机玻璃

有机玻璃，化学名称叫聚甲基丙烯酸甲酯，属于丙烯酸酯类塑料。甲基丙烯酸甲酯是一种液体，在制造过程中加入引发剂（偶氮二异丁腈）、增塑剂（邻苯二甲酸二丁酯）、脱模剂（硬脂酸），倒进特制的硅玻璃膜或金属模内，再放到热水池或烘箱中热聚合，制成板材、棒材或各种日用有机玻璃制品。

2. 有机玻璃的性能

有机玻璃是高级透明材料，透光率比硅玻璃还好，具有比许多种玻璃都优越的性能。

透光率可达到92%，性能好的透光率高达99%，还可以透过75%的紫外光（普通玻璃的透光率为85%，紫外线透过率仅有0.6%）。有机玻璃的比重为1.18，比普通玻璃轻一半，机械强度和韧性是硅玻璃的10倍以上，不易破碎，易加工成型。此外，还可以通过冲、刨、锯、钻、磨或在热水中转化弯曲等二次加工方法，制成各种制品，俗称“不碎玻璃”“塑料玻璃”。有机玻璃耐气候性好，不管是低温还是高温，其冲击强度不变，电性能优良，耐电弧，耐腐蚀，易着色，可染成各种鲜艳颜色，加入荧光剂可制成荧光塑料，加入珠光剂可制成珠光塑料。有机玻璃的缺点是表面硬度低，耐热性、耐磨性差，容易擦伤而失去光泽。

3. 有机玻璃的主要制品

在日用产品中，有机玻璃的制品主要有牙刷柄、眼镜架、透明烟嘴、三角尺、量角器、钟表玻璃、伞柄、闹钟壳等，还可以用于制造飞机驾驶舱盖、炮塔观察孔盖，以及飞机、汽车、船舰的舷窗玻璃、车尾灯灯罩、天窗和工厂的防震玻璃；在电讯仪表工业中，制造各种透明结构，如视镜、仪表盘和外壳、电视屏幕等。

（三）酚醛塑料及其制品

1. 酚醛塑料

酚醛塑料，又叫电木或胶木，其代号是PF，生产酚醛树脂的原料主要是苯酚和甲醛，通过缩聚反应生成酚醛树脂。

上述原料以碱（氨、氢氧化钠、氢氧化镁）或酸（盐酸、草酸）作催化剂，进行缩聚反应，制成酚醛树脂后，在加工成制品前，再加入适量的填料，如木粉、石棉、云母、棉布、玻璃布等，以提高它的机械性能和电绝缘性能。另外，再加入促进剂（氢氧化钙）、着色剂、润滑剂（硬脂酸），制成压塑粉，在加热、加压条件下，压制成各种制品。

2. 常用酚醛塑料制品的特性

酚醛塑料一经压制成型，酚醛树脂即由长链形的化学结构，变成网状结构，成型以后再加热、加压也不能改变其形状。酚醛塑料制品一般都具有较好的耐寒、耐热性，不易燃烧，表面硬度高，电绝缘性好，如耐热可达110℃，在沸水中煮数小时也不会变形。耐腐蚀性也较好，不易老化变质，对于各种溶剂和油类的腐蚀，有极强的抵抗力。酚醛塑料的缺点是酚醛塑料色泽比较深暗，脆性较大，制品易震碎和压破，吸水性较大，应注意防潮，以免发霉。

3. 酚醛塑料的主要制品

由于酚醛塑料具有较好的电绝缘性能，因而被广泛应用于电器零件、保险丝板、汽车配件、电话机、显影盘等。又由于其具有较好的耐寒、耐热性和不易燃烧的特点，而被广泛用于制造纽扣、皂盒、粉盒等日用制品，另外它还被广泛应用于制造各种日用装饰品、陈设品和各种小工艺品。

（四）脲醛塑料及其制品

1. 脲醛塑料

脲醛塑料俗称电玉，用UF表示，属于氨基塑料的一种。脲醛塑料属于热固性塑料。

生产脲醛塑料的原料脲醛树脂是由尿素和甲醛经化学方法缩聚而成。脲醛树脂再加入各种助剂，在温度和压力作用下形成脲醛塑料制品。

2. 脲醛塑料的特性

脲醛塑料，色泽鲜艳，表面硬度高，不怕热，耐寒，遇热不变形，不易燃烧，无臭，无味，耐油，不受弱碱和有机溶剂的影响，但不耐酸。脲醛塑料制品表面有光泽，断面结构细，纯净的脲醛树脂呈无色半透明状，加入二氧化钛成为不透明的纯白色，加入各种颜料及染料可以制得各种鲜艳色泽的制品，其外观很像大理石，形同玉石，所以俗称“电玉”。

脲醛塑料的缺点是用纸浆做填料，亲水性很强，易吸收空气中的水分。脲醛塑料不耐酸，在醋酸条件下，或在100℃的沸水中煮泡，会使游离甲醛析出，对人体健康极为有害，电玉制品不宜用来作饮食用具和盛放食物。

3. 脲醛塑料的主要制品

脲醛塑料可以制成形同冰花的木屑板、纤维板、胶合板，也可以用来制造泡沫塑料。在日用品中主要制成纽扣、发夹、瓶盖、盒子、钟壳、烟灰盒等。在耐水要求不高的工业品（如电插头、开关、机器手柄、仪表外壳、旋钮等）中也有应用。

（五）密胺塑料及其制品

1. 密胺塑料

密胺塑料用MF表示，是氨基塑料的一种，色彩多样，外观和手感都很像陶瓷制品。密胺塑料是以三聚氰胺和甲醛为主要原料经缩聚而成的。在制成产品前还要加入适量的纸浆纤维素填料，以及着色剂等助料。

2. 密胺塑料的特性

密胺塑料无毒无味，耐酸耐碱，表面硬度和耐冲击强度都比较高，制品不易破裂；吸水性低，可在沸水中使用，在20℃～100℃的温度中性能无变化。密胺塑料的缺点是破损后难以修补，不能受日光暴晒，暴晒后影响制品的色泽。

3. 密胺塑料的主要制品

根据密胺塑料耐酸碱的特性，可以制成盛放油、酒、酱、醋等的容器，密胺塑料对人体无害，可以制成各种杯、碗、碟、筷、汤勺等冷食用具（不宜盛放热汤菜）。此外，还可以制成日用电器的绝缘零件，如灯罩、点火器、开关、电动机零件等。

（六）复合塑料

1. 泡沫塑料

泡沫塑料是一种比海绵还要轻的多孔塑料，它以合成树脂为基础，加入一定量的发泡剂，经加热后树脂软化熔融，发泡剂受热分解，生成大量气体，当冷却定型时，气泡就存在于它的内部，从而成为具有无数小孔的塑料，称为泡沫塑料。泡沫塑料分为开孔型泡沫塑料（内部小孔互相联系，互相通气）和闭孔型泡沫塑料（内部小孔互相独立存在，互不相干）。泡沫塑料具有化学稳定性好、相对密度小、导热系数低、吸音、抗震性好、成型加工方便、黏合性能好等特点。泡沫塑料的品种如下。

（1）聚氨酯泡沫塑料。聚氨酯泡沫塑料按其原料不同分为聚酯型和聚醚型；按软硬程度不同分为软质型和硬质型。由于组分不同，形成的聚氨酯泡沫塑料的性能也存在差异。软质泡沫塑料用于建筑、汽车、航空等工业，能减轻产品重量，还用于农具、床垫、衣服衬里，以及医疗、电子等精密器械、仪器的包装。硬质泡沫塑料一般采用黏度较低的聚醚型树脂喷涂发泡成聚氨酯泡沫体，用于管道保温、冷藏仓库绝热层、冰箱隔热，隔风墙、机翼增强材料、宇宙航行烧蚀层等。

（2）聚氯乙烯泡沫塑料。聚氯乙烯泡沫塑料大部分是软质微孔塑料，主要用于建筑上的隔音材料及装饰结构件，各种机床、无线电减震材料，也可用于制作泡沫拖鞋。

（3）聚苯乙烯泡沫塑料。聚苯乙烯泡沫塑料具有无臭、无毒、不受微生物侵蚀、对湿气稳定等性能，是极佳的绝缘材料，因此除作包装材料外，还被广泛地应用于冷冻、冷藏、低温绝热材料，有时还用于浮漂设备、浮标、救生器材等。

（4）聚乙烯泡沫塑料。聚乙烯泡沫塑料具有韧性强，弹性好，化学稳定性好，介电性能、耐气候性、耐油性优异，对人体无害等特性。一般用物理发泡法制取，大都采用挤压法成型。聚乙烯泡沫塑料广泛应用于包装、隔热、建筑、高级电缆绝缘等方面，也可做安全帽、保暖水壶、保暖饭盒等。

2. 人造革

人造革是纤维与塑料结合在一起的复合材料。目前主要有聚氯乙烯人造革。它是以聚氯乙烯树脂配入适量的增塑剂、稳定剂和着色剂制成聚氯乙烯糊，然后涂覆或贴合在基材上，经过加热塑化、凝胶后再轧光或轧纹而成。

人造革具有质地柔软，富有弹性，耐摩擦，耐挠性、耐折性好，耐热可达65℃，不易燃烧，耐酸，耐碱，可以洗涤等优点。人造革的制品色泽、花纹多样，亦可印图烫金。人造革的缺点是制品接缝处较粗糙、透光性较差、遇低温发硬。

按用途不同可将人造革分为普通人造革、地板革和泡沫人造革三类。泡沫人造革根据底布的不同又分为两种类型：一种用针织布作底布，厚度不到1毫米，具有柔软、延伸率大的特点，适宜做手套、帽子等制品；另一种用棉布作底布，厚度超过1毫米，质地较硬，适宜做提包、鞋和箱子等制品。

3. 合成革

合成革是在可溶性复合纤维针织底基布或无纺布上涂覆聚氨酯微孔弹性体制得的复合材料。底基布或无纺布制得后，在聚氨酯、聚酯、聚醚或丁腈、丁苯等合成乳胶中浸渍，成型后用湿法凝固涂覆一层聚氨酯，形成微细多孔结构，经整饰并按不同用途进行表面处理，制成各种花色品种，如光面革、绒面革、搓纹革、压花革、双色饰面革和衣用软革等。

合成革具有抗氧化、耐磨、耐油、弹性和机械强度好、透光性和透湿性较好、表面硬度高、不易霉蛀、耐水、制品尺寸稳定、低温下质地同样柔软等特点，已被广泛用来代替天然皮革制作衣服、鞋帽等。

4. 玻璃钢

玻璃钢是增强塑料的一种。增强塑料一般由以下两种原材料组成：一种是增加强度的固体材料，如玻璃丝、玻璃短丝和玻璃布等；另一种是各种合成树脂，如环氧树脂、聚酯树脂等。人们把这些以玻璃纤维为固体材料组成的增强塑料称为玻璃钢。

玻璃钢拉伸强度高达 50 000 牛/厘米^2，比重小，质量轻；导热系数小，是钢的 1/100～1/200；热膨胀系数与金属相近，可与金属焊接，且有优良的电绝缘性、耐气候性、透光性、隔音性；此外，玻璃钢还是良好的建筑结构材料，适于制作房屋顶棚、车站候车棚及某些生活用品。

五、塑料的质量检验

塑料制品的检验有许多方法，根据不同的需要和用途可选用不同的方法。

（一）感官检验

感官检验是指利用人的感觉器官对塑料制品的外观特征进行检验的方法。

1. 塑料制品的外观特征

（1）热固性塑料。热固性塑料在沸水中变软；电木制品只有黑色、棕色两种颜色，没有浅色；氨基塑料则为浅色和各种鲜艳的颜色。

（2）热塑性塑料。热塑性塑料在沸水中变硬；热塑性塑料在水中可以漂浮的有聚乙烯塑料和聚丙烯塑料，聚乙烯塑料在沸水中变形，而聚丙烯塑料在沸水中不变形。

2. 塑料制品的感官检验

（1）视觉检验。通过人的眼睛对塑料制品的色泽、透明度进行检验。

第一，透明的制品：聚苯乙烯和有机玻璃。

第二，半透明制品：低密度聚乙烯、纤维素塑料、聚氯乙烯、聚丙烯、环氧树脂、不饱和树脂。

第三，不透明制品：高密度聚乙烯、聚氨酯及各种有色塑料。

（2）听觉检验，即用硬质物品敲击塑料制品，利用人的耳朵听声音进行检验：聚苯乙烯具有金属声；有机玻璃声音较粗；其他制品无特别的声音。

（3）触觉检验，即利用人们皮肤的触觉，对制品进行检验：聚烯烃塑料制品用手触摸，感觉像蜡，有滑腻感。

3. 塑料的燃烧检验

塑料的燃烧检验是利用小火燃烧塑料试样，观察塑料在火中和火外时的燃烧性，同时注意熄火后，熔融塑料的落滴形式及气味来鉴别塑料种类的方法。用燃烧法进行塑料检验时，必须用无烟火焰。检验时用镊子夹小块塑料，放在火焰中燃烧，然后离开火源，仔细观察塑料在燃烧过程中的各种状态和气味。各种塑料的燃烧特性如表 9-1 所示。

表 9-1　各类塑料的燃烧特性

塑料名称	燃烧难易	离火后是否自熄	火焰的特点	塑料的变化状态	气味
聚氯乙烯	难	离火即灭	黄色，下端绿色有白烟	软化	刺激性酸味
聚乙烯	易	继续燃烧	上端黄色，下端蓝色	熔融滴落	与燃烧蜡烛的气味相似

续表

塑料名称	燃烧难易	离火后是否自熄	火焰的特点	塑料的变化状态	气味
聚丙烯	易	继续燃烧	上端黄色，底部蓝色少量黑烟	熔融滴落	石油味
聚苯乙烯	易	继续燃烧	橙黄色，浓黑烟	转化、起泡	特殊的香味
有机玻璃	易	继续燃烧	浅蓝色，顶端白色	融化、起泡	强烈的花果臭味、腐烂的水果臭味
ABS	易	继续燃烧	黄色，冒黑烟	软化、烧焦	橡胶味
尼龙	缓慢燃烧	慢慢熄灭	黄色，顶端黄色	熔融滴落，起泡	指甲烧焦味
硝化纤维素	极易	继续燃烧	黄色	迅速完全燃烧	无味
电木	难	熄灭	黄色火焰	颜色变深有裂纹	木材和酚味
电玉	较难	熄灭	黄色，顶端蓝色	膨胀、有裂纹，燃烧处变白	特殊的甲醛刺激气味

（二）理化检验

塑料常见的理化检验方法包括相对密度检验、溶解性检验、理化指标检验、裂解气相色谱检验。

1. 相对密度检验

各种塑料都有不同的相对密度，利用这一特性，可将不同种类的塑料制品直接投入具有一定相对密度值的溶液中，根据其沉浮情况进行检验。

2. 溶解性检验

不同塑料在不同的有机溶剂中具有不同的溶解性，根据溶解性的不同可以进行某种塑料检验。

3. 理化指标检验

（1）拉伸强度检验。对经受拉伸作用的塑料制品，都必须接受拉伸检验。拉伸强度是指单位截面积的塑料，在规定的时间内被拉断时所能承受的最大负荷。

（2）断裂伸长率。断裂伸长率是指物体在被拉伸时断裂前的最大延伸量与初始长度之比。伸长率越大，说明制品的韧性越好，弹性越大。不同的制品对断裂伸长率有不同的要求，有的制品断裂伸长率越大越好，有的则相反。

（3）硬度。硬度是指塑料抵抗其他较硬物体压入的性能。硬塑料用布氏硬度①测定；软塑料用邵氏硬度②测定。

（4）耐压强度。耐压强度是在试样上施加压缩载荷，使试样破裂（脆性材料）或产生屈服现象（非脆性材料）时，原单位横截面积上所能承受的载荷。

① 即把一定直径的钢球，在规定的负荷作用下，压入试样并保持一段时间后，以试样上的压痕深度或压痕直径来计算单位面积上所承受的力来表示，单位是牛/毫米^2。

② 即在规定负荷和标准压痕器作用下，在规定时间内，压痕器的压针压入试样的深度。

（5）磨耗。磨耗是指塑料在摩擦过程中，微粒从摩擦表面不断分离下来，引起塑料体积不断改变的机械破坏过程。磨耗量的大小表示塑料的耐磨程度，常用一定距离的体积磨耗量来表示。

（6）冲击强度。冲击强度是指试样受冲击破裂时，单位截面上所消耗的功（单位为兆焦/米^2）。冲击强度高，说明塑料的韧性好，抗冲击能力强，脆性小。测定冲击强度的方法很多，有自由落体冲击法、落球冲击法、摆锤冲击法。

（7）吸水性。塑料的吸水性是指规定尺寸的试样浸入一定温度的蒸馏水中，经过一定时间（24小时）后所吸收的水量。吸水量与试样的重量之比称为吸水率，以%表示。吸水性的大小与塑料制品的稳定性、电绝缘性及保管性都有密切的关系。

4. 裂解气相色谱检验

裂解气相色谱检验是将样品裂解后直接用气相色谱法来分析热分解产物的方法，可以定性分析塑料的各种组成成分，也可以定量分析每种成分在混合物中的含量。

第三节 日用化工商品

一、肥皂

肥皂是指至少含有8个碳原子的脂肪酸或混合脂肪酸的碱性盐类的总称。

肥皂是个广义的概念，包括碱性皂和金属皂，在用途上包括家用（指香皂、洗衣皂和特种皂）和工业用（主要指纤维用皂）两类。

（一）肥皂的原料

肥皂的原料有油脂、合成脂肪酸、碱及辅助原料与填料等。

1. 油脂

油脂是油和脂的总称，油脂来源于动植物体，一般来说常温常压下呈固态或半固态的称为脂；呈液态的称为油。

2. 合成脂肪酸

合成脂肪酸是以石蜡为原料，经氧化制得的高级脂肪酸。目的是节约天然油脂，开辟肥皂原料的来源。合成脂肪酸皂的质量不如天然的油脂皂。

3. 碱

制皂用碱主要是氢氧化钠，其次是碳酸钠、碳酸钾、氢氧化钾。碱的作用是与油脂进行皂化反应而生成肥皂。

4. 辅助原料与填料

辅助原料与填料不能截然分开，它们绝大部分都是既有辅助作用，又有填充作用。总的来说是为了增加肥皂的洗涤综合性能，降低成本。主要有如下几种。

（1）松香。松香是松树的分泌物去除松节油之后的产品。松香在空气中易吸收氧，能使肥皂的颜色逐渐变暗，因此肥皂中不宜多用，一般用量为2%～4%。松皂在肥皂中可防止酸败、增加泡沫、减少白霜和降低成本。

（2）硅酸钠。硅酸钠可增加肥皂的硬度和耐磨性，并有软化硬水、稳定泡沫、防止酸败、缓冲溶液的碱性等作用。洗衣皂中含量在2%以上，香皂中含量在1%左右。

（3）荧光增白剂。荧光增白剂是具有荧光性的无色或微黄色染料，吸收紫外线后，反射成蓝色、青色可见光，这不仅抵消了织物上的微黄色，而且增加了织物的明亮度，常用于增白洗衣皂。在肥皂中含量为0.03%～0.2%。

（4）杀菌剂。杀菌剂多用于浴皂和药皂，常用的杀菌剂有硼酸、硫黄、甲酚、三溴水杨酰苯胺等。杀菌剂用量为0.5%～1%。

（5）多脂剂。多脂剂常用于香皂，它能中和香皂的碱性，从而减少对皮肤的刺激，也能防止香皂的脱脂作用，用这种香皂有滑润舒适的感觉。这类物质可以是单一的脂肪酸，如硬脂酸和椰子油酸等，也可以由蜡、羊毛脂、脂肪醇配制成多脂混合物。多脂剂的用量为1%～5%。

（6）羧甲基纤维素。羧甲基纤维素无洗涤能力，但易附于织物和污垢的表面，能防止皂液中的污垢重新沉积在被洗物上。

（7）着色剂。着色剂的作用是装饰肥皂的色泽，洗衣皂中一般加一些皂黄；香皂中所用的色调较多，有檀木、湖绿、淡黄、妃色、洁白等。肥皂中着色剂要求耐碱、耐光、不刺激皮肤、不沾染衣物等。

（8）香料。香料是香皂中必须加入的主要助剂，洗衣皂有时也加入香料以消除不良气味。

（二）肥皂的品种

1. 洗衣皂

洗衣皂的主要成分是高级脂肪酸钠，依据中华人民共和国轻工行业标准QB/T 2486—2008，洗衣皂按干钠皂含量分Ⅰ型（干钠皂含量≥54%）和Ⅱ型（43%≤干钠皂含量＜54%）。

2. 香皂

香皂产品分皂基型（以Ⅰ表示，仅含脂肪酸钠和助剂）和复合型（以Ⅱ表示，含脂肪酸钠或其他表面活性剂、功能性添加剂和助剂）。

3. 透明皂

透明皂通常采用纯净的浅色原料以保证成品皂的透明外观。采用牛羊油、漂白的棕榈油、椰子油做油脂原料，以多元醇，如糖类、香茅醇、聚乙醇、丙醇或甘油或蔗糖做透明剂。透明皂具有耐用、碱性小、溶解度大、泡沫丰富等特点。

4. 药皂

药皂是在香皂中加入中西药物而制成的块状硬皂。由于加入药物种类和量不同，药皂对不同的皮肤病有不同的疗效。近些年国内也出现了不少新的药物香皂，如硫黄香皂、去痱特效药皂、中草药香皂、驱蚊香皂等。

5. 美容皂

美容皂也称营养皂，一般为块状硬皂。皂体细腻光滑，皂型别致。除普通香皂成分外，还加有蜂蜜、人参、珍珠、花粉、磷脂、牛奶等营养物质和护肤剂。配有高级化妆香精，有幽雅清新的香味和稠密稳定的泡沫。

6. 减肥皂

减肥皂属于功能性肥皂，其多采用中国名贵中药，根据中医学理论，经科学验方，把萃取精制的药物精华加入到皂基中而制成，如海藻减肥皂。

7. 复合皂

复合皂是以脂肪酸钠盐为主体的含有表面活性剂或钙皂分散剂的肥皂，主要是为了克服肥皂本身的弱点。

（三）肥皂的质量检验

肥皂、香皂是人们洗浴身体和洗涤衣物的必需品，市场上的假冒伪劣产品会造成损伤皮肤、毁坏衣物等事件。为维护消费者权益，商业企业等要认真做好检验工作，消费者也要识别其质量的优劣。

1. 肥皂的外观质疵现象

对肥皂的感官指标要求是图案清晰、字迹清楚、形状端正、色泽均匀、无不良异味。肥皂的外观质疵现象主要有以下几种。

（1）“三夹板”，指肥皂剖面有裂缝并有水析出，或用手轻扭，就会裂成三块的现象。原因是加工不良。“三夹板”现象会影响肥皂的使用。

（2）冒霜，指肥皂表面冒出白霜般颗粒的现象。造成的原因是碱含量或硅酸钠含量过高。

（3）软烂，指肥皂外形松软，稀烂不成形的现象。原因是固体油脂用量少，填料不足。

（4）出汗，指肥皂表面出现水珠或者出现油珠的现象。原因是在制皂过程中用盐量过多，肥皂中氯化钠含量过高引起肥皂吸湿和肥皂酸败。

（5）开裂和糊烂，指肥皂在积水的皂盆中浸泡后，出现糊烂，虽经干燥，但表面会出现裂缝的现象。

2. 香皂的外观质疵现象

香皂的质疵情况，除上述肥皂的五种外，还有以下四种。

（1）白芯，指香皂表面和剖面上呈现白色颗粒现象。原因是皂片干燥过度或固体加入物细度不够。

（2）气泡，由于干燥不当，香皂剖面上常有气泡产生，不仅影响香皂的重量，也影响使用效果。

（3）变色，香皂存放一段时间后，出现泛黄或变色现象，引起香皂变色的因素较多且很复杂，在此不再详述。

（4）斑点，香皂表面出现棕色小圆点的现象，是香皂中未皂化物质酸败引起的。

（四）肥皂的保管

肥皂是一种难于保管的商品，它的成分不稳定，容易受气候及环境的影响而引起质量的变化。肥皂是容易吸潮的产品，受潮后会出汗、部分糊烂，甚至引起酸败；肥皂在高温和阳光的照射作用下，会出现皂体变软和酸败现象；肥皂在–50℃下，易冻结并使皂体发生裂纹或破裂，使用时会掉渣片；肥皂受压过大，容易变形，甚至造成废品而不能销售，所以肥皂应储存于干燥通风的仓库内，避免受冻、受热、暴晒，堆放应垫离地面 20 厘米以上，以免受潮，纸箱堆垛最高不超过 15 箱，防止压坏底层纸箱，每垛间隔 20 厘米左右。肥皂运输时，必须轻装轻卸，有遮盖物，并防止受潮、受冻、暴晒。

二、合成洗涤剂

（一）合成洗涤剂的定义和特点

合成洗涤剂是以合成表面活性剂为主要成分，并添加其他助洗剂和辅助材料制成的洗涤用品。由于合成洗涤剂使用了性能优良的表面活性剂，再加上各种助洗剂的配合，具有比肥皂更为良好的洗涤性能，它遇硬水不会产生沉淀；在水中不会水解而产生游离碱，因此能配制成适合丝毛织品用的产品；它在酸性溶液中使用，不像肥皂那样受到影响；使用它还具有省时、省力等优点；另外，合成洗涤剂可以配制成粉状、膏状、液状等形态，使它更能满足人们对洗涤品的要求。

（二）合成洗涤剂的组成及作用

1. 合成洗涤表面活性剂

表面活性剂是合成洗涤剂中最重要的有效成分，起着降低表面和界面张力，达到洗涤去污的作用。根据其在水溶液中离解出来的表面活性质点的电荷不同，分为阴离子型表面活性剂、非离子型表面活性剂、阳离子型表面活性剂和两性离子型表面活性剂四大类。

（1）阴离子型表面活性剂。由于这类表面活性剂在水溶液中离解出来的阴离子有表面活性，故通称阴离子表面活性剂。阴离子型表面活性剂是洗涤表面活性剂中的大类，占总量的 65%～80%，用量最大、应用最广，适合于制成各种类型的洗涤剂。

（2）非离子表面活性剂。这类表面活性剂在水溶液中不会离解为带电荷的阴离子或阳离子，即在水中呈中性的非离子的分子状态或胶束状态。

（3）阳离子表面活性剂。这类表面活性剂在水中离解出的阳离子具有表面活性，故通称为阳离子表面活性剂，因其只在酸性溶液中才能发挥作用，所以一般不作洗涤表面活性剂。在工业上阳离子表面活性剂被广泛用于作纺织柔软剂、抗静电剂、杀菌剂等。

（4）两性离子型表面活性剂。两性表面活性剂兼有阴离子和阳离子基团，所以既有阴离子型表面活性剂的洗涤作用，又有阳离子型表面活性剂的对织物的柔软作用。它易溶于水，耐硬水，对皮肤刺激小，有较强的杀菌力和发泡力，适宜做泡沫清洗剂，多用于洗涤丝毛织物和洗发香波中。

2. 助洗剂及其他辅助剂

为了提高和改善合成洗涤剂的综合性能，除了主体成分——表面活性物外，必须加入助洗剂及其他辅助剂，以改善洗涤剂的去污力、乳化性、泡沫性、表面活性，并发挥各个组分相互协调、互相补偿的作用，使产品的洗涤性能更加完备并降低成本。另外，在洗涤剂中还可加入其他辅助剂，如防腐剂、香料、色料等，并视其用途、种类不同加入皮肤保护剂，织物柔软剂等。

（三）合成洗涤剂的分类

（1）按商品形式，即按商品的外观形态可以分为粉状、空心颗粒状、液体、浆状、块状等多种形式洗涤剂。

（2）按用途可分为衣用洗涤剂、厨房用洗涤剂、住宅用洗涤剂等。

（3）按洗涤对象可分为丝毛织品类洗涤剂（pH 为 6.5～8.5）和通用类洗涤剂（pH 为 9.5～11.0），主要适于洗涤棉、麻、合成纤维等。

（4）按洗涤难易程度可分为轻垢型洗涤剂和重垢型洗涤剂。

（5）按表面活性剂的种类和含量可分为Ⅰ类（以阴离子表面活性剂为主，活性剂含量为 10%～30%）、Ⅱ类（以阴离子表面活性剂为主，活性剂含量为 10%～30%）、Ⅲ类（以非离子表面活性剂为主，表面活性剂含量为 10%～20%）。

（6）按泡沫多少可分为低泡型（适用于洗衣机洗涤）、中泡型（兼顾洗衣机洗涤和人工搓洗）和高泡型（适用于人工搓洗）。

（7）按助洗剂的特点可分为加酶型、增白型、漂白型等。

（四）合成洗涤剂的质量检验

1. 包装检验

合成洗涤剂可采用塑料袋或硬纸盒包装，要求封口牢固整齐，印刷图案、文字清晰美观，不能褪色或脱色。

小包装箱，不得松动或鼓盖，必须放平码齐。小包装箱上应有产品名称、类别型号、商标图案、厂名厂址、性能及保管说明等标志。大包装上应有产品名称及牌号、净重及内装小包装袋数、厂名厂址、装箱日期、箱体体积等标志，以及“防止受潮”“轻放轻装”等字样。

2. 外观检验

（1）色泽和气味。合成洗衣粉的色泽应为白色，不得混有深黄色或黑粉色（若是添加了色料，洗衣粉色泽应均匀一致）。合成洗衣粉的气味要求正常，无异味。

（2）颗粒度和表观密度。颗粒度是指洗衣粉的颗粒大小和均匀度；表观密度是指单位体积内洗衣粉的重量，它是反映洗衣颗粒度和含水量的综合指标。

（3）流动性和吸潮结块性。流动性较好的洗衣粉，为包装工艺和使用都带来了方便；而吸潮结块性的洗衣粉则相反，并易变质失效。

三、化妆品

（一）化妆品的定义

化妆品是以化妆为目的的产品的总称。我国《化妆品卫生规范》中给化妆品下的科学定义是：化妆品是指以涂搽、喷洒或其他类似的方法，散布于人体表面任何部位（皮肤、毛发、指甲、口唇、口腔等），以达到清洁、消除不良气味、护肤、美容和修饰目的的日用化学工业产品。随着社会的进步和发展，人们更加认识到化妆品对于美化容颜和保护皮肤的重要作用。化妆品已成为人们日常生活中不可缺少的用品。

（二）化妆品的分类

尽管化妆品品种繁多，但国内外对化妆品没有统一的分类方法，常见的分类方法如下。

1. 按使用目的分类

按照使用目的不同可以将化妆品分为清洁用化妆品、基础化妆品、美容化妆品、香化用化妆品和护发、美发用化妆品五类。

2. 按使用部位分类

按使用部位不同可以将化妆品分为皮肤用化妆品、黏膜用化妆品、头发用化妆品、指甲用化妆品、口腔用化妆品等。

3. 按产品形态分类

化妆品的基本形态有液态和固态两种。

（1）液态化妆品常见的有化妆水、各种乳剂和油剂，它们是以水、油或酒精配入其他物质制成的，为了促进加入物质的溶解，还常常加进助溶剂。

（2）固态化妆品最基本的类型是膏类、霜类、粉类、硬膏状（如唇膏）、块状（如粉饼、胭脂、香皂）、锭状和笔状等。

（三）化妆品的作用

1. 清洁作用

祛除皮肤、毛发、口腔和牙齿上面的脏物，以及人体分泌与代谢过程中产生的不洁物质。例如，清洁霜、洗面奶、净面面膜、清洁用化妆水、泡沫浴液、洗发香波、牙膏等。

2. 保护作用

保护皮肤及毛发等处，使其滋润、柔软、光滑、富有弹性，以抵御寒风、烈日、紫外线辐射等的损害，增加分泌机能活力，防止皮肤皲裂、毛发枯断。例如，雪花膏、冷霜、润肤霜、防裂油膏、防晒霜、润发油、发乳、护发素等。

3. 营养作用

补充皮肤及毛发营养，增加组织活力，保持皮肤角质层的含水量，减少皮肤皱纹，减缓皮肤衰老及促进毛发生理机能，防止脱发。例如，人参霜、维生素霜、珍珠霜等各种营养霜、营养面膜、生发水、药性发乳、药性头蜡等。

4. 美化作用

美化皮肤及毛发，使之增加魅力，或散发香气。例如，粉底霜、粉饼、香粉、胭脂、唇膏、发胶、摩丝、染发剂、烫发剂、眼影膏、眉笔、睫毛膏、香水等。

5. 防治作用

预防或治疗皮肤及毛发、口腔和牙齿等部位影响外表或功能的生理病理现象。例如，雀斑霜、粉刺霜、抑汗剂、祛臭剂、痱子水、药物牙膏等。

（四）化妆品的质量检验

1. 感官检验

（1）包装。化妆品的包装应整洁、美观、封口严密，不能泄漏；商标、装饰图案、文字说明等应清晰、美观、色泽鲜艳、配色协调。

（2）使用说明。使用说明要标准、规范，应包括组成成分、正确使用方法、安全保养、储存条件、生产日期、保质期、生产标号标注。此外，特殊用途化妆品还必须有特殊用途化妆品卫生批准文号。

（3）进口化妆品应同时使用规范的汉字标注并应标明进口化妆品卫生许可证批准文号。

（4）色泽。无色固状、粉状、膏状、乳状化妆品应洁白有光泽，液状应清澈透明；有色化妆品应色泽均匀一致，无杂色。

（5）组织形态。固状化妆品应软硬适宜；粉状化妆品应粉质细腻，无粗粉和硬块；膏状、乳状化妆品应稠度适当，质地细腻，不得有发稀、结块、剧烈干缩和分离出水等现象；液状化妆品应清澈、均匀、无颗粒等杂质。

（6）气味。化妆品必须具有幽雅芬芳的香气，香味可根据不同的化妆品呈不同的香型，但必须醇厚持久，没有强烈的刺激性。

2. 理化及微生物检验

1）耐温性、干缩度

耐温性是指化妆品在经受高温、低温变化后能保持原组织状态的性能。例如，冷霜在 40℃恒温箱中存放 3 小时取出，恢复至室温，无严重渗油、膏体分离或膏体流动现象；在 0℃时软硬如初，在−15℃条件下存放 3 小时取出，恢复至室温，膏体应无变化，无分离现象。

干缩度是指化妆品经存放后，因水分蒸发所失去的重量与原重的百分比，如雪花膏在正常保管条件下，1 年内其干缩程度不得超过 10%。

2）化妆品所用原料的限度

化妆品所用的原料必须保证不对人体造成伤害，对不同类型的化妆品所禁止使用的原料及限定使用的着色剂也不相同。

3）化妆品中化学有毒物质

根据各国法规规定，有关化妆品中有毒物质的含量标准，在卫生检验时，不能超标，否则禁止生产。

4）化妆品中微生物的检验

各国化妆品中微生物控制标准各不相同，但检验时均不能超标，否则禁止生产。

第四节 皮 革 制 品

一、皮革的原料

常用的制革原料皮有牛皮、羊皮（包括山羊皮和绵羊皮）、猪皮。

（一）原料皮的皮层结构

生皮分为表皮层、真皮层和皮下层三部分。

表皮层是皮的最外面一层，没有毛的部位的表皮层比长毛部位的厚些。一般家畜皮有毛部位的表皮层厚10～20微米。牛皮的表皮层占全皮厚度的1%～1.5%。表皮层以角质细胞为主体，皮下层位居真皮层之下，与动物肌肉毗连，没有固定的厚度，随动物种类、肥瘦、部位等的不同而变化；皮下层是很疏松、柔软的结缔组织形成的空松的网状组织，包括存在于网状组织中的脂肪细胞和沉积的脂肪体、肌肉组织、血管、神经等。表皮层与皮下层对制革是无用的，要在制革的准备过程中一并除掉。

真皮层是皮的中间层，也是制革的最基本层，其厚度占全皮厚度的90%～95%。真皮层是蛋白质纤维的结缔组织，该层与鞣料互相结合即为革。真皮层的毛囊和汗腺的根梢处为分界，分为乳头层和网状层。其中，乳头层表面有明显的神经乳头，毛根、脂腺、微血管都存在于乳头层中，其胶原蛋白纤维束较细，故质地柔软。乳头层的表面称为粒面，神经乳头和毛孔使粒面呈现凹凸的皮纹。从皮纹的特征可以分辨原皮的种类：牛皮的毛孔均匀分散；羊皮的毛孔呈波浪形排列；幼畜皮的毛孔小而密，神经乳头不发达，纤维束细致，因此粒面光滑平整；壮畜皮的皮纹比较明显；老畜皮的粒面粗糙。网状层是由较粗的胶原蛋白质纤维束交织而成的网状结构，比乳头层坚实，尤其是其中间部分，是由粗大的纤维束组成的，其上方和下方的纤维束较细。

牛皮、羊皮的皮层结构很相似，都分成三层。猪皮的结构比较特殊，它的毛囊穿过真皮深入到皮下脂肪，乳头层与网状层无明显的分界。真皮层中不存在大量微血管和脂腺、汗腺，纤维束均匀一致，交织紧密，粒面凹凸不平。

根据牛皮、羊皮、猪皮纤维交织的情况，将其各成品部位区分成不同使用部分。以牛皮为例，可分为臀背革部（真皮层厚而均匀，毛孔细密，粒面平整，纤维的交织角大）、肩革部（有明显皱纹，夹皮的厚度不均匀，毛孔大小不一致，粒面显得粗糙，纤维交织角较小）、腹革部（真皮层较薄，纤维束细软，交织角最小，毛孔稀而大）、腹肷部（革质量最差）。

（二）原料皮的化学成分

生皮的基本成分是蛋白质、水分和脂肪。生皮中含有多种动物蛋白质，其中胶原蛋白是真皮层的主体，是构成皮革的基质。胶原蛋白呈纤维束状，可与各种鞣料结合而改变其性能，成为化学性质很稳定的皮革。

除胶原蛋白外，真皮中还有少量树枝纤维状的弹性蛋白、网形纤维状网硬蛋白，以及角蛋白和非纤维状的球蛋白、清蛋白、黏蛋白等。

（三）制革工艺

1. 准备过程

准备过程是要除去生皮上的毛针、表皮和皮下脂肪等，保留必要的真皮组织，并使它的厚度和结构都适于所制革种的要求。生皮经过准备阶段处理后，取得的皮层称为裸皮。

准备过程的特点之一是生皮主要在水、酸和碱的溶液中经受处理，不仅可以除去生皮中可溶性蛋白质，使胶原纤维束分散，而且还可以在不同程度上水解生皮的胶原。准备过程的主要工序有浸水、去肉（脱脂）、浸灰（碱膨胀）、脱毛、分割、剖层、脱灰、软化和浸酸。

2. 鞣制阶段

鞣制是将裸皮浸在鞣液中，使皮质与鞣质充分结合，以改变皮质的化学成分，固定皮层的结构。使用不同的鞣料所制成的革，其性质也不相同。常用的鞣制方法有植鞣法、铬鞣法、结合鞣法。

3. 皮革的整理

皮革的整理工段包括从湿革的干燥开始，直到成革完成的加工过程。

二、皮革的种类

不同种类的原料皮能制成不同性质的皮革，因此采用不同的鞣制加工方法，能得到不同种类的皮革，具体如下。

（一）按原料皮分类

皮革根据原料皮的来源可以分为牛皮革、羊皮革、猪皮革等。

（二）按重量分类

皮革在生产和销售中有的以面积计，有的以重量计。按皮革的重量可以分为重革和轻革。

（三）按用途分类

根据皮革的不同用途可分为生活用品革、生产用革和国防用革。其中生活用品革又可分为制鞋用革、服装用革和箱包用革等；生产用革可分为纺织生产用革和球用革等。

（四）按照加工方法分类

根据皮革的加工程度、加工方法可分为铬鞣革、植鞣革、油鞣革和结合鞣革。

三、主要的皮革制品

（一）鞋面革

鞋面革是制造各种靴鞋面所用的皮革，或简称面革。鞋面革的特征是质地柔韧，色泽鲜明，表面细腻，厚度为0.6～2.2毫米。面革原皮的种类最多，以牛皮、猪皮、山羊皮较为普遍。鞣制方法以铬鞣为主，特种面革亦用铬-植结合鞣。面革分正面革、绒面革与修饰面革。

1. 正面革

正面革的外观与质量的关系最为密切，要求革面不应有裂面、管皱及松面现象，颜色应均匀一致，染层须透过粒面并与表面色调相同，革身须丰满、柔软而有弹性。正面革表面保持原天然的粒纹，从粒纹可以分辨出原皮的种类。

2. 绒面革

绒面革表面具有绒毛，是革面经过磨绒处理所制成的产品。之所以制作绒面革，是因为有的皮革本身具有适于制成绒面革的特征；有的靴鞋品种需要这种面料；还有的是提高皮革的利用率，把比较厚的生皮劈成两张或三张制成绒面革。

3. 修饰面革

修饰面革是经压花或搓纹等不同方法制出人造的表面，式样极多。压花纹是在原来的光面皮上加上一些凹凸形的硬印花纹，花纹的种类很多，有大小颗粒纹、格子纹、橘皮纹、细皱纹、鱼鳞纹、甲壳纹、芦席纹等。在光面皮上压花主要有两个原因：一是为花色品种的需要而压花；二是有些光面皮的皮面比较粗糙，或者斑痕较多，压花后会显得比较美观。用以制造压花皮的皮革，要求革身应丰满柔软且有弹性，不应有裂面、管皱或松面现象，涂层应均匀而牢固，颜色应一致，并有光泽。

（二）底革

制造靴鞋外底的皮革称为底革。底革的质地坚韧紧密，厚度一般为3～4.5毫米，特厚的底革在4.5毫米以上。

制造底革的原皮主要是牛皮和猪皮，为了适应靴鞋外底的要求并合理使用原皮，应将原皮按部位切割，取厚实部位来制底革。鞣制方法多用植鞣或铬-植结合鞣。铬鞣底革仅适于制造光滑细致的薄底鞋，故生产很少。植鞣底革最为普遍，在质量上要求其革面平整，无裂面现象，质地坚实丰满且有弹性，切口的颜色应均匀一致，并应具有较好的抗压缩和耐弯曲能力。

（三）鞋里革

鞋里革是做靴鞋衬里的皮革，质地薄而柔软。鞋里革表面光滑细致，不可喷染易溶于水的色料。常用的鞋里革是猪皮制成的本色革。

（四）箱包革

箱包革的种类很多，对原皮和鞣法的要求不像面革和底革那样严格，以植鞣猪革及结合鞣猪、牛剖层革较多，厚度为 0.2～2 毫米不等。箱包革色泽均匀、革面平整，具有适当的强韧性和耐磨性。

（五）服装革与手套革

服装革多为铬鞣猪、牛、羊皮革等，分正面革与绒面革两类。服装革的质地丰满柔软，具有良好的透气性，革身厚度均匀一致，革面细致美观，染色均匀牢固，无脱浆、裂浆、散光现象，并能耐熨烫且不变色。手套革与服装革相似，质地柔软丰满且有弹性，厚薄均匀，不得有色花、刀伤，染色牢固。

（六）沙发革

沙发革多为猪皮革。要求革身丰满柔软，弹性好，耐湿擦性好，具有良好的吸汗透气性能。涂饰层黏着牢固，不掉浆，不发黏，色泽鲜艳，光泽好，经久耐用不易老化。

（七）皮带革

皮带革一般是厚度为 2～4 毫米的植鞣猪、牛革，对这类革的要求是革质紧密，抗张强度较高，弹性适当，颜色均匀，且不用水溶性色料。

四、皮革制品的质量要求及鉴别

（一）皮革的外观检验

1. 黄牛皮

表皮毛孔细小且呈圆形，分布均匀且紧密，排列无规律；革面丰满细致，手感坚实且有弹性，毛孔较直地深入革内。

2. 水牛皮革

表面毛孔比黄牛皮粗大而稀少，革面较松弛，比黄牛皮略显粗糙。

3. 猪牛皮革

表面毛孔圆而粗大，毛孔以倾斜方向伸入革内，而且每三个毛孔排列为一组，呈三角形，每组相隔较远，革面比较粗糙。

4. 羊皮革

表面毛孔清楚，呈扁平圆形，几个毛孔组成一组，排成鱼鳞状且分布均匀。山羊皮革革面细致，纤维紧密，有大量细绒毛孔，呈半圆形排列，手感坚韧，常用于制作猎装、手套、提包等。

（二）皮革的感官检验

1. 指压法

指压法是指用手指对革制品的某些部位施加一定的压力，视其压痕的变化而识别不同皮革的检验方法。如在选购皮鞋时，特别是牛皮鞋时，可以用手指按一下靠近鞋底的鞋面边缘，如果是真皮，优质皮少些，次质皮多些，就会出现细小皱纹，但手指放开后皱纹即消失。而人造革、合成革不会出现此现象。

2. 气味检验

真皮革没有异味，而人造革有一种塑料布味。也可以剪小块试样进行燃烧试验，烧后有毛发焦臭味的是真皮革，否则是人造革。

➢本章小结

适用性、耐用性、卫生安全性、结构合理性和外表美观性是日用工业品共同的质量要求；塑料、肥皂、合成洗涤剂、化妆品、皮革制品等是日常生活中常见的日用工业品品种，它们的原料来源不同，理化性质、用途也差别很大。

➢关键术语

日用工业品；塑料；肥皂；合成洗涤剂；化妆品；皮革。

➢思考题

1. 简述日用工业品的质量要求。
2. 简述塑料的分类。
3. 论述塑料的质量检验。
4. 简述肥皂和合成洗涤剂的区别。
5. 论述化妆品的分类。
6. 论述化妆品的作用。
7. 论述皮革制品的质量要求及鉴别。

第十章
纺织品商品

学习目标

1. 了解纺织品的定义、纺织品的分类、矿物纤维的品种、纱线的种类、织物的结构和服装的分类。

2. 理解服装的功能和质量要求。

3. 熟悉纺织纤维的分类、各种天然纤维纺织品的品种及质量特征、服装的款式。

4. 掌握纺织纤维的特点、化学纤维的品质指标、各种纺织纤维的鉴别方法、服装的标准和保养。

♦ **引导案例**☞

生物基纤维的发展趋势

生物基纤维的原料源于可再生生物质，相比石油基原料，展现出更显著的减碳效果。生物基纤维的发展表现出以下新趋势。

首先，原料技术的精细化水平不断提升。在生物基化学纤维的研发中，原料创新成为关键，其开发技术从初级加工逐步深化，结合生物工程技术的基因改性与表达，实现微观化学成分的提纯、分离与再加工。原料的利用范围也在扩大，从传统的纤维素、木质素到生物活性成分，如薰衣草、艾草等植物活性成分的超临界萃取，为生物基纤维增添了特色。

其次，生物基纤维更加注重全生命周期的绿色低碳发展。在原料处理上，致力于开发高效、无污染且低成本的预处理技术，以替代传统的高污染制浆方法。同时，利用微生物发酵制备高纯度纤维素，彻底消除原料制备过程中的污染，展现出显著的绿色环保优势。此外，物理分离方法如超声辅助蒸爆法，也被应用于木质素、半纤维素和纤维素的分离与全量利用，进一步促进纤维原料的绿色处理。在产品开发上，也注重绿色化，开发原液着色、耐污易清洗、高保形等生物基纤维及制品，降低产品在使用和维护过程中的环境影响。

最后，生物基纤维的产品设计更加专业化。从传统的黏胶纤维、溶解性纤维到海藻纤维、壳聚糖纤维，生物基纤维的种类不断扩展。同时，生物基单体品种的开发为生物基纤维的多样化提供了有力支持。随着纤维加工技术的提升，生物基纤维的开发不仅追求品质的提升，还注重赋予其新功能。针对服装、家纺、汽车内饰、医卫用品等不同应用领域的需求，进行专业化、精准化的设计，打造独具特色的生物基纤维产业链。

综上所述，生物基纤维在原料技术精细化、绿色低碳发展及产品设计专业化等方面展现出新的发展趋势。未来，随着技术的不断进步和应用的不断拓展，生物基纤维将在更多领域发挥重要作用。

（资料来源：https://www.tnc.com.cn/info/c-001001-d-3719840.html）

第一节　纺织品概述

一、纺织品的定义

纺织品，即经纺织加工而成的产品，包括纱线、机织物、针织物、编织物等，分为梭织布和针织布两大类。

二、纺织纤维的特点

纺织纤维具有一定的长度、细度、弹性、强力等良好物理性能，还具有较好的化学稳定性，如棉花、毛、丝、麻等天然纤维均是理想的纺织纤维。

三、纺织纤维和纺织品的分类

（一）按照原料来源分类

纺织纤维分为天然纤维和化学纤维。

天然纤维包括植物纤维（如棉花、麻、果实纤维）、动物纤维（如羊毛、兔毛、蚕丝）和矿物纤维（如石棉）。

化学纤维包括再生纤维（如黏胶纤维、醋酯纤维）、合成纤维（如锦纶、涤纶、腈纶、氨纶、维纶、丙纶、氨纶）和无机纤维（如玻璃纤维、金属纤维）。

（二）按照纺织品的用途分类

按纺织品的用途可将其分为衣着用纺织品、装饰用纺织品、工业用纺织品三类。

（1）衣着用纺织品。衣着用纺织品包括制作服装的各种纺织面料，以及缝纫线，松紧带，领衬，有突出的特点，也可以说成是一种工艺美术品。

（2）装饰用纺织品。装饰用纺织品分为室内用品、床上用品和户外用品。室内用品包括窗帘、门帘、墙布、地毯等；床上用品包括床罩、床单、被面、被套、毛毯、毛巾被、枕芯、被芯、枕套等；户外用品包括人造草坪、太阳伞、帐篷等。

（3）工业用纺织品。工业用纺织品的使用范围较广，品种较多，常见的有篷盖布、枪炮衣、过滤布、筛网、路基布等。

（三）按照生产方式分类

纺织品按生产方式不同分为：线类、带类、绳类、机织物、针织物、无纺布。线类是指纺织纤维经纺纱加工而成纱，两根以上纱捻合而成的织物；带类是指窄幅或管状的织物；绳类是指多股线捻合而成的织物；机织物是指采用经纬相交织造的织物；针织物是指由纱线成圈相互串套而成的织物或直接成型的衣着用品；无纺布是指不经传统纺织工艺，而由纤维铺网加工处理而形成的薄片纺织品。

第二节　天然纤维纺织品

一、棉纤维

（一）原棉的分类

1. 按棉纤维的长度、线密度分类

（1）细绒棉，又称陆地棉。细绒棉的长度为 23～33 毫米，线密度为 1.5～2 分特；色泽洁白或乳白，有丝光；可仿制 10～100 特克斯的棉纱，是纺织的主要原料，棉纤维中 85%以上是细绒棉，我国种植的棉花大多属于这一类。

（2）长绒棉，又称海岛棉。较细绒棉细且长度大，品质优良；长度为 33～45 毫米，最长可达 64 毫米，线密度为 1～1.9 分特；色泽乳白或呈淡棕色，富有丝光；用于纺织高档轻薄和特种棉纺织品，其产量约占棉纤维总产量的 10%；我国长绒棉的产量较小（因其适宜于在生长期较长、雨水少、日光足的棉区种植），但其品质优良，是高档棉纺产品的原料。

2. 按纤维的色泽分类

（1）白棉。正常成熟、吐絮的棉花，色泽洁白、乳白或呈淡黄色，棉纺厂使用的原棉大多为白棉。

（2）黄棉。指棉花生长晚期，棉铃经霜冻冻伤后枯死，铃壳上的色素染到纤维上，使原棉颜色发黄的棉花。黄棉属低级棉，棉纺厂使用较少。

（3）灰棉。指棉花在多雨地区生长时，棉纤维在生长发育过程中或吐絮后，受雨淋、日照少、霉变等影响，原棉颜色呈灰白色的棉花。灰棉强度低、质量差，棉纺厂仅在纺制低级棉纱时才搭用。

（二）棉纤维的性质

棉纤维的色泽通常为白色或乳白色、淡黄色，但光泽较差，为增加棉织物的光泽和白度，经常通过漂白或荧光增白处理。棉纤维染色性能良好，可以染成各种颜色。由于纤维细而短，手感柔软，弹性差，穿着时和洗后容易起皱。在水中几乎能吸收其本身重量 1/4 的水分，因此横截面变粗，长度变短，所以应在裁剪前进行预缩，以避免服装尺寸变小。为改善棉纤维的皱缩、尺寸不稳定的性能，常对棉织物进行免烫整理。

评价棉纤维性能优劣的重要指标是舒适性。由于棉纤维的主要成分是含有大量亲水基团的纤维素，而且在纤维表层中又有很多孔隙，因此具有优良的吸湿性和芯吸效应，能在热天大量吸收人体上的汗水，并散发到织物表面，使人感到舒适。棉纤维还不易产生静电。由于棉纤维强度一般，不很耐磨，弹性较差，所以不是很耐穿。棉纤维吸湿后强力增加，因此棉织物耐水洗，可用热水浸泡和高温烘干。棉纤维抗无机酸的能力较弱，在浓硫酸或盐酸中，即使在常温下也会导致纤维素被迅速破坏，在稀酸溶液中随时间的延长，也能引起纤维素的水解，使强力降低。此外，汗液中的酸性物质会损坏棉制品，所以应及时洗涤。

棉纤维比较耐碱，在常温或低温下浸入浓度 18%～25%的氢氧化钠溶液中，可使纤维直径膨胀，长度缩短，此时，若施加外力，限制其收缩，则可产生强烈光泽，强度增加，提高吸色能力，易于染色印花，这种加工过程称为丝光。若棉织物在烧碱溶液中不施加张力，任其收缩，能使织物紧密、丰厚，富有弹性，保形性好，此过程称碱缩，主要用于针织物。

（三）棉纤维的质量标准

1. 长度

棉纤维的长度主要取决于棉花的品种、生长条件和初加工。棉纤维的长度是伸长期形成的，与棉花成熟度关系不大。

棉纤维的长度与成纱质量关系十分密切。一般长度越长，且长度整齐度越高，短绒越少，可纺纱越细，纱线条干越均匀，强度越高，且表面光洁、毛羽少。

棉纤维的长度与纺纱工艺关系十分密切。棉纺设备的结构、尺寸及各道工序的工艺参数，都必须与所用纤维的长度密切配合。

棉纤维的长度是影响纺纱工艺及成纱质量的重要因素。短绒含量越多，纺纱越困难，成纱质量越差。所以，短绒率（纤维长度短于某一长度界限的纤维质量占纤维总质量的百分率）也是一个判断棉纤维质量好坏的重要指标。

2. 线密度

棉纤维的线密度指标是指纤维单位长度的质量。用分特来表示。

棉纤维的线密度主要取决于棉花品种、生长条件等。一般长绒棉较细，为 1.11～1.43 分特（7000～9000 公支）；细绒棉较粗，为 1.43～2.22 分特（4500～7000 公支）。成熟度好的棉纤维，其截面粗，强度高，弹性好，有丝光，天然转曲多，抱合力大，对加工性能和成纱品质都有利；成熟度差的棉纤维，线密度较小，强度低，天然转曲少，抱合力小，瞬湿较多且染色性和弹性较差，加工中经不起打击，容易纠缠成棉结。过成熟的棉纤维偏粗，天然转曲少，成纱强度低。

表示成熟度指标的为成熟系数，是指棉纤维中段截面恢复成圆形后相应于双层壁厚与外径之比的标定值（图 10-1）。成熟系数 M 与纤维的壁厚及外径的关系为

$$M = \frac{20\left(\frac{2\delta}{D}\right) - 1}{3}$$

式中：M——棉纤维的成熟系数；

δ——棉纤维壁厚；

D——棉纤维界面复原后的直径。

成熟系数越大，表示棉纤维越成熟。一般正常成熟的细绒棉，平均成熟系数为 1.5～2.0。成熟系数在 1.7～1.8 时，对纺纱工艺和成纱质量都较理想。长绒棉的成熟系数如用同样的腔宽壁厚比值来看，较细绒棉高，通常为 2.0 左右。

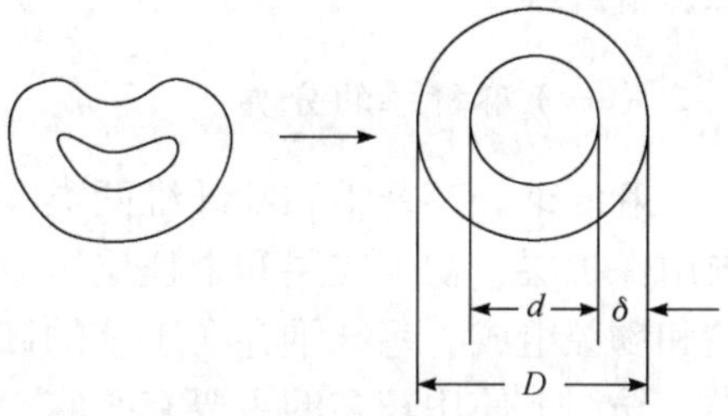

图 10-1 棉纤维的中腔（d）与壁厚

3. 吸湿性

国产原棉的回潮率一般在 8%～13%。我国规定原棉的标准含水率为 10%。原棉含水的多少会影响质量、用棉量的计算及以后的纺纱工艺。回潮率太高的原棉不易开松除杂，会影响开清棉工序的顺利进行，还容易扭结成“萝卜丝”。此外，回潮率太低会产生静电现象，造成绕罗拉、绕皮辊、纱条中纤维紊乱、成纱条干不均匀等。

4. 强伸性

棉纤维在纺织加工过程中不断受到外力的作用，要求纤维必须具备一定的强度，并且纤维强度越高，纺得的纱线强度也越高。棉纤维的强度主要取决于纤维的品种、粗细等。一般细绒棉的断裂长度为 20～30 千米，长绒棉的断裂长度更长一些。

5. 天然转曲

天然转曲是棉纤维特有的形态特征。天然转曲的数量取决于成熟度和棉花的品种，正常成熟的棉纤维天然转曲最多，未成熟和过成熟的棉纤维天然转曲少。

棉纤维天然转曲较多时，纤维之间的抱合力大，有利于提高成纱质量。一般地，天然转曲越多的纤维，其品质越好。

6. 杂质和疵点

杂质是指原棉中夹杂的非纤维性物质，如泥沙、枝叶、铃壳、不孕籽、棉籽、籽棉、虫屎、虫浆等。杂质对纺纱工艺和成品品质有较大影响，应在清花、梳棉和精梳工序中去除。

疵点是原棉中存在的、有害于纺纱的纤维性物质，主要有以下几种。

（1）束丝。纤维紧密纠缠在一起，形状大小不一，用手难以纵向扯开的、呈条状的纤维束，也叫“萝卜丝”。

（2）棉结。纤维紧密结合成圆形小结或粒状纤维结，又叫“白星”。

（3）黄根。黄根是籽棉在皮辊轧棉时带下的靠近棉籽壳处的黄褐色底绒，长度为 3～6 毫米，黄色，又叫“黄斑”。

（4）带纤维籽屑。带有纤维的碎小破籽屑，面积在 2 平方毫米以下。

（5）僵片。未成熟或受病虫害的带僵籽棉通过轧棉而成，无纺纱价值。

（6）不孕籽。表面附有短绒的小籽。

（7）破籽。轧碎的棉籽壳。

疵点在纺纱过程中不易清除，特别是细小疵点往往包卷在纱条中或附着在纱条上，使纱线条干恶化，断头增加，直接影响成纱的外观质量。

二、麻纤维

（一）麻纤维的分类

麻纤维分茎纤维和叶纤维两类。茎纤维是从麻类植物茎部取得的纤维。茎部自外向内由保护层、初生皮层和中柱层组成。中柱层由外向内又由韧皮部、形成层、木质层、髓和髓腔组成。茎纤维存在于茎的韧皮部中，所以又称韧皮纤维，绝大多数麻纤维属此类。纺织上使用较多的主要有苎麻、亚麻、黄麻、檀麻（又称红麻、洋麻）、大麻、苘麻（又称青麻）和罗布麻等。叶纤维是从麻类植物叶子或叶鞘中取得的纤维，如剑麻（西沙尔麻）、蕉麻（马尼拉麻）等。这类麻纤维比较粗硬，商业上称为硬质纤维。

（二）麻纤维的性质

麻纤维吸湿性好，放湿快，不易产生静电；热传导率大，能迅速摄取皮肤热量，向外部散发，所以穿着凉爽，出汗后不贴身，适于做夏季服装用料。

麻纤维强力约为羊毛的 4 倍，棉纤维的 2 倍，含湿后纤维强力大于干态强力，所以较耐水洗。由于延伸性差，较脆硬，折叠处容易断裂，因此保存时不宜重压，褶裥处也不宜反复熨烫。

耐热性好，熨烫温度可达 200℃，一般需加湿熨烫；不受漂白剂的损伤，不耐酸但较耐碱；织物易生霉，宜保存在通风干燥处。

亚麻和苎麻的性能较为接近，但苎麻比亚麻粗、长，强度大，两者的断面也有差异。苎麻断侧面似圆筒形，有较大中腔，且粗细不匀，没有或少有捻转，纤维侧面有明显条痕和结节，纤维末端呈锤头形，有时有分枝，横断面多呈不规则椭圆形，纤维壁厚较均匀，由若干同心层所组成。而亚麻单纤维断侧面的纤维壁厚具有明显的中腔，纤维较平直，无捻转，末端纤维尖细，其断面大多是多边形。苎麻断裂强度大于亚麻，苎麻吸湿性也比亚麻好，但苎麻的折叠处比亚麻更易断，因此应减少褶裥。苎麻色白光泽好，染色性能优于亚麻，更易获得较多的色彩。

（三）麻纤维的质量标准

1. 长度和线密度

麻纤维的长度整齐度、线密度均匀度都比较差，所以纺得的纱线条干均匀度也差，具有独特的粗节，形成麻织物粗犷的风格。

除苎麻外，其他麻类经初加工后得到的束纤维，在经过梳麻后，由于梳针的梳理作用，进一步分离，以适应纺纱工艺的要求。这时分离成的束纤维叫作工艺纤维。工艺纤维的线密度除与品种和生长情况有关外，还与脱胶程度和梳麻次数等情况有关。

2. 强伸性

麻纤维是主要天然纤维中拉伸强度最大的，如苎麻的单纤维断裂长度为 40～55 千米，且湿强大于干强。亚麻、黄麻、槿麻等强度也较大。但麻纤维受拉伸后的伸长能力却是主要天然纤维中最小的，如苎麻、亚麻、黄麻的断裂伸长率分别为 2%～3%、3%和 0.8%。

3. 吸湿性

麻纤维的吸湿能力比棉强，且吸湿与散湿的速度快，尤以黄麻吸湿能力为佳。一般大气条件下回潮率为14%左右，故宜做粮食、糖类等包装材料，既通风透气，又可保持物品不易受潮。

4. 刚柔性

麻纤维的刚性是常见纤维中最大的，尤以黄麻、槿麻为甚，苎麻、亚麻则较小。麻纤维的刚柔性除与品种、生长条件有关外，还与脱胶程度和工艺纤维的线密度有关。刚性强，不仅手感粗硬，而且会导致纤维不易捻合，影响可纺性，成纱毛羽多。柔软度高的麻纤维可纺性能好，断头率低。

三、丝纤维

（一）丝的分类

蚕丝，具有柔和悦目的光泽、平滑柔软的手感、轻盈美丽的外观，吸湿性好，穿着滑爽舒适，蚕丝的这些优良性质是任何其他纺织纤维无法比拟的。蚕丝是高档纺织原料之一，历来被誉为“纤维皇后”。我国是世界上最早种桑、养蚕、缫丝、织绸的国家，迄今已有上千年的历史。

蚕有家蚕和野蚕两类。家蚕在室内饲养，以桑树叶为饲料，吐出的丝称为桑蚕丝或家蚕丝（俗称真丝）；野蚕在野外饲养，吐出的丝有柞蚕丝、木薯蚕丝、蓖麻蚕丝、樟蚕丝等。蚕丝中桑蚕丝的产量最高，应用最广，其次是柞蚕丝。

（二）蚕丝的形成和形态结构

1. 蚕丝的形成

蚕丝是由蚕体内绢丝腺分泌出的丝液凝固而成。绢丝腺是透明的管状器官，呈细而弯曲状，绢丝腺由吐丝口、输丝管、贮丝部和泌丝部组成。泌丝部分泌丝素，输送到贮丝部，贮丝部分泌出丝胶，包覆在丝素周围，起保护作用。贮丝部又分泌出色素，使丝胶染色，丝素、丝胶一起进入输丝管，左右两条绢丝腺在头部合并，由吐丝口将丝液吐出体外，丝液由输丝管分泌出的酸性物质作用而凝固成丝。

2. 茧层的构成

蚕到老熟后停止食叶，开始吐丝结茧。茧的表面包围着不规则蚕丝，丝细而脆弱，称为茧衣。茧衣里面是茧层，茧层结构较紧密，蚕丝排列规则，粗细均匀，形成10多层重叠密接的薄丝层，占全部重量的70%～80%。薄丝层由丝胶胶着，其间存在许多微小的空隙，使茧层具有一定的透气性与透水性。最里层茧丝的纤度最细，结构松散，叫蛹衬。茧层可以缫丝，茧衣、蛹衬不能缫丝，只能做绢纺的原料。

茧层的主要成分是丝素和丝胶，一般丝素占72%～81%，丝胶占19%～28%。

3. 茧层的形态结构

构成茧层的茧丝由两条平行的单丝组成。单丝内部为丝素，丝胶则包围在丝素的四周。茧丝的横截面呈半椭圆形或略呈三角形。

丝素与羊毛角朊一样，属于天然蛋白质的硬朊类。组成丝素的氨基酸以乙氨酸和丙氨酸的含量最多，两者重量之和占丝素总重量的70%左右。其次为丝氨酸和酪氨酸等，但不同品种的蚕丝中氨基酸组成的含量略有差异。丝素的分子结构与一般蛋白质相似，也为一系列氨基酸缩合而成。

丝胶在生丝中占20%～30%，也是由氨基酸组成，它们不稳定、易溶解。

（三）丝的性能及质量标准

1. 丝的性能

1）力学性质

蚕丝的应力-应变曲线中存在明显的屈服点，就屈服应力和断裂强度来说，桑蚕丝比羊毛大得多。蚕丝是吸湿性很强的纤维，随着相对湿度的变化，其拉伸性能也有一定的改变。一般而言，当相对湿度变大时，蚕丝的初始杨氏模量、屈服点、断裂强度都会下降，而断裂延伸度则会增加。除相对湿度外，温度对蚕丝的拉伸性能也有一定影响。

2）光学性质

丝的色泽包括颜色与光泽。丝的颜色因原料茧种类不同而不同，以白色茧、黄色茧为最常见。我国饲养的杂交种均为白色，有时有少量带深浅不同的淡红色。丝的颜色反映了本身的内在质量。例如，丝色洁白，则丝身柔软，表面清洁，含胶量少，强度与耐磨性稍差，春茧丝多属于这种类型。再如，丝色稍黄，则光泽柔和，含胶量较多，丝的强度与耐磨性较好，秋茧丝多属于这种类型。

丝的光泽是丝反射的光所引起的感官感觉。生丝的光泽与生丝的表面形态、生丝中的含茧丝数等有关。一般来说，生丝截面越近似圆形，光泽越柔和均匀，表面越光滑，反射光越强。精练后的生丝，光泽更为优美。

蚕丝的耐光性较差，在日光照射下，蚕丝容易泛黄。在阳光暴晒之下，因日光中波长为290～315纳米的紫外线使蚕丝中酪氨酸、色氨酸的残基氧化裂解，蚕丝强度显著下降。日照200小时，蚕丝纤维强度损失50%左右。柞蚕丝耐光性比蚕丝好，在同样的日照条件下，柞蚕丝强度损失较小。

3）热性能

蚕丝对热的抵抗力较强，在110℃下干燥，只能排除其中的水分，对生丝或蚕丝并无损害；到140℃时逐渐变黄；到170℃时开始逐渐热失重，颜色由白色变成淡黄色、棕色；到250℃时开始变成黑色。

4）光氧化、光泛黄和光脆损

蚕丝对光的作用很敏感，是天然纤维中耐光性最差的一种纤维。

泛黄是指织物在使用和储藏过程中白度下降、黄色增加的现象。泛黄严重影响外观质量，甚至损及强度。通常认为，泛黄是一种氧化过程，引起泛黄的光是波长为230～350纳米的紫外线。

蚕丝制品在光的作用下会产生泛黄现象，并进一步引起脆损，强力降低，逐渐失去光泽。

5）微生物的作用

有时丝素会发生霉烂变质，这是微生物的分泌物——酶作用的结果。丝素是一种蛋白质纤维，它们能为微生物的生长和繁殖提供养料。

6）酸的作用

蚕丝在酸性条件下比在碱性条件下稳定些，因而可在酸性条件下染色。但随着酸的浓度、作用温度、作用时间，以及电解质总浓度的增加，肽键会发生不同程度的水解。

7）碱的作用

丝素对碱的抵抗力比对酸的抵抗力弱，这是因为碱可催化肽键水解。影响这种水解作用的因素主要是碱的种类、浓度、作用温度、作用时间，以及电解质的总浓度等。

8）氧化剂和还原剂的作用

蚕丝对氧化剂比较敏感，其中，柞蚕丝对氧化剂的抵抗力比桑蚕丝的稍强。还原剂对蚕丝的作用比氧化剂要弱得多，研究得也比较少。在蚕丝织物加工中常用的一些还原剂，如俗称的保险粉、亚硫酸盐及酸性亚硫酸盐等，在正常工艺条件下，不会使纤维受到明显损伤。

9）柞蚕丝的水渍、起毛

柞蚕丝具有许多优良的特性，如强度大，弹性好，吸湿、透气性均优于家蚕丝等。但柞蚕丝织物存在水渍、起毛等缺点，制品色泽较萎暗。

水渍是指织物局部着水再干燥后，着水部位显现出与未着水部位因光泽截然不同而形成的斑渍。

起毛是指织物使用过程中表面呈现茸毛的现象。有人认为这是柞蚕丝纤维横截面过于扁平，且丝胶含量少，致使丝纤维的抱合力小而产生的起毛。

2. 丝的质量标准

1）长度

从茧子上缫取的茧丝长度很长，经缫丝，数根茧丝合并可获得任意长度的连续长丝（生丝），不需要纺纱即可织造。一粒茧子上的茧丝长度可达数百米至上千米。也可将下脚茧丝、茧衣和缫丝中的废丝等经脱胶切成短纤维，经绢纺纺纱工艺获得绢丝供织造用。

2）细度和均匀度

把一定长度的生丝绕取在黑板上，通过光的反射，黑板上会呈现各种深浅不同、宽度不同的条斑，根据这些条斑的变化，可以说明生丝细度的均匀程度。

生丝细度和均匀度是生丝品质的重要指标，丝织物品种繁多，如绸、缎、纱、绉等。其中轻薄的丝织物，不仅要求生丝细度低，而且对细度均匀度有很高的要求。细度不匀的生丝，将使丝织物表面出现色档、条档等疵点，严重影响织物外观，造成织物其他性能如强度、拉伸度的不匀。

3）密度

丝的密度较小，因此织成的丝绸轻薄。生丝的密度为 1.30～1.37 克/厘米^3，精练丝的密度为 1.25～1.30 克/厘米^3，这说明丝胶密度较丝素大。在分析一粒茧内、中、外三层茧丝密度情况时，同样说明，外层茧丝因丝胶含量多，故密度较内层大。

4）抱合

生丝依靠丝胶把各根茧丝黏着在一起，产生一定的抱合力，使丝条在加工过程中能承受各种摩擦。抱合力小的丝纤维受到机械摩擦和静电作用时，易引起纤维分裂、起毛、断头等，给生产带来困难。分裂出来的细小纤维使织物呈现经毛或纬毛疵点，影响织物外观，丝织生产，要求抱合试验中使丝条分裂的机械摩擦次数不低于 60 次。

5）丝鸣

干燥的蚕丝相互摩擦或揉搓时发出特有的、清晰微弱的声响，称为丝鸣。

6）吸湿性

无论是家蚕丝还是柞蚕丝都具有很好的吸湿本领，在 20℃、相对湿度为 65%的标准条件下，家蚕丝的吸湿率为 11%左右，在纺织纤维中属于比较高的，如果含丝胶的数量多，纤维的含水量还会增加，因为丝胶比丝素更容易吸湿。比较起来，柞蚕丝因为本身内部结构的特点，吸湿性也高于家蚕丝。

四、毛纤维

（一）毛纤维的分类

羊毛通常是指绵羊毛，它是纺织工业的重要原料。从羊身上剪下的毛称为原毛，原毛中除含有羊毛纤维外，尚含有羊脂、羊汗、泥沙、污物及草籽、草屑等杂质。羊毛纤维在原毛中的含量百分率叫作净毛率，净毛率随羊毛品种和羊的生长环境等不同而有很大的变化，一般在 40%～70%。可见，原毛不能直接用来纺织，必须经过选毛、开毛、洗毛、炭化等初步加工，才能获得较为纯净的羊毛纤维。

（1）按毛被上的纤维类型可将毛纤维分为同质毛、异质毛和基本同质毛。

（2）按纤维粗细可将毛纤维分为细羊毛和半细羊毛。

（3）按羊毛纤维中髓质层的存在情况可将毛纤维分为无髓毛、有髓毛、两型毛和死毛。

（4）按取毛后原毛的形状可将毛纤维分为被毛、散毛和抓毛。

除上述分类外，按剪毛季节可分为春毛、秋毛、伏毛；按毛纤维在纺织工业中的用途可分为精梳用毛、粗梳用毛、地毯用毛和工业用毛。

（二）毛纤维的性质

羊毛的天然色泽包括白色、奶油色、棕色，偶尔也有黑色。羊毛具有优良的吸湿性能，细羊毛最大吸湿能力在 40%以上，因此毛料服装被淋湿后，不像其他织物很快有湿冷感。羊毛分子在染色时能与染料分子结合，染色牢固，色泽鲜艳；不易产生静电，所以穿着较长时间后也不易沾污，抗污力较好。羊毛表面光泽随表面鳞片的多少而异，细羊毛鳞片呈环状覆盖；粗羊毛的毛干上鳞片多呈瓦状或龟裂状覆盖。粗羊毛鳞片较稀，表面平滑，反光强；细羊毛反光弱，光泽柔和，但在加热、加湿和揉搓等机械外力及化学用剂作用下，细羊毛更易产生毡缩，致使长度缩短，厚度增加，纤维之间更加紧密。

羊毛具有优良的弹性和恢复性，服装的保形性好，经过热定型处理易形成所需要的服装造型。羊毛的导热系数小，纤维又因卷曲而存有静止空气，所以保暖性好，尤其经过缩绒和起毛整理的粗纺毛织物是冬季的理想面料。羊毛是理想的内衣材料，舒适又保暖。羊毛由于不易传导热量，所以采用高捻度高支纱所织造的轻薄精纺毛织物被称为"凉爽羊毛"。

毛纤维虽然强力低于棉纤维，但因受力伸长率大、弹性好，其耐用性优于其他天然纤维，只有在潮湿的状态下，其强度和耐磨性才会明显下降。羊毛耐酸而不耐碱，对氧化剂也很敏感，所以应选择中性洗涤剂。羊毛的耐热性不如棉纤维，因此熨烫温度一般为 160%～180%。又因怕虫蛀和霉菌，保存时应注意通风和防蛀。

（三）羊毛的品质特征

1. 细度

毛纤维截面近似圆形，一般用直径大小来表示它的粗细，称之为细度，单位为微米。细度是确定羊毛品质和使用价值的重要指标。

羊毛的细度随羊的品种、年龄、性别、毛的生长部位和饲养条件的不同，有很大的区别。最细的羊毛直径为 7 微米，最粗的羊毛直径可达 240 微米。羊毛越粗，它的细度变动范围就越大。羊毛的细度表示方法很多，通常有平均直径（由于羊毛粗细不匀，一般采用分组的方法测试）和公制支数（指单位重量的毛纤维所具有的长度）。

2. 长度

羊毛的长度分自然长度和伸直长度。自然长度是指纤维束在自然卷曲状态下，两端间的直线距离，它主要用来表示毛丛长度，常在收购或选毛时使用。伸直长度是指消除弯曲后的长度，它在工厂中主要用来评定羊毛的品质。

羊毛长度因绵羊品种、性别、年龄、饲养条件、剪毛次数及羊身上的部位不同而有差别，细毛长度一般为 6～12 厘米，半细毛长度为 7～18 厘米，粗毛长度为 6～40 厘米。

3. 卷曲

羊毛在自然状态下，沿长度方向有周期性的弯弧，这些弯弧称为毛波或卷曲。一般以每厘米的卷曲数来表示羊毛卷曲的程度。不同品种、不同类型、不同粗细的羊毛其弯曲的形状和稀密程度是不同的，细绒毛每个卷曲不到 1 毫米，半粗毛则可达 25 毫米以上，卷曲的多少，对判断羊毛细度和均匀度有极大的参考价值。

羊毛的卷曲形状分为弱卷曲、正常卷曲和强卷曲三种。弱卷曲的卷曲弧度呈浅半圆形，卷曲较少，半细毛的卷曲多为这种类型；正常卷曲的卷曲弧度近似半圆形，细毛的卷曲大部分为这种类型；强卷曲的卷曲弧度波幅较高，细毛腹毛多为这种类型。

羊毛卷曲形态与羊毛正、偏皮质细胞的分布情况有关，在优良品种的细毛中，正、偏皮质细胞分别聚集在毛干的两边，并且在羊毛轴向间相互缠绕。这样的羊毛在通常温湿度条件下，正皮质细胞始终位于卷曲波的外侧，偏皮质细胞则位于卷曲波的内侧，呈羊毛卷曲双侧结构。粗长羊毛的正皮质细胞聚集在毛干的中央，偏皮质细胞成环状分布于四周，这种羊毛无卷曲。有些毛发中，正、偏皮质细胞混杂分布，卷曲形态也不规则，有的呈螺旋状。

4. 摩擦性能和缩绒性

羊毛的表面有鳞片，鳞片的根部附着于毛干，尖端伸出毛干的表面而指向毛尖。由于鳞片的指向这一特点，羊毛沿长度方向的摩擦，因滑动方向不同，摩擦系数也不同。滑动方向从毛尖到毛根，为逆鳞片摩擦；滑动方向从毛根到毛尖，为顺鳞片摩擦。逆鳞片摩擦系数比顺鳞片摩擦系数要大。这一摩擦差异是羊毛缩绒的基础。顺鳞片和逆鳞片的摩擦系数差异越大，羊毛缩绒性越好。

羊毛的缩绒性是指羊毛在湿热条件下，经机械力的作用，纤维集合体逐渐收缩紧密，并相互纠缠，交编毡化的性能。利用羊毛的这一特性，可使羊毛织品达到长度缩短，厚度和紧度增加，表面露出一层绒毛，外观优美，手感丰厚柔软和保暖性良好的效果。利用羊毛的这一特性，可使松散的短纤维结合成具有一定强度、形状、密度的毡片。这些效果的产生，是因为毛织物或散纤维受外力反复作用时，纤维产生变形，纤维间产生相对移动，由于表面鳞片的运动具有方向性摩擦效应，纤维始终保持根端向前的运动方向，每根纤维带着和它缠结在一起的纤维按一定方向缓缓蠕动，因而使纤维紧密纠缠黏合。高度的拉伸与回弹性是羊毛的重要特性，也是促进羊毛缩绒的因素。当外力反复作用时，羊毛时而受到拉伸，时而回缩，形成相互移动，从而有利于纤维纠缠，导致纤维密集。羊毛的双侧结构使羊毛具有稳定性卷曲，卷曲导致纤维根端的前进并非直线前进，而是方向不定，使蠕动爬行的纤维交叉穿插纠缠，形成致密且不易散开的结合体。由此可见，羊毛的缩绒性是纤维各项性能的综合反应。缩绒可使毛织物具有独特的风格，但在穿用中易产生尺寸收缩和变形，这种收缩和变形并不一次完成。它不仅影响织品的外观效应，也影响穿用。为此，可利用化学药剂处理羊毛，破坏其鳞片，使其失去缩绒能力。

五、矿物纤维

矿物纤维是从纤维状结构的矿物岩石中获得的纤维，主要组成物质为各种氧化物，如二氧化硅、氧化铝、氧化镁等，其主要来源为各类石棉，如温石棉、青石棉等。矿物纤维在造纸工业中的应用越来越广泛，它的一些优良性能能够使纸张具备植物纤维没有的功能。

第三节　化学纤维纺织品

一、化学纤维的分类

化学纤维是指经过化学处理与机械加工而制得的纤维。

（一）按高聚物的来源分类

根据所用原料的不同，化学纤维可分为人造纤维和合成纤维。

1. 人造纤维

人造纤维是以天然高聚物为原料，经过化学处理与机械加工而制得的纤维。所以，人造纤维亦称为再生纤维。例如，黏胶纤维、铜氨纤维、醋酯纤维等，都是利用自然界中存在的含有纤维素的物质如棉短绒、木材、甘蔗渣、芦苇等的纤维素做成的。人造纤维包括人造纤维素纤维与人造蛋白质纤维。从经济与实用的观点出发，一般都是生产人造纤维素纤维，其中数量较多的是黏胶纤维。

2. 合成纤维

合成纤维是以煤、石油、天然气、农副产品等低分子化合物为原料，经化学合成与机械加工而制得的纤维。我国常见的涤纶、锦纶、腈纶等都是合成纤维。

（二）按几何形状分类

化学纤维由于不同的结构与加工方法，可分为长丝、短纤维、变形纱、复合纤维和异形纤维。

1. 长丝

化纤加工中不切断的纤维，都叫长丝。长丝分单丝与复丝。单丝中只有一根丝，如透明袜丝即为单丝；复丝中包含很多根单丝，一般长丝均系复丝。

2. 短纤维

化纤在纺丝后加工中可以切断成各种长度的短纤维。短纤维按粗细及长度的不同，可分为棉型短纤维、毛型短纤维和中长型短纤维。短纤维可在棉、毛等纺纱机上纯纺，或同棉、毛等纤维混纺。

3. 变形纱

变形纱一般是指由短纤维加工成蓬松外形的纱线，如腈纶膨体纱。变形纱有捻回性与非捻回性两种。捻回性变形纱呈规则的螺旋形，以假捻法加工为主；非捻回性变形纱呈波形、圈形及各种不规则的卷曲形。

4. 复合纤维

复合纤维是指将两种或两种以上的聚合体，以熔体或黏液的方式分别输入同一个喷丝头，在喷丝头的适当部位相遇后，从同一纺丝孔纺出，从而在无限长的同一根丝条上同时存在两种或两种以上的聚合体。

根据纤维中组分或成分的不同，复合纤维可分为双组分纤维和多组分纤维；根据断面构造，复合纤维可分成双组分纤维、双成分纤维及多层结构纤维。

5. 异形纤维

异形纤维又称畸形纤维，是用有特殊形状纺丝孔的喷丝板制取的各种不同截面或空心的纤维，以改善纤维的手感、弹性、光泽等性能。常见的异形纤维有三角形、支形、Y 形、星形、三叶形、多叶形、中空形等形状。

（三）按用途分类

1. 普通纤维

普通纤维是指产量高的大品种纤维，早期发展的再生纤维与合成纤维，如黏胶纤维、涤纶、锦纶、腈纶、维纶、氨纶、丙纶等都属普通纤维。

2. 特种纤维

特种纤维是为满足特殊需要而生产的纤维。特种纤维可通过分子结构的设计来获得，分子结构按照纤维的特种用途所要求的性能来设计，然后通过人工合成、聚合、纺丝，以制成具有特殊用途的纤维。特种纤维按照纤维的特殊性能可分为耐高温纤维、高强力纤维、高模量纤维、耐辐射纤维、高温耐腐蚀纤维、防火纤维、离子交换纤维、导电性纤维和弹性纤维等。

二、化学纤维的品质指标

（一）化学纤维长度指标

化学纤维是人工制造的，可以生产各种长度和细度的规格，以适应纺织加工与品种的要求，化学短纤维可与棉、麻、毛、丝或其他纤维混纺，制成混纺产品，也可单独纺纱，制成纯纺产品。这些纯纺与混纺产品，分别在棉纺、毛纺、麻纺、绢纺机台或化纤专纺设备上进行加工。因此，化学短纤维的长度一般可成棉型、毛型或中长型。长度常用规格如下。

（1）棉型：33～38 毫米。

（2）毛型：用于粗梳毛纺长度为 64～76 毫米；用于精梳毛纺长度为 76～114 毫米。

（3）中长型：51～76 毫米。

（二）化学纤维的细度指标

化学纤维的细度一般用纤度、号数和公制支数来表示。具体如下。

（1）纤度：9000 米长纤维所具有的重量克数。纤度为定长制，同一种纤维纤度越大，纤维截面越粗。

（2）号数：1000 米长纤维所具有的重量克数。

（3）公制支数：1 克重纤维所具有的长度米数。

三、化学纤维的常见品种及其特征

（一）人造纤维

1. 黏胶纤维

黏胶纤维以木材、棉短绒、芦苇等含天然纤维素的材料经化学加工而成，根据性能划分，可分为普通黏胶纤维、高湿模量黏胶纤维；根据形态划分，可分为短纤维和长丝。

黏胶短纤维常称人造棉；长丝又称人造丝，分有光、无光和半无光三种光泽。可根据产品要求或与其他纤维混纺，制成不同外观风格的织物。黏胶纤维具有天然纤维素纤维的基本性能，染色性能好，色谱全，色泽鲜艳，牢度好；织物柔软，比重大，悬垂性好，但织物弹性差，容易起皱和不易恢复，因此服装的保形性差。黏胶纤维吸湿性好，回潮率可达 13%～15%，穿着凉爽舒适，不易产生静电、起毛和起球。下水后，因吸收大量水分，直径变粗，长度收缩，而且变重变硬，强力也几乎下降一半，因此不耐水洗和不宜在湿态下加工。

2. 醋酯纤维

醋酯纤维由含纤维素的天然材料经化学加工而成，主要用于裙装、女士衬衫、内衣、领带和里料等。醋酯纤维的主要成分是纤维素醋酸酯，在性质上与纤维素纤维相差较大，有二醋酯纤维和三醋酯纤维之分。醋酯纤维一般是指二醋酯纤维。

醋酯纤维大多具有丝绸风格，多制成光滑柔软的绸缎，但其耐高温性差，难以通过热定型形成永久保持的褶皱，其强度低于黏胶纤维，湿态强力也较低。为避免缩水变形，宜采用干洗。

（二）合成纤维

1. 涤纶

涤纶属于聚酯纤维，是当前合成纤维中发展最快、产量最大的化学纤维。涤纶纤维有长丝和短纤维之分，普通涤纶纤维的纵截面平滑光洁，均匀无条痕；横截面一般为圆形，也可根据服装要求加工成其他形状，如三角形、扁圆形和中空形等。涤纶的粗细除与天然纤维相接近外，还有直径小于1微米的超细纤维。

涤纶的回潮率很小，吸湿性能很差，如果穿着不舒服，易产生静电和吸尘。由于染色性差，因此需采用特殊染料或设备工艺条件，在高温高压下染色。涤纶的最大特点是具有优良的弹性和恢复性，面料挺括，不起皱，保形性好。

涤纶的用途很广，可以制作衬衫、裤子、运动装、套装、工作服，絮填料和缝纫线等，但不宜做内衣。

2. 锦纶

锦纶为聚酰胺纤维，其纵截面平直光滑，横截面可以是圆形或其他形状，具有不同的光泽。锦纶的染色性在合成纤维中是较好的。锦纶的弹性恢复性及保形性均不如涤纶，外观不挺括。锦纶的回潮率小，吸湿性差，易起静电。锦纶有良好的防水防风性能，适于做登山服、宇航服、降落伞和风雨衣等。

锦纶用途广泛，主要用于做袜子、手套、套装、裙装、运动衣、滑雪服、风雨衣，装饰布和工业用布等。

3. 腈纶

腈纶为聚丙烯腈纤维，因酷似羊毛，故被称为“人造羊毛”。由于腈纶特有的热延伸性，所以腈纶适用于制作膨体纱、毛线、针织物和人造毛皮等制品。腈纶纤维的纵截面呈平滑柱状，有少许沟槽，横截面呈哑铃形、圆形和其他形状。腈纶手感柔软丰满，易于染色，色泽鲜艳、稳定。

腈纶的吸湿性低于锦纶，易产生静电、起毛起球。由于导热系数低，质地轻，所以保暖性好，穿着轻便，但强度和耐磨性不如其他合成纤维。腈纶具有可以机洗、易洗快干、防虫蛀和霉菌的特点。

腈纶广泛用于针织服装，仿裘皮制品，起绒织物，女装、童装和毛毯等。

4. 丙纶

丙纶是合成纤维中发展较晚的一种纤维，其纵截面光滑平直，横截面为圆形和其他形状。丙纶外观似毛或丝或棉，有蜡状手感和光泽，染色困难，一般为原液染色。产品有中等弹性和恢复性，不易起皱，服装尺寸较稳定。

丙纶的最大特点是轻，它的比重很小，仅为0.91，比水还轻，是棉纤维的3/5。丙纶的吸湿性极差，经过改性，可提高吸湿性和染色性，在使用过程中容易起静电和起球。丙纶具有较强的芯吸作用，水汽可以通过纤维中的毛细管来排除。制成服装后，服装的舒适性较好，尤其是丙纶的超细纤维，由于表面积增大，能更快地传递汗水，使皮肤保持舒适感。丙纶的强度、弹性和耐磨性都比较好，因此经久耐用，但丙纶的耐热性差，熨烫温度为 90～100℃，在水洗、干洗和熨烫时温度都不能过高，否则会引起收缩、变形，甚至熔融。

丙纶主要用于毛衫、运动衫、袜子、比赛服、内衣，絮填料，装饰和室内外地毯等。

5. 氨纶

氨纶因具有优良的弹性又叫弹力纤维，其弹性高于其他纤维，弹性伸长率可达 600%，但仍可恢复原状。氨纶可染成各种色彩，手感平滑，吸湿性小；氨纶强度低于一般纤维，但有良好的耐气候和耐化学品的性能；氨纶可以机洗，织物应经常清洗，以防止人体油脂和汗液使纤维变黄；氨纶耐热性差，水洗和熨烫温度不宜过高，一般为 90～110℃快速熨烫。

氨纶应用极为广泛，如在泳装、滑雪服、文胸、腹带、T 恤衫、裙装、牛仔装等均有使用。

6. 维纶

生产维纶的国家相对较少，在服装上应用也较少。织物的外观和手感似棉布，弹性不如涤纶和锦纶等其他合成纤维，织物容易起皱；维纶染色性能较差，色彩不够鲜艳和均匀，但维纶含湿性能优于其他合成纤维，比重和导热系数较小，穿着轻便保暖；维纶的强度和耐磨性能较好，结实耐穿；维纶有优良的耐化学品、耐日光和耐海水等性能。维纶的湿热缩率大，熨烫时宜干熨（不喷水），熨烫温度为 120～140℃。

维纶主要用于工作服、军用服装和装饰布等，在日常服装中应用较少，在工业上应用较多。

（三）新型化学纤维

新型化学纤维的研究主要集中在以下三方面。

1）绿色环保型纤维

在纺织纤维—纺织加工—纺织品消费整个过程中的生态学问题是 21 世纪公众所关注的主要问题，环保型的绿色纺织品受到消费者青睐。天然纤维生产过程中农药和化肥施用受到严格限制，利用基因技术生产天然彩色纤维（如彩色棉）能减轻印染加工对环境的不利影响，开发新型天然纤维资源（如竹原纤维、大麻纤维等）是获取绿色环保型纤维的有效途径，化学纤维制造则把精力主要集中于利用可再生资源开发环保型纤维，并解决合成纤维的生物可降解性问题。

2）仿真纤维

仿真纤维通常是以常规合成纤维材料为素材，采用物理或化学的纤维改性技术，使合成纤维的形貌、质感和性能发生本质变化。开发仿真纤维的目标是使合成纤维具有类似于天然纤维织物的风格和良好服用性能，以其独特的风格和性能进入高档纺织品领域。由于仿真纤维的仿真效果最终在织物上表现出来，因此纤维成纱、织物成形和染整加工技术对仿真效果影响很大。

3）高性能和高功能纤维

高性能纤维一般指具有高强力、高模量、耐高温、耐化学腐蚀等特性的纤维，它对于来自外界的物理作用（如应力、热、光、电等）或化学作用的抵抗能力是常规纤维所不能及的。高功能纤维是具有某些特殊功能的纤维。在高功能纤维受到外部作用时，能将这些作用发生质的转变或量的变化，使纤维产生导电、蓄电、蓄热、传递、分离、光电、生物相容性等方面的能力。

第四节 纱线与织物

一、纱线的种类

纱线是一种纺织品，用各种纺织纤维加工成一定细度的产品，用于织布、制绳、制线、针织和刺绣等。由于构成纱线的纤维原料和加工方法不同，纱线的种类繁多，形态和性能各异，其分类方法也多种多样，常见的有以下几种。

（一）按纱线的原料分类

（1）纯纺纱线。由一种纤维原料构成的纱线，包括天然纤维中的纯棉纱线、纯毛纱线、纯麻纱线、纯丝纱线。

（2）混纺纱线。由两种或两种以上的纤维混合所纺成的纱线，如涤纶与棉的混纺纱线、羊毛和黏胶的混纺纱线等。

（3）化纤纱线。由单一的化学纤维纺制的纱线，或者由两种（或两种以上）化学纤维混合所纺制的纱线，如纯涤纶纱线、黏胶纤维与涤纶纤维混合纺制的纱线等。

（二）按纱线中的纤维状态分类

1. 短纤维纱线

短纤维纱线即把一定长度的纤维经过各种纺纱系统把纤维捻合纺制而成的纱线。根据纤维长度和加工设备还可分为长纤维纺制的纱（如亚麻或苎麻纱、绢纺纱）、短纤维纺制的纱（如棉纱和毛纱）、中长纤维纺制的纱（如化学纤维仿毛型纱）、化学纤维牵切纺制的纱（如直接纺纱、直接成条纱）等。一般结构较疏松，光泽柔和，手感丰满，广泛用于各类棉织物、毛织物、麻织物、绢纺织物、籽丝织物，以及天然纤维和化学纤维混纺织物、纯化纤织物中。大多数缝纫线、针织纱和毛线都属于短纤维纱线。

2. 长丝纱线

直接由高聚物溶液喷丝而成的长丝。根据其结构又分为单丝、复丝和复合捻丝。

（三）按纱线结构分类

1. 简单纱线

（1）单纱。由一股纤维束捻合而成的纱。

（2）股线。由两根或两根以上的单纱捻合而成的线，如常用的织造用线、绣花线和针织用线等。

（3）复捻多股线。把几根已加过捻的股线捻合而成的纱线。

2. 复杂纱线

复杂纱线具有较复杂的结构和独特的外观，如花式纱线、包芯纱和包缠纱等。

（四）按纺纱方法分类

纤维按纺纱方法可分为环锭纱、气流纱、涡流纱和静电纱等，由于成纱机理不同，其结构和纤维排列状态不同，纱线的外观、强力等性能也有差异，因此用途也不同。从目前看，仍以传统的环锭纱为主，其品质优于其他纱线。

（五）按纺纱工艺分类

（1）普梳纱。指用普通纺纱系统纺出的纱。

（2）精梳纱。用品质优良的纤维做原料，纺制时比普通纱增加精梳工序。由于增加精梳工序，纤维在纱线中的排列比较平直，纱线强力增高，光泽改善，疵点减少。精梳棉纱用来织制高档织物，如高档府绸、细布、高档针织品等，精梳毛纱主要用来织制细薄毛织物，如派力司、凡立丁、毛哔叽等。

（3）废纺纱。指全部用纺纱过程中处理下来的废棉做原料纺成的纱，如副牌纱，用以制造低级棉毯、绒布和包皮布等。

（六）按纱线的后加工分类

（1）本色纱，又称原色纱，是未经漂白处理保持纤维原有色泽的纱线。

（2）丝光纱。棉纱经氢氧化钠的强碱处理，并施加张力，使纱线的光泽和强力都有所改善的纱线。

（3）烧毛纱。用燃烧的气体或电热烧掉纱线表面茸毛，使纱线更加光洁。

（4）漂白纱。原色纱经煮炼、漂白制成的纱。

（5）染色纱。原色纱经煮炼、染色制成的色纱。

（七）按用途分类

（1）织造用纱。分为梭织物用纱和针织物用纱两种。梭织用纱分经纱和纬纱，经纱的强力要求较高，通常为股线；纬纱一般要求手感柔软，强力可稍低。针织用纱通常为二合股，编结用线常用三合股和四合股。

（2）其他用途纱线。包括缝纫线、花边线和绣花线等。

二、纱线的品质

（一）舒适性

纱线的结构特征与服装的保暖性有一定关系，这是因为纱线的结构决定了纤维之间能否形成静止空气层，纱的蓬松性有助于衣服保持体温，但结构松散的纱会使空气顺利地通过，空气流动将加强衣服和身体之间空气的交换，使人有凉爽的感觉。结构紧密的纱线能阻止空气在纱中通过，使人感到温暖。常常用来制作夹克的粗花呢是由线密度较小、捻度较少的粗纺毛纱织成的。蓬松的羊毛衫能把空气留在纤维之间，无风时，纱线内留存的静止空气能在身体和大气之间起到绝热层的作用。棉纱不太蓬松时，不能留存像羊毛衫毛纱中那样多的空气，因此，防止热传递的作用较差。由此可见，捻度大的低特纱的绝热性比蓬松的高特纱差；含空气多的纱线的热传导性较小；纱线的热传导性随纤维原料的特性和纱线结构状态的不同而有所差异。

纱线的结构和手感应适于最终服装的要求，如纱线细、捻度高的精梳棉纱或亚麻纱具有光亮耀目的外观、滑爽的手感，其织物是理想的夏装材料。光滑的黏胶长丝织物也有相似的穿着效果。蓬松的羊毛纱或变形纱手感丰满，有毛茸，很适于秋冬服装的厚重织物。缎纹织物为保持表面光滑、光泽醒目的特点，不采用毛羽多的纱线。用作衣服衬里的织物要考虑到是否便于穿脱，纱线的表面也要适应这种要求。

纱线的吸湿性是影响服装舒适性的重要方面，而纱线的吸湿性又取决于纤维特性和纱线结构对纤维密度和含气性、吸水性的影响，与纱线的绝热性极为相似。人的皮肤上都有一层水的薄膜，当水蒸发到大气中时，热量就会从身体上散发。如果周围空气是干的，有微风，湿气就很易蒸发而使人感到凉爽。在大气潮湿和空气静止时，身上的湿气就不易蒸发，令人感到闷热。身上发黏而感到不舒服。

长丝纱光滑，织成的织物易贴在身上，如果织物的质地比较紧密，则更会紧贴皮肤，身上的湿气就很难渗透过织物。短纤维纱因有纤维的毛茸伸出在织物表面，从而减少了与皮肤的接触，改善了透气性。

（二）耐用性

纱线的拉伸强度、弹性和耐磨性能等与织物和服装的耐用性紧密相关。而纱线的这些品质除取决于组成纱线的纤维固有的强伸性、长度、线密度等品质外，也受纱线结构的影响。

通常，长丝纱的强力和耐磨性优于短纤维纱。这是因为长丝纱中纤维具有同等长度，能等同地承受外力，纱中纤维受力均衡，所以强力较大。又由于长丝纱的结构比较紧密，摩擦应力将分布到多数纤维上，所以单纤维不易断裂和撕裂。一般长丝的强度是用它的组成纤维全部强度的近似值来表示。短纤维纱的强度除与纤维本身的性能有关外，还随纤维在纱中排列程度和捻度的强弱而变化。

混纺纱的强度比其组分中性能好的纤维的纯纺纱强度低。混纺原料中各组分的拉伸断裂伸长能力不同，断裂伸长能力小的纤维分担较多的拉伸力，断裂伸长能力大的纤维分担较少的拉伸力；前一种组分的纤维被拉断后，后一种组分的纤维要承担外力的作用，因而使混纺纱强度降低。

通常，膨体纱的拉伸断裂强度较小。膨体纱是利用两种热收缩性相差很大的纤维混纺后经过热湿处理，使纱中热收缩性大的纤维充分回缩，同时迫使热收缩性小的纤维沿轴向压缩皱曲而呈现膨体效应后形成的纱线。因此，纱中担负外力的纤维根数较少，而且各根纤维的强力很不均匀，致使膨体纱的强度降低。

纱线的结构也同样影响弹性；如果纱中的纤维可以移动，即使移动量很小，也能使织物具有可变性，反之，如果纤维被紧紧地固定在纱中，那么织物就会板硬。

当短纤维纱的两端被握持并被拉伸时，纱中的纤维将从原来的卷曲状而被拉伸，一旦放松张力，纤维便恢复到原来的卷曲状态。这种性能使纱具有弹性。如果纱的张力太大，纤维就将在纱中滑脱，随后放松张力，由于纤维之间的彼此滑移，纱再也不会恢复到原来的长度，即永久地被拉长。纱线在失去弹性之前所能承受的拉力，也与纤维性质和纱线结构有关，如捻度越大，纤维之间的摩擦力就越大，这就意味着纱中的纤维不容易被拉伸。

未经处理的化纤长丝拉伸值较低，因为纱中纤维一般不卷曲，当承受外力时，不仅纤维被拉伸，而且其分子也被拉伸，而要拉伸分子就需要施加大于拉直卷曲纤维弯钩的力。所以合成纤维长丝织物的服装尺寸比较稳定，延伸性很小。

纱中所加的捻度，明显地影响纱线在织物中的耐用性。捻度太低，纱很容易瓦解。捻度过大，又会因内应力的增加而使纱的强力减弱。所以在采用中等捻度时，短纤维纱的耐用性最好。

（三）保管性

纱线的品质也影响服装的保管性能，如捻度较少的纱线的防沾污性能比强捻纱差，由稀松的纱线所织成的织物在洗涤过程中容易受机械动作的影响而产生较大的收缩。

纱的捻度小，或经纱和纬纱的密度不相平衡，在服装穿着和洗涤过程中也容易造成纱和缝线的滑脱及织物的变形。

某些对热很敏感的纱线，在洗涤和烘干等热处理过程中，会发生明显的收缩。某些变形纱织成的织物，在服装穿着过程中，膝肘和颈部等处容易发生伸长变形，这种现象是纤维本身弹性较小，同时在熨烫过程中收缩过多导致的。

三、织物结构及分类

（一）织物的结构

相互垂直排列的两个系统的纱线，在织机上按一定规律交织而成的制品，称为机织物，简称织物。平行于布边方向的纱线称为经纱；与布边垂直横向排列的纱线为纬纱。织物结构是指经、纬纱线在织物中的几何形态，经、纬纱线的原料、粗细、密度配置和相互交错沉浮等情况都是影响织物结构的重要参数。

（二）织物的分类

1. 按织物原料分类

1）纯纺织物

纯纺织物指经、纬纱线都用同一种纯纺纱线织成的织物，如棉织物、毛织物、丝织物、麻织物、涤纶织物、锦纶织物、腈纶织物、黏纤织物等。

2）混纺织物

混纺织物指经、纬纱线都用同一种混纺纱线织成的织物。混纺纱线是指由两种或两种以上纤维织成的纱线。常见的混纺织物有涤/棉、毛/涤、涤/腈、涤/黏、棉/氨等。

3）交织织物

交织织物是由不同种类的经纱和纬纱相互交织而制成的，如黏胶长丝与桑蚕丝交织的织锦缎、黏胶长丝与黏胶短纤纱交织的富春纺、锦纶长丝与棉纱交织的锦绵绸等。

2. 按织物组织分类

1）原组织织物

原组织织物又称基本组织织物，包括平纹织物、斜纹织物和缎纹织物。

2）小花纹织物

小花纹织物是对原组织织物加以变化或配合而成，可分为变化组织织物和联合组织织物。

3）复杂组织织物

复杂组织织物是由若干系统的经纱和纬纱构成，这类组织使织物具有特殊的外观效应。

4）大提花组织

大提花组织织物为单根经纱受控起花，花纹范围较大的织物。

3. 按织物用途分类

1）服装用织物

服装用织物包括制作服装的各种纺织面料，如外衣料、内衣料，以及衬料、里料、填充料、花边、松紧带等服装辅料。

2）装饰用织物

装饰用织物包括室内用织物、床上用品和户外用织物。

3）产业用织物

产业用织物涉及的领域十分广泛，如土工织物、农用织物、医用织物、渔业和水产养殖业用织物、军用织物、汽车用织物、特种防护用织物等。这类织物的结构、外形比较复杂，如管状织物、绳带类织物、网状织物、毡类织物、多向织物等。

第五节 服装商品

一、服装的功能

（一）服装的基本功能

在凉爽或寒冷的季节里，服装遮盖了人体表面的绝大部分，能阻止人体体温向外散发，为人体保暖防寒。用不透水材料制作的服装，具有良好的防风、防雨作用，可以保护人体不受风沙、雨水的侵袭。同时服装还可以保护人体肌肤不被灰尘泥土沾污，不被虫类叮咬，不被外力挫伤等。

（二）服装的社会性

服装除了有保护人体的作用外，还有强烈的社会性，具体表现如下。

1. 社交性

服饰是无言的社交。在社会生活中，服饰在表现个人趣味、喜好的同时，很大程度上是为了社交的需要。根据不同的社交礼仪场合，穿着合适的衣服，可以表达和传递穿着者的思想感情和意识。例如，明朗而大方的访问服，体现了来访者对对方的尊重；沉重的黑色丧礼服，表达了对逝者的哀悼。

2. 社会规则性

社会规则是指相对应的社会秩序和社会规范，也包括社会的法律法规。人们在一定的社会范畴中通常要按一定的社会规范去生活。在服饰上往往受当时当地社会风俗、社会惯例的制约，来选择自己的衣着方式，否则可能不会为社会所容纳。

3. 社会文化性

服饰的变化因受到社会的政治、经济、道德、宗教、法律、科学及战争与和平等众多因素的影响，从而形成了各个国家、民族、地域的不同的服饰文化特征。

二、服装的分类

（一）按功能分类

服装按功能可分为礼服、生活服装、工作服装和运动服装。

1. 礼服

礼服是指用于出访、迎宾或婚丧，参加宴会、晚会，出席庆典等各种正式礼仪活动所穿的服装。

首先介绍中国古代的礼服和备受喜爱的、具有现代化气息的新中式。

（1）中式男礼服依据场合的礼仪等级可分为礼仪正装、仪式礼服和日常礼服三大类。礼仪正装为最高规格，常见于祭祀、传统婚礼等活动，如周制玄端爵弁：玄色上衣配纁色下裳，象征天地阴阳调和，搭配爵弁礼冠，衣缘以黑色镶边，面料多为真丝或织锦，风格古朴庄重，需严格遵循形制与配色规范。仪式礼服适用于婚礼、节庆等正式场合，如明制公服（绯红长袍配黑色纱帽）、状元服（红色圆领袍绣仙鹤麒麟纹），设计上融合身份象征与吉祥寓意，面料以绸缎为主，辅以刺绣或暗纹，剪裁宽松垂顺，体现威严感。日常礼服则灵活多变，如长袍马褂（立领对襟搭配回纹装饰）或改良中山装（保留立领与直角扣，采用修身剪裁），面料可选暗纹提花或棉麻混纺，颜色以黑、深蓝、绛红为主，适配日常社交或非严格礼仪场合。新中式男礼服强调形制与场合的匹配性，如玄端爵弁仅用于周制婚礼，而改良中山装可兼容中西融合场景。配饰方面，礼冠、玉带、云头履等需与服装呼应。

（2）中式女礼服按礼仪等级分为典礼华服、婚嫁礼服及日常礼服三类。典礼华服属最高规格，如唐制钿钗礼衣（青绿大袖深衣配金翠花钿）、凤冠霞帔（红衫披霞帔缀珠宝凤冠），需严格遵循朝代形制，面料多用真丝织金，刺绣以龙凤、牡丹等吉祥纹样为主，色彩遵循传统规制（如唐尚红绿撞色，明尚正红配金），适用于祭祀或婚礼等活动。婚嫁礼服为婚礼专属，如龙凤褂（金银线满绣龙凤）、秀禾服（宽松袄褂配百褶裙），按刺绣密度划分等级（如褂皇需覆盖90%面积），剪裁兼具修身与包容性（如秀禾服适合多种身材），色彩以正红、金为主，配饰需与服装呼应（如霞帔搭玉禁步）。日常礼服则更为灵活，如改良汉服（齐胸襦裙配收腰设计）、素色旗袍（低开叉棉麻款），面料轻便舒适，纹样简化（保留缠枝纹或局部刺绣），适配传统文化活动或半正式社交。新中式女礼服注重形制与身份象征，而日常款可混搭现代元素（如织金面料配蕾丝）。整体而言，现代改良款通过剪裁（收腰、窄袖）和材质创新（雪纺、混纺）提升了实用性。

西方的礼服按性别分为男子礼服和女子礼服。

（1）西方男子礼服。男子礼服因穿着时间、功能、场合的不同分第一礼服、正式礼服、日常礼服三个等级。第一礼服属最高级别，分为夜间穿的燕尾服、白天穿的大礼服。燕尾服的结构形式、材料要求和配饰标准均很严格，风格优雅，充满艺术和人文气息。随着时代的变迁，礼服由繁变简，过去穿第一礼服场合现多允许穿正式礼服，正式礼服亦称塔多士礼服，是一种无燕尾的礼服。式样为戗驳领或青果领，有缎面覆盖，门襟一粒纽扣，圆下摆，口袋为缎面双开线无袋盖形式，后摆不开衩。裤子与上衣同料，衬衫为白色双翼领礼服衬衫，配黑领结。春季、秋季、冬季常用黑色或深冷色调，夏季上衣用白色。日常礼服是形式变化较多的一类礼服，黑色是它常见的颜色，通常采用双排四扣戗驳领式样。在礼仪性较明显场合，如对服装没做特别要求时，穿日常礼服较为合适。男子礼服规范受时间、场合、目的制约，要求较明确。服装的式样，颜色、配饰较少受流行影响，比较程式化。男子礼服的规范至今仍被国际社会接受，成为社交着装的国际惯例。

（2）西方女子礼服。女子礼服因穿着时间不同分为晚礼服和晨礼服。晚礼服是女子晚上 8 点以后穿用的正式礼服，具有豪华、标新立异的特点，整体风格雍容华贵。女性用于白天正式场合穿着的礼服称为晨礼服，一般是高贵的裙装，也可以是高档套装，裙长不过脚踝骨，需佩戴比较讲究的首饰，同时注意与服装配套的鞋、帽、手套、提包等的协调。晨礼服的整体风格是典雅、庄重。

2. 生活服装

生活服装是指日常生活中穿用的服装，可分为家居服和外出服。

（1）家居服是指在家庭环境中穿着的服装，包括家常服、围裙衣、晨衣、浴衣、睡衣等。家居服的特点是穿脱方便、宽松舒适、款式简单实用、色彩柔和温馨。

（2）外出服是指非工作的闲暇时间穿用的服装，如街市服、旅行服、参观服、海滨服、度假服及娱乐时穿用的休闲服等。这类服装在穿着上可以自由搭配，是最能体现穿着者个人修养和品位的一类服装。

3. 工作服装

工作服装是一种泛称，包括防护服、标识服和办公服三大类。

（1）防护服是指保证专业人员在一般或特殊工作环境下能正常工作，确保生命安全的服装，如石棉服、电位服、防化服、防光服、潜水服、飞行服、宇航服等。防护服要求具有防护机能、运动机能、耐用性能；款式简洁，无不必要的饰件，色彩实用。

（2）标识服是指有明显标识作用的工作服装，分职业服和团体服。职业服是指公职人员按照制度规定穿用的一定形式的服装的总称，亦称制服。此类服装特点是造型严肃大方，款式统一醒目，服装整体风格适合职业特点，配有专用标识以说明穿用者的职业权限和身份，如军服、警服、海关服等。团体服是指集团内部具有鲜明特征或标志的统一着装，广泛应用于商业、宾馆业、证券业等，学校、公司、集团等的统一着装也属于团体服。团体服是企业形象设计的重要内容，有统一的着装，不仅具标识作用，而且具有整体美、秩序美，能够强化团体凝聚力，并能使着装者行为规范化，提高工作效率。

（3）办公服是指白领职员上班穿的服装。办公服集端庄与简约、时髦与实用于一体，强调服装与工作环境相协调，与工作性质相适应，与穿着者的气质和外在形象相统一，表现着装者的工作能力和敬业精神。

4. 运动服装

运动服分竞技服装和运动便装。

（1）竞技服装是指运动员、裁判员在运动训练和比赛时穿着的服装。按实际用途有入场服、裁判服和比赛服三类。在这三类中又有各专项运动服，如体操服、滑冰服、击剑服、游泳衣等。竞技服的特点是简练舒适、防护、美观，不同项目有不同的要求。

（2）运动便装是指具有运动感觉的服装，穿着者多为大众。运动便装强调运动功能性，造型简洁，衣身宽松得体，便于活动，色彩图案强调节奏和对比，易洗免烫，吸湿性好。

（二）按品种分类

服装按品种可分为衣类、裤类和裙类。

1. 衣类

衣类按着装层次可分为内衣、衬衫、外衣和大衣等。

（1）内衣按功能不同又可分贴身内衣（汗衫、背心、内裤等）、补正内衣（乳罩、腹带、束腰、臀垫等）、装饰内衣（指贴身内衣与外衣之间的衬装，如衬裙等）。

（2）衬衫因穿用场合及功能不同，分礼服衬衫、日常衬衫、时装衬衫。

（3）外衣分中山服、西服、夹克、衬衫、猎装等。

（4）大衣从季节上分为冬季大衣和春秋大衣等。

2. 裤类

裤类按适体程度可分为适体型、紧身型、宽松型；按长度可分为有短裤、长裤、三角裤、七分裤等；按外部轮廓造型可分为锥子裤、萝卜裤、筒裤、喇叭裤等；按功能可分为马裤、健美裤、运动裤、功夫裤等。裤类中穿着广泛的是西裤和牛仔裤。

3. 裙类

裙类按整体结构可分为连衣裙和半截裙。

（1）连衣裙按腰节缝合线高低可分为高腰裙、低腰裙、中腰裙；按外形轮廓可分为紧身线型、H 线型、A 线型和公主线型等。常见的连衣裙品种有礼服裙、旗袍、衬衫裙、太阳裙等。

（2）半截裙按长短可分为迷你裙、膝裙、长裙、超长裙；按形态可分为筒裙、喇叭裙、花瓣裙、郁金香裙；按分割、装饰等变化可分为二节裙、三节裙、六片裙、八片裙。

（三）按穿着季节分类

此分类即将人们日常生活中常穿的各种服装，按季节分为春装、夏装、秋装和冬装。现代服装品种很多，有的季节性很强，如冬季的呢绒大衣、棉衣，夏季的连衫裙、短袖衫；有的季节适应性很强，甚至一年四季都可穿用，如衬衫。

（四）按材料分类

服装按材料可分为纤维衣服和皮革服装。其中纤维衣服如棉服装、呢绒服装、丝绸服装、化纤服装等；皮革服装如裘皮服装等。

三、服装款式

服装款式指服装的式样，通常指形状因素，是造型要素中的一种，由结构（通常指衣服的外形框架）、流行元素（通常指衣服的图案、颜色、搭配等）和质地（通常指所选用的面料类型）三方面组成。

四、服装标准

现代服装生产的特点是分工序，按规定的标准实施服装的加工，最终形成符合消费者需要、价格合适、质量合格的产品。服装生产及消费涉及的标准有材料标准、号型标准、技术标准、使用说明标准。

（一）材料标准

材料标准是确定服装所用材料的质量是否合格的标准。对生产厂家来说必须对入厂的各种服装面料、辅料按相应的标准或合同条款进行验收和检验，才能保证生产的服装材料质量合格。

（二）号型标准

服装尺码标准是在人体基本尺寸的基础上，根据不同的款式，加上合适的宽松量。服装的规格尺寸一旦确定，它就是服装制造的依据。

在有些客户的规格尺寸表上，在标示出规格尺寸外，还会标出主要的躯体尺寸。如果需要，可以根据躯体尺寸，判断规格尺寸的正确与否，但服装的规格尺寸和实际的制造尺寸总是有差异的，所以在客户的尺寸表上，给出了允差。

（三）技术标准

对服装产品的质量要求除了色彩流行、款式新颖、符合时尚外，还要求其具有适宜性、可靠性、经济性、安全性。对于不同品种，不同材料、不同档次的成衣，制定的质量要求和指标，就是成衣的技术标准或质量标准。服装的技术标准既是生产者与销售商订货、交货的依据，也是服装厂生产、检验该产品的依据。

服装的技术标准包括下列 6 个方面的内容。

1. 号型规格系列

（1）号型设置，即按国家标准中规定的服装号型系列进行设置。

（2）成品主要部位规格，即以号型系列设置的尺寸为依据，结合服装款式进行所需放松量设置。

（3）成品尺寸的测量方法及公差范围。

2. 辅料规定

服装辅助材料的性能直接影响服装的内在质量，也影响服装的外观质量。

标准规定：衬布的缩水性、缝纫线、锁眼线的性能与色泽应与面料相适应；绣花线、嵌料、镶料、花边等材料的性能应与面料相适应。

3. 技术要求

技术要求是标准的重点。

4. 等级划分

等级划分是衡量产品质量优劣的一把尺子。

标准规定：成品等级以件为单位，分为合格品、不合格品。合格与否划分的指标有规格、缝制、外观、色差、疵点。只要成品不符合其中一项指标，就以不合格处理。

5. 检验规定

检验规定包括检验工具、规格测定、缝制测定、外观测定、盖等级标志、抽验规定等内容，是检验时的具体步骤和检验方法。

6. 包装标志

（1）必须有“号/型体型”等规格标志。

（2）必须有商标、产地等标志。

（3）包装整齐、牢固，数量准确，注明各项内容。

（4）外包装符合合约规定。

（5）未列入标准的可另行规定。

（四）使用说明标准

服装使用说明标准的采用主要是为了保护消费者的利益。

1. 纺织品和服装使用说明的主要内容

（1）商标和制造单位。

（2）服装号型、规格。

（3）采用原料的成分，必要时还应标明特殊辅料的成分。

（4）产品的特殊使用性能，如阻燃性、防蛀、防水、防缩等。

（5）洗涤条件，包括说明能否水洗、水洗的方法（手洗或机洗）和水温。

（6）洗涤剂（碱性、中性、酸性）的选择及脱水的方法（甩干或拧干），说明能否氯漂。

（7）熨烫，说明能否熨烫、熨烫方法和温度。

（8）干洗，说明是否要干洗和干洗剂的选择。

（9）水洗后的干燥方法。

（10）洗涤和熨烫时的注意事项，穿用或使用时的注意事项。

（11）储藏条件和注意事项及其他与使用有关的事项。

2. 使用说明基本图形和有关规定

纺织品和服装商品使用说明基本图形符号见表 10-1。

表 10-1　纺织品和服装使用说明基本图形符号

分类	符号	说明	分类	符号	说明
水洗		最高洗涤温度 30℃	干燥翻转		常规温度翻转干燥
		30℃以下缓和水洗			较低温度翻转干燥
		手洗，最高洗涤温度 40℃			不可翻转干燥
		不可水洗	熨烫		熨斗底板最高温度 200℃
漂白		可以漂白			熨斗底板最高温度 150℃
		不可漂白			熨斗底板最高温度 110℃
干燥自然		悬挂晾干			不可熨烫
		悬挂滴干	专业纺织品维护		常规干洗
		平摊晾干			不可干洗
		平摊滴干			常规专业湿洗
		阴凉处悬挂晾干			缓和干洗
		阴凉处悬挂滴干			

表 10-1 中所列的圆形符号可根据不同的使用对象选用，当符号“×”覆盖在上述基本图形符号中的任一个上面时，表示不可进行此图形符号所表示的动作；当图形符号满足不了需要时，则可以采用简练文字予以说明，但不得与图形符号含义注解并列。

3. 使用说明的表现形式

使用说明可以根据产品的特点，采用以下几种形式。

（1）在服装上采用使用说明。

（2）在产品包装上采用使用说明。

（3）以吊牌形式挂在产品上的说明性标签。

（4）特殊产品也可以采用使用说明书形式。

销售时不便附使用说明的纺织品，应在销售点以适当的使用说明形式，向消费者提供使用信息。高档产品的使用说明应附在产品本身上，并在产品的使用期内保持清晰可见。当几种形式的使用说明同时出现在产品上时，其内容应保持一致。

关于使用说明安放位置的要求：在产品本身上的使用说明应大小适宜，并缝在易见之处；产品包装上的使用说明以单件包装为单位；吊牌形式的使用说明以单件产品为单位，并挂在产品的明显部位。

（五）服装上的质量标志

1. 商标

商标是区别企业商品的标志，可以保护企业信誉和维护消费者利益，起到表示商品出处和保证质量的作用。商标保证商品质量作用的含义是指用同一商标的商品经常保持相同的质量，或具有满足消费者对质量要求的作用。

服装商标在商品经济中，对促进服装的生产、提高质量、方便消费等方面起着越来越重要的作用。现代社会服装繁多，同一用途的服装外观接近，这给消费者的选购带来了一定的困难，这就需要用人们信得过的商标作为选择依据。

商标属于法定标志，无论是国内市场还是国际市场，无商标的服装一律不准上市。

2. 使用标志

使用标志是指工业化生产的成衣在包装或服装的适当部位。标注消费者穿着后如何洗涤、整理，方能保持服装最佳使用状况的标志。

使用标志是商品质量的重要组成部分。使用标志的制定是针对具有一般常识但缺乏专业知识的消费者，也考虑社会服务部门，如洗染店。

使用标志作为一种质量标志，必须与产品实际相符。使用标志在欧洲一些国家，以及美国和日本等国也属法定标志，没有使用标志的服装不准上市。我国目前尚没制定相应的法规，但在一些名牌高档服装上，采用得较多。

3. 质量记号

质量记号即认证标志。由质量监督机构作为第三方，从公正的立场对服装制品进行综合质量测定后，用以证明服装质量标准在一定水准以上的一种质量保证记号，其实质也是一种质量合格证书。质量记号为一种推荐性的质量标志，而非强制执行。

4. 纯羊毛标志

纯羊毛标志属认证标志。国际羊毛局为保持天然优质羊毛纤维的身价，以便与其他纤维制品区别、竞争，于 1964 年推出的由三个毛线团组成的标志。该标志由国际羊毛局管理，有一套从申请到挂标志的程序，并有许多具体措施用以维护“纯羊毛标志”的高质量特性。

5. 条码

条码作为一种能流通于国际市场的语言，被认为是商品身份证的国际统一编号，是商品进入扫描商店的先决条件。条码不单独使用，需与其他标志、标识一起组合应用。

6. 吊牌

吊牌是对商品详细说明的标志，如商标、使用标志难以表达的产品特性说明、合格水平、价格、规格、使用方法、条码等。吊牌起到便于消费者了解服装产品质量特性的作用，也是一种促销手段，使用广泛。

五、服装商品的质量要求

服装质量是指服装满足明确需要或隐含需要的各种特性的综合。明确需要指合同、标准及有关技术文件已经作出规定的需要；隐含需要指社会总体主要是消费市场对服装的期望。满足需要是服装生产的出发点和归宿，明确需要或隐含需要的内容通过服装的各种质量特性表现出来。

（一）适应性

适应性是指服装产品适应外界环境变化的能力。外界环境包括生产环境、流通环境、消费环境、生态环境和社会环境几个方面。

1. 生产环境

服装适应生产环境表现为服装设计可操作性强，裁剪方法科学省料，缝纫适应机械化流水线生产，减少手工操作，工艺流程便于计算机管理。

2. 流通环境

服装适应流通环境表现为服装的包装方法适合现代运输储存和陈列展销需要，如吊挂服装集装箱较好地解决了远程运输纸箱数额大、货物零散、到达销地后需要打开包装重新熨烫再进入市场展销的烦琐手续及较高的费用，产地服装只需用塑料薄膜袋套装，挂入集装箱内，即可直达销地，不用再经过熨烫便可快捷地进入市场。

现代销售环境对服装提出了多项要求，如服装应具有可视性、可挂性、可触摸性、可试穿性、易携带性；服装及配件成系列，容易搭配；形态稳定性好，耐顾客反复摆弄；服装上标有商标、面料成分、洗涤熨烫方法、成品规格等标志。

3. 消费环境

1）规格合体性

服装目前已进入成衣时代，成衣是按规格系列标准批量生产的成品服装，只有规格尺寸数量多、号型全、分布合理，才能适应消费群体的不同体型变化，满足用户需求。我国服装规格是按照国家号型系列标准设定的。

2）适合目的性

服装应适合主销国家、主销地区、目标顾客的特定需求，服装对于消费者的穿着目的、穿着场合应具有针对性，礼服、休闲服、工作服要分类清楚。对于特殊的穿着目的和环境，服装应提供特殊的功能。

3）方便保养性

对消费者来说，服装还应具有洗涤、熨烫、保养方面的方便性，适合现代人的生活节奏。服装应易洗、快干、免烫，或稍加熨烫便平整如新，保管方便，耐虫蚀霉腐。在这方面，天然纤维织物由于成分、结构的原因，目前表现尚不理想，需要逐渐加以改进。

4. 生态环境

服装对生态环境的适应性首先表现在对气候的适应性，服装在严寒酷暑、风霜雨雪等恶劣气候中应对人体有保护作用。另外，服装的发展也同环境保护问题有关。服装固然可以给人带来舒适和美，但不是不计后果的，如果服装对人体的美化与它对环境带来的灾难相比得不偿失，我们应以保护人类赖以生存的环境为第一前提，如动物保护组织倡导保护珍稀动物，服装界对此应有所作为。

5. 社会环境

服装对社会环境的适应是指服装对社会公德、人的道德规范、行为准则应具有积极意义的贡献。服装不应有碍公德，有伤风化。

（二）审美性

审美性是指服装的美学质量满足消费者审美要求的程度。服装不同于一般商品，它是精神与物质的融合，是技术与艺术的结合。随着时代的发展，服装的审美特性成为吸引大多数消费者购买的首选特性，要求日趋复杂。

服装的审美性是一种整体美，主要包括内在美、外在美和流行美。

1. 内在美

服装的内在美是指服装蕴含的文化内涵。凡是一览无余的形态都会使人感到平淡，服装应通过其形式美的构成要素，在视觉舒适的基础上，创造出一种意境和独特的审美情趣，给人带来美感。

2. 外在美

服装的外在美是指服装的客观化美感，它主要通过造型、色彩、肌理、装饰和工艺等手段来表现。

服装造型第一不能脱离人体原型，第二要遵循形式美法则，如比例、均衡、旋律、统一、协调、呼应、强调等，要把美感建立在合乎情理的新颖与秩序的结合上。

服装材料是服装美的基础，所有美的构思都是材料搬运来的。随着服装材料资源的不断被挖掘和被开发，材料品种层出不穷。材料质地具有多方面的表现力，如飘逸美、挺括美、浮雕美等。材料的选择应考虑服装用途，应与服装造型相适应，如高档毛织物不适合繁复花哨的造型、透明面料应减少分割线等。另外，在材料质地表现力平淡时，应充分利用肌理创造，丰富表面效果。

服装的装饰分结构装饰和附加装饰。结构装饰指服装本身的装饰细节，如花边装饰、珠片装饰、流苏装饰等。服装的领型、袖型、门襟式样的变化，也具有装饰效果。附加装饰指可离开服装本体单独存在的饰品，如首饰、帽饰、腰饰、手套、鞋等。附加装饰是服装不可缺少的重要组成，在服装整体中起配套和锦上添花的作用。

服装从面料到成品要经过烦琐的工艺制造，工艺质量的好坏对服装整体质量影响甚大，不仅影响产品的审美感觉，而且影响服装的耐穿、耐用性能。工艺质量是服装技术美的关键，精湛的工艺技术能明显提高服装的整体美感，也能提高服装的档次。

3. 流行美

流行美也是服装审美性的重要方面。流行是一种客观存在的社会现象，是指在一定时间、一定空间，为一定人群所接受认同，并互相追随模仿的新兴事物。人们追逐流行服饰存在两种动机，即内在动机和外在动机。内在动机是人类渴望新鲜的美、变化的刺激；外在动机是人们要求自己的个体行为要与不断发展的社会同步，以求得到社会认同。追逐流行服饰的行为是人们在内在动机和外在动机合力的驱动下发生的，由此促进了世风流行。

早期的服装流行是在人群中自发产生的，现代的服装流行很大程度上是一种人为的发动，旨在促进销售服装。权威性的服装流行趋势发布具有一定的科学性和导向性，但最终流行的发生需要大众的选择和参与。

流行具有生命周期，即初始期、成长期、高峰期、衰落期。服装的生命力在于保持款式的特色，永远以初始期的位置进入市场，不是追逐流行，而是引导流行。这是服装销售成功的法宝，也是服装流行美的魅力所在。

（三）舒适性

服装舒适性是指人体着装后，服装具有满足人体要求并排除任何不舒适因素的性能。服装的舒适性表现在触觉舒适性、温湿度舒适性和运动舒适性几个方面。

1. 触觉舒适性

服装的触觉舒适性主要反映在服装与皮肤接触时的粗糙感、瘙痒感、温暖感或阴凉感等触觉感受上。

不同服装与皮肤接触时的温暖感与阴凉感，主要决定于服装面料的表面结构。光滑织物具有阴凉感，起毛拉绒织物具有温暖感。这主要是由于织物与皮肤真正接触的表面上，皮肤温度一般总是高于织物表面温度，纤维的导热系数比空气导热系数大，织物与皮肤真正接触的面积越大，热量散失得越多。光滑织物与人体真正接触的表面积大，故而有阴凉感，反之则有温暖感。

2. 温湿度舒适性

从温湿度舒适性来看，人类为了能在不断变化的气候环境下舒适地生活，必须要保持人体的热平衡。

由于人体自身调节热平衡的能力有限，因此需要通过穿着适当的服装来进行调节，使衣服内层空间形成舒适的小气候。通常，人体躯干部分的皮肤与内衣间的温度保持在32℃左右，相对湿度在50%左右，气流为25厘米/秒左右是最舒适的，这称为标准气候。服装具有能够调节标准气候的能力叫作服装的气候调节性。普通服装的气候调节性是有一定限度的，在过高或过低的温湿度条件下，需要特制的专用服装以达到温湿度舒适性目的。

服装的温度舒适性是由服装面料的保温性、导热性、通气性、含气性、热辐射性，以及材料厚薄等因素决定的。服装的湿度舒适性是由服装面料的吸湿性、吸水性、透气性等因素决定的。服装的温湿度舒适性除与面料因素有关外，还同服装结构设计和穿衣方式有关。冬季，服装开口的多少、开口的方向、开口部位的密封性，特别是向上开口部位的密封效果，会直接影响服装的保暖性。服装的多层穿着，由于层与层之间存在静止空气层，能够增加服装的保暖性。夏季，款式设计应有利于散热，如增大裸露面积，增大服装的宽松度，以形成烟囱效应，则使人感到舒适。

3. 运动舒适性

从服装的运动舒适性看，由于人体运动的多方向、多角度和大弯曲性，要求服装有一定的延伸性，能自由地依附人体活动。只有活动自如，才能减轻疲劳程度，提高效率。

不同种类的服装延伸度要求不同。穿西服身体活动范围小，服装的延伸率要求为15%～25%；内衣、运动服装等延伸率要求较高，应达到30%～50%。从纤维原料看，天然纤维中羊毛延伸率为25%～30%，高于棉、麻、丝；合成纤维的平均延伸率高于天然纤维，氨纶的延伸率可达700%，是有特色的纺织纤维。从纤维结构看，变形纱比普通纱由于纱线弯曲度大，织物延伸性好。从织物结构看，针织物由于线圈可变形，延伸性大于机织物。

对于一般服装来说，为了保证运动舒适性，主要考虑结构设计要留有足够的余量。对于运动舒适性要求高的服装，除了对其结构设计有一定要求外，还要对面料的成分、织物的结构有所选择。

从服装的负荷重量、对人体的压力来看，服装重量主要在两肩和腰部，荷重以不影响血液循环和呼吸运动为基础上限。一般说来，在满足服装对人体温湿度调节功能的前提下，越轻越好。实验表明，女子服装舒适压力冬季为18克/厘米^2；春秋季为13克/厘米^2；夏季服装为4克/厘米^2。男子服装舒适压力要比女子高20%左右。

（四）卫生安全性

服装的卫生安全性是指服装保证人体健康和人身安全所应具备的性质。

1. 卫生无害性

应该说，服装面料本身，无论是天然纤维还是化学纤维，都没有发现对人体皮肤有明显的刺激作用，但服装材料在加工和染色过程中要使用多种化学物质，如染料、膨润剂、防缩剂、防皱剂、柔软剂、荧光增白剂等。这些物质如残留在衣料表面，就可能对皮肤产生刺激，特别是对某些过敏性人群，化学刺激可能会导致皮肤障碍。所以服装面料的卫生无害性评价很重要。

2. 阻燃性

纺织材料在一定条件下都能燃烧，但它们的阻燃程度有很大的差别。从天然纤维来说，棉、麻比较容易燃烧，羊毛的阻燃性相对较高。从化学纤维来说，丙纶、腈纶较易燃烧，涤纶的阻燃性稍高。

3. 带电性

服装衣料是不导电的，但当人体活动时，由于皮肤与衣服之间，以及衣服与衣服之间互相摩擦产生静电。静电使衣服缠身贴体，影响美观；静电能吸附尘土，污染衣服，静电在穿脱衣服时产生放电现象，使人有电击感。更严重的是，在可燃性蒸气浓度较大的化工厂，服装产生的放电火花可能引起燃烧和爆炸事故。

服装的带电性与衣料纤维种类有关。一般来说，疏水性合成纤维衣料静电积聚较大，亲水性天然纤维衣料静电积聚较小。在冬季干燥的条件下，一般服装的带电电压为400～1600伏，最高可达3800伏。减少服装的带电性可采用防静电处理，如对纤维表面进行亲水性单体接枝聚合，或用耐久性亲水树脂进行处理。

4. 吸污性和拒污性

服装应能在一定程度上保护人体少受污染。污染分外部污染和内部污染，内部污染来源于皮肤表面出汗、分泌皮脂和脱落表皮细胞，因此内衣应具有吸附这部分脏污的能力，并易于清洗。外部污染来源于自然界飞扬的灰尘及接触性脏物污染，外衣应具有一定的拒污性。衣服的拒污性与纤维的表面状态、吸湿性、带电性有关。纤维表面不规则且凸凹多的容易被污染，表面光滑的不容易被污染。亲水性纤维容易被水溶性脏物污染，疏水性纤维容易被油性脏物污染，合成纤维静电吸尘比较严重。提高外衣的拒污性，除了正确选择面料种类外，可采用化学物质进行防污处理，使纤维表面具有拒油性、拒水性，也可进行防静电处理，防止静电吸尘。

（五）耐久性

耐久性是指服装在一定使用条件下保持功能持续稳定的能力。影响服装耐久性的因素有各种机械力（张力、压力、冲击力、折皱力和摩擦力等）、环境气体（臭氧、氧、亚硫酸气体等）、水、热、紫外线、汗、皮脂、灰尘、微生物及洗涤剂等。耐久性分为结构耐久性和材质耐久性两方面。

1. 结构耐久性

结构耐久性包括尺寸稳定性和形态稳定性。尺寸稳定性指服装的长度、围度、厚度方面的尺寸稳定，还包括面料与里料、衬料及其他辅料尺寸的长期匹配。尺寸收缩是由于面料经向的预伸长引起的回缩。例如天然纤维遇水后直径的膨胀，羊毛纤维的缩线性，以及面、里、衬料的收缩率差异等。尺寸伸长经常发生在针织服装中，主要是针圈密度设计不当导致的。应在服装制作之前对服装材料进行预先整理，并对材料搭配、织物结构进行精心设计，不能把“合格尺寸”的假象转移给消费者。

服装的形态稳定性同服装的热定型性、抗皱性、折皱恢复性、洗可穿性有关。

服装的形态稳定性还同缝纫工艺有密切关系。缝纫中的线迹缝型设计，缝纫线的强度要求，服装受力部位的局部补强处理，衬里料的选择，特别是线迹密度、打结、滴针、粘衬等许多工艺环节，都直接影响服装的形态稳定性。

2. 材质耐久性

服装面料的结实耐久性关系着服装的穿用寿命。在外界因素的长期作用下，服装面料会发生物理和化学性质的变化，导致面料质地变脆、褪色、起毛起球、破损、断裂等，使服装的形态、功能受到直接的影响。服装面料的耐久性取决于原料选择，纺纱、织造及后整理等工艺是否合理。服装面料的结实耐久性指标有耐磨性、耐疲劳性、撕裂强度、顶破强度、色牢度、耐洗涤性、耐光气候性等。不同用途的服装，耐久性要求不同。

值得指出的是，服装是介于耐用消费品和日常廉价消费品之间的商品，它的结实耐用性不应过分强调，而应有一个使用寿命的概念，原因是社会的发展为我们提供了一定的物质生活条件，而且人们对服装较之其他消费品具有更强的“喜新厌旧”心理。

（六）经济性

服装的经济性是指合理的产品寿命周期费用。产品寿命周期费用包括开发研制过程、生产制造过程、流通使用过程及用后处置所需费用的总和。产品寿命周期费用是设计者、生产者、销售者、消费者费用的总和。经济性并非单对哪一方而言，而是各方面的利益所在。从各方都受益的角度看，费用决不能过高。不计成本的高质量，脱离消费者购买能力的高质量，只能是空中楼阁，抑制消费，也妨碍生产。

经济性对消费者而言是指购买服装所需费用的合理程度，它是每一个购物者都非常重视的质量特性。消费者从来都反对不考虑经济得失的质量至善论。在可能实现的购买力的基础上评价服装质量才更有意义，或者说正常的消费心理从来都是欢迎物美价廉的产品，追求物有所值。另外，对消费者来说，经济性还表现在服装穿用寿命中个人所承担的总费用，如干洗熨烫费用、织补修整费用、保管费用等，购买费用只是其中一部分，如果其他费用花费过大，对消费者来说无疑是不经济的。

除企业和用户的利益外，经济性还包括社会利益，如服装淘汰后的处置费用等。

六、服装的保养

服装在穿着时，由于人的活动而受到多重力的作用，甚至由于经受反复张弛而产生疲劳。因此，一件服装不宜长期穿用，而应该轮换使用，以便服装材料的疲劳得以恢复。这样，就可保持服装的良好状态，延长服装寿命。此外，对服装的保管亦应注意下列事项。

（一）防止服装变质

1. 服装发脆

服装发脆大体有下列几方面的原因：①整理剂和染料因日光及水分的作用，发生水解和氧化等现象；②残留物对纤维的影响；③虫害和发霉；④在保管环境下光或热能也会使纤维发脆。

2. 服装变色

服装变色原因大体上有下列几方面：①空气的氧化作用导致织物发黄；②整理剂的变质导致织物发黄；③染料的升华导致染色织物褪色；④在保管环境下光或热的作用导致织物发黄；⑤油剂的氧化和残留溶剂的蒸发导致织物变色。

（二）防湿和防霉

服装在保管期间吸湿易使天然纤维织物或再生纤维织物发霉。霉菌会使纤维素降解或水解成葡萄糖，使纤维变脆。此外，霉味令人不快，霉菌的集中地即霉斑会使织物着色，从而使服装的使用价值大大降低。

服装保管在干燥的地方或装入聚乙烯袋中就可避免因湿度高而使织物发霉。对织物进行防霉整理也是防霉途径之一。

（三）各类服装保管注意事项

1. 棉、麻服装

棉、麻服装在放入衣柜或聚乙烯袋之前应晒干，深浅颜色分开存放。衣柜和聚乙烯袋应干燥，里面可放樟脑丸（用纸包上，不要与衣料直接接触），以防止衣服受蛀。

2. 呢绒服装

呢绒服装应放在干燥处。毛绒或毛绒衣裤混杂存放时，应该用干净的布或纸包好，以免绒毛沾污其他服装。最好每月透风 1～2 次，以防虫蛀。

各种呢绒服装以悬挂存放在衣柜内为好。放入箱里时要把衣服的反面朝外，以防褪色风化，出现风印。

3. 化纤服装

人造纤维的服装（人造棉、人造丝等）以平放为好，不宜长期吊挂在柜内，以免因悬垂而伸长。若是与天然纤维混纺的织物，则可放入少量樟脑丸。对涤纶、锦纶等合成纤维的服装，则不许放樟脑丸，更不能放卫生球，以免其中的二萘酚对服装及织物造成损害。

➢本章小结

从纺织纤维、纱线、织物到形成服装，构成了纺织业和服装业的产品主体；纺织纤维包括天然纤维和化学纤维；纱线由纺织纤维加捻形成；服装质量要求包括适应性、审美性、舒适性、卫生安全性、耐久性和经济性。

➢关键术语

纺织品；纺织纤维；矿物纤维；化学纤维；纱线；织物；服装；服装标准。

➢思考题

1. 简述纺织纤维的分类。
2. 简述各类天然纤维的结构、性质。
3. 简述化学纤维的品质指标。
4. 论述服装的功能。
5. 论述服装的标准。
6. 论述服装商品的质量要求。

第十一章

家用电器商品

学习目标

1. 了解家用电器的定义、放置环境。
2. 理解智能家用电器的特点、功能。
3. 熟悉各种传统家用电器的分类、原理、检验和养护。
4. 掌握家用电器的分类、安全标准、智能家用电器的分类。

♦ **引导案例**☞

海信真空冰箱以智能化技术打造差异化优势

海信深刻洞察行业智能化发展趋势，通过智趣科技赋予真空矩阵全新内涵。2022 年 2 月 22 日，海信冰箱以“智趣链接，真空保鲜新体验”为主题，正式推出全新的智趣食材管理方案。通过生动的创意视频，展示了在智能科技赋能下，海信真空冰箱作为智慧家居的核心枢纽，如何为用户带来更加便捷、智能的生活体验。

随着 5G、人工智能和物联网等高新技术的深度融合，智慧生活逐渐成为家电行业的发展新趋势。技术的不断创新为家电行业注入了新的活力，也为用户带来了更加高品质的使用体验。同时，随着高净值人群的不断增加和消费观念的升级，用户对家电产品的智能化、品质化需求也日益增强。

然而，在冰箱行业的智能化进程中，虽然取得了不少进展，但仍然存在一些问题。例如，行业过多关注硬件的升级，却忽略了与冰箱核心功能——保鲜的深度融合，这使得冰箱在智能化方面与用户的真正需求还有一定距离。针对这一现状，海信冰箱积极寻求突破，通过技术创新不断提升产品智能化水平，以满足用户的真实需求。

海信冰箱此次回归冰箱的本质功能——食材管理，结合其独有的真空保鲜专利技术，将“真空技术”与“冰温技术”相融合，打造出真空头等舱。这一创新设计让食材在冰箱中处于休眠状态，保持最佳的口感和营养。同时，海信冰箱还引入了近场通信技术，进一步提升了冰箱的智能化水平。

通过近场通信技术的应用，用户可以轻松实现与海信真空冰箱的远距离直接交互。无论是存取食材还是查询食材信息，只需轻轻一碰即可完成。这样不仅解放了用户的双手，也提升了用户对冰箱食材的智慧管理水平。此外，海信冰箱还能根据用户的食材情况智能配菜，生成菜谱，帮助用户解决“吃什么”的难题。当食材不足时，用户还可以通过一键下单功能，轻松购买到所需食材，实现一站式食材采购。

总的来说，海信冰箱通过智趣科技的运用，成功地将真空保鲜技术与智能化技术相结合，为用户带来了更加便捷、智能的家居生活体验。这一创新举措不仅推动了冰箱行业的智能化进程，也满足了用户对高品质生活的追求。

（资料来源：笔者根据相关资料整理）

第一节　家用电器的基础知识和分类

一、家用电器的定义

家用电器主要是指在家庭及类似场所中使用的各种电器和电子器具，又称民用电器、日用电器。家用电器把人们从繁重、琐碎、费时的家务劳动中解放出来，为人类创造了更为舒适优美、更有利于身心健康的生活和工作环境，提供了丰富多彩的文化娱乐条件，已成为现代家庭生活的必需品。

二、家用电器的分类

（一）按照原理和用途分类

（1）空调器具。主要用于调节室内空气温度、湿度及过滤空气，如电风扇、空调器、空气清洁器等。

（2）制冷器具。利用制冷装置产生低温以冷却和保存食物、饮料，如电冰箱、冰柜等。

（3）清洁器具。用于清洁衣物或室内环境，如洗衣机、吸尘器等。

（4）熨烫器具。用于熨烫衣服，如电熨斗等。

（5）取暖器具。通过电热组件，使电能转换为热能，供人们取暖，如电加热器、电热毯等。

（6）保健器具。用于身体保健的家用小型器具，如电动按摩器、负离子发生器等。

（7）整容器具，如电吹风、电动剃须刀等。

（8）照明器具，如各种室内外照明灯具、整流器、启动器等。

（9）家用电子器具。指家庭和个人用的电子产品。家用电子器具的种类比较多，主要有以下几类：①音响产品，如组合音响、收录音机等；②视频产品，如黑白电视机、彩色电视机、录像机、VCD（video compact disc，影音光盘）、DVD（digital video disc，高密度数字视频光盘）等；③计时产品，如电子手表、电子钟等；④计算产品，如计算器、家用计算机等；⑤娱乐产品，如电子玩具、电子乐器、电子游戏机等；⑥其他家用电子产品，如家用通信产品、电子稳压器、红外遥控器、电子炊具等。

（二）按功能区分类

（1）白色家电。指可以减轻人们的劳动强度（如洗衣机、部分厨房电器）、改善生活环境提高物质生活水平（如空调、电冰箱等）的产品。

（2）黑色家电。可提供娱乐、休闲的产品，像彩电、音响等。

（3）米色家电。指电脑等信息产品。

（4）绿色家电。指在质量合格的前提下，高效节能且在使用过程中不对人体和周围环境造成伤害，在报废后还可以回收利用的家电产品。

（三）按照功能+外观分类

（1）黑色家电。主要包括电视机、录像机、音响、VCD、DVD 等，可提供娱乐。

（2）白色家电。以空调、电冰箱、洗衣机为主。

（3）小家电。指的是电磁炉、电热水壶、风扇等家电产品。

（四）按照技术分类

（1）传统家用电器。包括具有基本功能的电子电器产品，如只具有制冷功能的空调、具有冷藏冷冻能力的电冰箱、滚筒洗衣机和无上网功能的电视机等。

（2）智能家用电器。智能家电是将微处理器、传感器技术、网络通信技术引入家电设备后形成的家电产品，具有自动感知住宅空间状态和家电自身状态、家电服务状态，能够自动控制及接收住宅用户在住宅内或远程的控制指令；同时，智能家电作为智能家居的组成部分，能够与住宅内其他家电和家居、设施互联组成系统，实现智能家居功能。

三、家用电器的安全标准

国家对常用家用电器安全要求共分 0 类、01 类、Ⅰ类、Ⅱ类、Ⅲ类五个大类。

（1）0 类。0 类电器只靠工作绝缘，使带电部分与外壳隔离，没有接地要求。这类电器主要用于人们接触不到的地方，如荧光灯的整流器等电器。所以这类电器的安全要求不高。

（2）01 类。01 类电器有工作绝缘和接地端子，接地端子可以接地或不接地使用。若用于干燥环境（木质地板的室内）时可以不接地，否则应预接地，如电烙铁等。

（3）Ⅰ类。有工作绝缘、接地端子和接地线，规定接地端子和接地线必须接地和接零。接地线必须使用外表为黄绿双色的铜芯绝缘导线，在器具引出处应有防止松动的夹紧装置，接触电阻应不大于 0.1 欧姆。

（4）Ⅱ类。Ⅱ类电器采用双重绝缘或加强绝缘要求，没有接地要求。所谓双重绝缘是指除有工作绝缘外，尚有独立的保护绝缘或有效的电器隔离。这类电器的安全程度高，可用于与人体皮肤相接触的器具，如电推剪、电热梳等。

（5）Ⅲ类。使用安全电压（50 伏以下）的各种电器，如剃须刀、电热梳、电热毯等电器，在没有安全接地又不干燥绝缘环境的情况下，必须使用安全电压型的产品。

四、家用电器的放置环境要求

（一）高温环境

高温环境会使家用电器的绝缘材料加速老化，而绝缘材料一旦损坏，即可引起漏电、短路，从而导致人身触电甚至引发火灾事故。

（二）潮湿环境

不应将洗衣机长时间放在卫生间内，也不要把家用电器放在花盆及鱼缸附近，还要注意不要在家用电器上放置装有液体的容器，更不得用湿布带电擦洗或用水冲洗电气设备。

（三）腐蚀环境

家电的外壳及绝缘材料受到化学物质的长期侵蚀，会缩短使用寿命。所以，电冰箱、洗衣机等家用电器不宜放置在腐蚀性及污染性较严重的厨房内，以免受到煤气、液化石油气或油烟的侵蚀。

（四）安全环境

家用电器一般都应摆放在安全、平稳的地方，千万不要放置在有振动、易撞击的过道处。若放置的地方不安全，不小心使家用电器遭到剧烈的振动和猛烈的撞击，会使螺丝松动、焊点脱落、电气及机械等零部件移位，甚至会造成家电外壳凹陷开裂、零部件错位、导线断裂等损坏。

第二节　传统家用电器

一、电视机

（一）定义

电视机是指根据人眼的视觉暂留特性和视觉心理，利用电子技术传送活动的图像画面和音频信号的设备，即电视接收机。电视机是重要的广播和视频通信工具。电视机的基本系统由摄像、传输和显像三部分组成。

（二）分类

1. 按使用的主要器件分类

（1）电子管电视机。该类电视机的主要电路由 18～20 只电子管（真空管）组成。由于电子管的阴极需要加热到一定程度才能发射电子，进入工作状态，因此电子管电视机耗电很高，荧光屏一般不大，整机很重，多为电视机的早期产品，已经被淘汰。

（2）晶体管电视机。晶体管电视机也叫分立元件电视机，整机主要电路由 50 多只晶体管和二极管组成。电路结构复杂、故障率高。维修和调试比较麻烦。随着电子技术的进步和产品的更新，此类电视机也已被淘汰。

（3）集成电路电视机。机内主要电路被集成在一块或几块大规模集成电路中，功能越来越完善，以满足使用者多方面的需要。集成电路电视机又分为四片式集成、两片式集成和单片式集成。

2. 按功能分类

（1）遥控式彩色电视机。如今生产的彩色电视机均具有遥控功能。与老式的手动、机械调谐相比，遥控式彩色电视机使用更加方便，功能更加齐全。它可以使观看者在与电视机保持一定距离的情况下对电视机进行操作，包括开机、关机、选择节目频道、调节音量、亮度、色饱和度等。此外，还可以自动检索选台、存储记忆多个预选频道（30～100 套节目）、定时开机和定时关机等。

（2）带有卡拉 OK 功能的彩色电视机。带有卡拉 OK 功能的彩色电视机可与一般的录像机配套，进行卡拉 OK 演唱。

（3）录像、彩色电视组合机。为了更加方便电视节目的录、放和进行卡拉 OK 演唱，有的厂家还生产出了录像、彩色电视组合机，使其成为一个整体。

3. 按荧光屏特征分类

显像管是电视机的心脏，是电视机中最重要的器件，而荧光屏是显像管中显示图像的部分，直接暴露在电视机外部，以荧光屏特征分类简单、方便、直观。

1）按荧光屏重现颜色分类

（1）黑白电视机。该类电视机的荧光屏上仅能重现被摄景物的亮度差别，呈现的是黑白图像。

（2）彩色电视机。该类电视机的荧光屏上不仅能重现被摄景物的亮度差别，还能还原出被摄景物的色调和色饱和度，呈现的是彩色图像。

从传输图像信息的角度来看，彩色电视机比黑白电视机能传输更多的信息，它能更真实、更生动地反映出原有景物的实际情况，具有更为丰富多彩的表现力。

2）按荧光屏尺寸分类

电视机的荧光屏有大有小，人们习惯于用英寸[①]（对角线的尺寸）来反映它们的这种差别，但英寸这种表示方法有时不够准确，如同样为 14 英寸的电视机，其荧光屏对角线尺寸可能为 35 厘米，也可能为 37 厘米，所以在一部分新标准的技术资料中直接用厘米表示其对角线的尺寸。按照荧光屏对角线的尺寸的大小，大体可以将电视机分为中屏、大屏和超大屏三类。

3）按荧光屏的平直度分类

过去生产的电视机多采用普通球面显像管，由于荧光屏的弯曲而存在一定程度的画面变形失真，观看的视角范围相对较小。新一代的大屏幕彩色电视机多采用“直角平面”“超级平面”等荧光屏，增大了观看视角，避免了画面的变形失真。因而又出现“直角平面彩色电视机”“超级平面彩色电视机”“纯平彩色电视机”等说法，这主要是强调这些彩色电视机在荧光屏平直度方面的特点。2013 年，LG 公司首推曲面屏电视，相比直

① 1 英寸=0.0254 米。

面屏幕，曲面屏幕弹性更好，不易破碎。电视安装了曲面屏幕之后，用户在家庭客厅中也能享受到类似于影院的观影感受。但是曲面屏电视与直角平面电视等新一代大屏幕电视相比寿命较短，成本较高。

4）按荧光屏的宽高比分类

一般电视机荧光屏的宽高比为 4∶3 或 5∶4，随着高清晰度电视的开发成功，宽屏幕电视机迅速发展，其荧光屏的宽高比为 16∶9。

4. 按信号处理方式分类

按信号处理方式可以分成模拟电视机和数字电视机。如果把模拟电视信号（含图像和伴音信号）变换成数字信号，再以数字形式进行处理和传输，则必须用数字电视机接收。

电视信号用二进制数字编码以后，比原始模拟信号具有更强的抗干扰能力，即使经过长距离的传输和反复的记录及均衡的再生也可以几乎无失真地复原。数字电视机比模拟电视机更加易于调整，具有更高的可靠性和稳定性，尤其是超大规模集成电路的应用，微处理器和软件的应用，使未来的数字电视机生产工艺简化、成本低、体积小，能够作为计算机的终端而加入现代信息网络中。因此，数字电视机最终将取代模拟电视机，这是电视技术发展的必然趋势。

（三）结构

电视机主要由高频头、伴音频头、伴音通道、公共通道、同步扫描通道、彩色控制显示和电源等部分组成。具体包括以下两大部分。

1. 整机的前、后与遥控器

由于电视机的开、关、节目选择、音量调节及各种功能设置均可用遥控器来完成，因而遥控器成为电视机必不可少的外设部分。而电视机前面板上的控制键越来越少，唯有电源开关是必不可少的，因为只有当电源开关接通时，电视机才能进入待机状态，遥控器对电视机才能产生控制作用。在操作遥控器时，必须将遥控器对准前面板上的“红外线接收窗口”，各种控制信息通过红外线传到电视机内。

在机箱后盖上留有电源线、接收天线的引入孔，以及视频、音频输入端子。

2. 电视机的主要部件

无论是彩色电视机还是黑白电视机，其机箱一般由前面板（前框）、中框和后盖三部分组成。在常规的维修工作中，前面板和中框不必拆开，仅需卸掉后盖即可进行一般的维修操作，所以有一部分电视机的前面板和中框做成一个整体。卸掉后盖即可看到电视机内的主要部件，它们可以分成机箱后盖、前面板、中框、显像管、主印制底板（机心）及各种部件。

（四）电视机的保养

电视机如果使用不当，会影响到电视机的使用寿命，因此要对电视机进行保养，具体如下。

（1）注意地磁的影响。大屏幕彩电的荧光屏应朝南或朝北放置，使地球的磁场方向与显像管内电子束射线方向一致，防止地磁影响色纯度。

（2）注意透气、散热。在使用大屏幕彩电时，不要覆盖塑料布、布套等，其底部也不要垫泡沫塑料，以免影响彩电透气、散热。

（3）注意色彩、音量。大屏幕彩电的色彩、音量、对比度等要适当，这样不仅观看效果好，而且省电，还可以延长电视的使用寿命。

（4）电视亮度不宜过大。在图像清晰的前提下，把亮度调得偏暗一些为好。如果把亮度开得太大，一是会加速电视机荧光物质的老化，促使其过早耗尽，缩短电视机的使用寿命；二是会增加耗电量，造成浪费；三是会刺激眼睛，致使视力减弱。

（5）注意保护显像管。收看节目和刚关机时，不要搬动和震动电视机，以防损坏显像管。显像管要避免被阳光直接照射。

二、冰箱

（一）定义

冰箱是保持恒定低温的一种制冷设备，也是一种使食物或其他物品保持恒定低温状态的民用产品。箱体内有压缩机、制冰机、用以结冰的柜货箱及带有制冷装置的储藏箱。家用电冰箱的容积通常为20～500升。

（二）分类

电冰箱的种类很多，一般按其内冷却、用途、气候环境、外形、放置、制冷方式分类。

1. 按照内冷却分类

（1）冷气强制循环式，又称间冷式（风冷式）或无霜冰箱。冰箱内有一个小风扇强制箱内空气流动，因此箱内温度均匀，冷却速度快，使用方便，但因具有除霜系统，耗电量稍大，制造相对复杂。

（2）冷气自然对流式，又称直冷式或有霜电冰箱。冷气自然对流式冰箱的冷冻室直接由蒸发器围成，或者冷冻室内有一个蒸发器，另外冷藏室上部设有一个蒸发器，由蒸发器直接吸取热量而进行降温。该类冰箱结构相对简单，耗电量小，但温度无效性稍差，使用相对不方便。

（3）冷气强制循环和自然对流并用式。新产品中较多采用这种形式，可以兼顾风、直冷冰箱的优点。

2. 按照用途分类

（1）冷藏箱。该类电冰箱至少有一个间室是冷藏室，用以储藏不需冻结的食品，其温度保持在0℃以上。该类型电冰箱有冷却室、制冰室、冷冻食品储藏室、冰温室，但没有冷冻室。

（2）冷藏冷冻箱。该类电冰箱至少有一个间室为冷藏室，一个间室为冷冻室。

（3）冷冻箱。该类电冰箱至少有一间为冷冻室，并能按规定储藏食品，有的冷冻箱还有冷冻食品储藏室。

3. 按照气候环境分类

按照气候环境分为亚温带型（SN）、温带型（N）、亚热带型（ST）、热带型（T）四类。具体如下。

（1）亚温带型适宜的使用环境温度为10℃～32℃。

（2）温带型适宜的使用环境温度为16℃～32℃。

（3）亚热带型适宜的使用环境温度为18℃～38℃。

（4）热带型适宜的使用环境温度为18℃～43℃。

4. 按照外形分类

（1）单门冰箱。单门冰箱只有一个门，通常体积较小，冷藏和冷冻功能可能合并在一个空间内，或者仅提供冷藏功能。

（2）双门冰箱。双门冰箱具有两个门，通常是侧开门设计，一个门对应冷藏室，另一个门对应冷冻室，两者分开设计，各自独立。双门冰箱适合一般家庭使用， 能够满足日常食材的分区存储需求。

（3）对开门冰箱。对开门冰箱也称为双开门冰箱，但这里的“对开”指的是两扇门开启方向相对，通常容积较大，外观时尚大气。冰箱的两个储藏空间相互独立且容量较大，一个用作冷藏，另一个用作冷冻。对开门冰箱适合大户型或需要大量储存食物的家庭使用。

（4）多门冰箱。包含三门、四门甚至更多门的冰箱。这种冰箱设计复杂，功能多样，通常具有冷藏室、冷冻室以及额外的功能区（如变温室、零度保鲜室等）。每个功能区都有独立的门，便于分区存储不同类型的食物。

（5）特殊外形冰箱。特殊外形冰箱主要包括以下几种类型：①嵌入式冰箱。设计用于嵌入橱柜或墙体中，以节省空间并保持厨房的整体美观性。②车载冰箱。专为汽车或船只等交通工具设计，便于在旅途中储存食物和饮料。③迷你冰箱。体积小巧，便于携带，适合办公室、宿舍或小型空间使用。

5. 按照放置分类

（1）立式电冰箱。它在高度方向上尺寸最大，箱门设在冰箱正前方，占地面积小。

（2）卧式电冰箱。它的长度方向上尺寸最大，箱门大多设在箱顶部；冷冻箱常用卧式的，向上开箱门，可以使漏泄热量减少，但占地面积较大，存取物品不太方便。

（3）台式电冰箱。它的高度为750～850毫米，宽度为900～1000毫米，深度为450～500毫米；多为冷藏箱，适宜存放冷饮和瓜果。

6. 按照制冷方式分类

（1）气体压缩式电冰箱。它是依靠低沸点液态制冷剂（如氟利昂-12，二氯二氟甲烷）汽化时吸热达到制冷目的，再以压缩机将其蒸发压缩，继而使之放热液化，从而完成制冷循环的电冰箱。由于这种电冰箱的理论和生产技术、工艺方面都比较成熟，使用寿命较长，所以目前国内生产的电冰箱中，90%以上都是这类电冰箱。

（2）气体吸收式电冰箱。它是以热源为动力，常用氨作制冷剂，可造成液氨蒸发条件的氢作扩散剂，利用氨、水和氢混合溶液完成连续“吸收—扩散”方式的电冰箱。由于没有运转机械，因而它无噪声，结构简单，成本低，不易损坏，使用寿命长；可采用电、天然气、太阳能等各种热源加热使其工作。

（3）半导体式电冰箱。它是利用半导体材料产生珀尔帖效应进行工作的，即用P型半导体和N型半导体制成电偶，接通直流电后，在节点处产生放热和吸热现象，从而达到制冷目的。半导体制冷与机械制冷比较，有体积小、质量轻、无噪声、无振动、无磨损、使用寿命长、冷却速率调整方便、无污染等特点。但由于价格高，未普及使用。

7. 其他分类种类

随着能效比标识的实行，节能成为各品牌宣传的一个重点，以节能为特点可以将冰箱分为以下几种。

（1）节能冰箱。采用先进冰箱压缩机，制冷量、能效比等技术参数实现了最优化，冰箱的保温性能增强，整个冰箱箱体的导热系数因此就优于一般冰箱。以一台268升的节能型冰箱为例，在整个寿命期内节省耗电量费用达到2300余元，细算起来节能冰箱还是比较实惠的。

（2）电脑冰箱。第三代数字温控冰箱基于电脑人工智能，以精确数字温控为代表；可在箱体外采用可视化的数字温度显示，对箱体内温度进行精确控制；即使频繁开启冰箱，也能通过电脑系统控制，改变压缩机的工作频率，使温度固定在设定数值，同时达到省电的效果。

（3）无氟冰箱。说起“无氟”冰箱，人们往往认为这种冰箱不使用氟了，因为有氟冰箱是使用氟利昂-11（三氯氟甲烷）和氟利昂-12（二氯二氟甲烷）来做发泡剂和制冷剂的冰箱。中国保护消费者基金会的专家指出，从化学反应式可以看到，破坏臭氧层的元凶是“氯”而非“氟”。现启用的冰箱制冷剂为R600a，冰箱的制冷速度更快、更节能。

（4）变频冰箱。变频冰箱的冰箱压缩机以单相交流电动机为驱动电机，而单相交流电动机采用变频供电电源，从而调节压缩机的制冷量。变频冰箱的特征是，其压缩机的转速是不固定的，温度高的时候转得快，达到尽快降温的目的，温度低的时候以最低转速运转，保持温度。没有瞬间启动的磨损，使用寿命长，变频冰箱比较省电、静音。

（三）质量鉴定

鉴定时先看外形，注意造型色彩，漆膜有无剥落和光洁不均的现象。接上电源，调节温度，宜调至第二档。让自动控制器作自停，自开多次，检查温控装置是否可靠有效，然后检查压缩机的运转是否正常和噪声大小，这时再将调节旋钮旋至“不停”位置，半小时后蒸发器内即可出现霜水，就此检查蒸发器四壁是否均匀，散热是否一样，最后检查门是否关得严和灵活。

好的冰箱，电源接通就能启动运转，并且声音和振动很小，几乎不容易察觉。

压缩机运转，电冰箱会微微颤动，并听到运行噪声，但噪声不应高于45分贝，即在安静的环境中，只能听到压缩机轻的嗡嗡声，在离冰箱约1米远处，应听不到声音。手摸箱体，不应有明显的振动。

（四）保养

1. 呼吸消毒

冰箱内不应装得过满，应留有适当空间，以利于冷气穿透全部存品。此外，冰箱要定期消毒，3～4 周要用稀漂白粉水或 0.1%的高锰酸钾水擦拭一次，同时要定期清洗冰箱，包括各板层，特别是过滤网，此处常常是污垢和病菌的积聚场所。

2. 清洁保养

清洁冰箱的步骤如下。

（1）清洁冰箱外壳最好每天进行，用微湿、柔软的布每天擦拭冰箱的外壳和拉手。

（2）清理内胆前先切断电源，把冰箱冷藏室内的食物拿出来。

（3）软布蘸上清水或食具洗洁精，轻轻擦洗，然后蘸清水将洗洁精拭去。

（4）拆下箱内附件，用清水或洗洁精清洗。

（5）清洁冰箱的开关、照明灯、温控器等设施时，应把抹布或海绵拧得干一些。

（6）内壁做完清洁后，可用软布蘸取甘油（医用开塞露）擦一遍冰箱内壁，下次擦的时候会更容易。

（7）用酒精浸过的布擦拭密封条，如果手边没有酒精，用 1∶1 醋水擦拭密封条，消毒效果较好。

（8）用吸尘器或软毛刷清理冰箱背面的通风栅，不要用湿布，以免生锈。

（9）清洁完毕，插上电源，检查温度控制器是否设定在正确位置。

3. 定期保养

定期适当保养可以延长冰箱的使用寿命。保养冰箱前务必拔下电源插头。具体如下。

（1）经常清理冰箱背面或底部冷凝器和压缩机上的灰尘；可使用吸尘器或毛刷除尘；注意不要用湿布去擦冷藏器和压缩机上灰尘。

（2）冰箱长期停用时，应先切断电源，取出箱内一切食品，将箱内外清理干净，敞开箱门数日，使箱内充分干燥并散去冰箱内的异味。

（3）检查排水管。如果排水管堵塞，水就会漏到冰箱内，这时要用铁丝捅一下排水管，除去积在排水管上的东西。

（4）不要忽略门封胶条的清洗，将漂白剂用 10 倍的水稀释后用牙刷蘸湿清洗，最后用水将漂白剂冲去，因为胶条脏污易老化，会影响冰箱的密封性，从而增加耗电量。

（5）检查振动、噪声及压缩机的温度。运行中摸压缩机外壳，不应有明显的振动感，白天不应听到压缩机明显启动的声音。

（6）注意检查电源线上是否有裂缝，以防漏电。

（7）用温水或中性洗涤剂将冰箱内外清洗并擦干，敞开冰箱门通风干燥一天。

三、手机

（一）定义

手机，全称为移动电话或无线电话，通常称为手机，原本只是一种通信工具，早期又有“大哥大”的俗称，是可以在较广范围内使用的便携式电话终端，最早由美国贝尔实验室在 1940 年制造的战地移动电话机发展而来。

（二）分类

手机分为智能手机和非智能手机，一般智能手机的性能比非智能手机要好，但非智能手机比智能手机性能稳定，大多数非智能手机和智能手机使用英国安谋公司架构的中央处理器（central processing unit，CPU）。智能手机的主频较高、运行速度较快、处理程序任务更快速、日常使用更加方便（如诺基亚 V81 主频为 369 兆赫）；非智能手机的主频则比较低，运行速度也比较慢（如诺基亚 5000 主频为 50 兆赫）。

智能手机是指像个人计算机一样，具有独立的操作系统，大多数是大屏机，而且是电容式触摸屏（少部分是电阻式触摸屏），功能强大且实用性高。智能手机可以由用户自行安装包括游戏等第三方服务商提供的程序，通过此类程序来不断对手机的功能进行扩充，并可以通过移动通信网络来实现无线网络接入。从广义上说，智能手机除了具备手机的通话功能外，还具备掌上电脑的大部分功能，特别是个人信息管理及基于无线数据通信的浏览器和电子邮件功能。

四、空调

（一）定义和结构

空调即空气调节器，是指用人工手段对建筑或构筑物内环境空气的温度、湿度、流速等参数进行调节和控制的设备。

空调一般包括冷源/热源设备、冷热介质输配系统、末端装置等几大部分和其他辅助设备。冷源/热源设备和冷热介质输配系统主要包括制冷主机、水泵、风机和管路系统。末端装置则负责利用输配来的冷热量，具体处理空气状态，使目标环境的空气参数达到一定的要求。

（二）分类

1. 按照外观形式分类

（1）挂壁式空调。挂壁式空调广受大家欢迎，技术也在不断革新。消费者应注意比较各品牌的功能区别。换气功能是最新运用在挂壁式空调的技术，可保证家里有新鲜空气，防止空调病的产生，使用起来更舒适、更合理。此外，要注意选择制热量大于制冷量的空调，以确保制热效果。如果有电辅热加热功能，就能保证空调在超低温环境下（最低−10℃）也能制热（出风口温度 40℃以上）。

（2）立柜式空调。要调节大范围空间的气温，如大客厅或商业场所，立柜式空调最合适。在选择立柜式空调时应注意是否有负离子发送功能，因为这能清新空气，保证健康。有的立柜式空调具有模式锁定功能，运行状况由机主掌握，这对商业场所或家中有小孩的家庭会比较有用，可避免不必要的损害。另外，送风范围是否够远够广也很重要。立柜式空调送风的最远距离可大于 15 米，再加上广角送风，可兼顾更大的面积。

（3）窗式空调。窗式空调安装方便，价格便宜，适合小房间。在选择时要注意其静音设计，因为窗机通常较分体空调噪声大，所以选择接近分体空调噪声标准的窗机好一些。除了传统的窗式空调外，还有新颖的款式，如专为孩子设计的彩色面板儿童机，带有语音提示，也是不错的选择。

（4）吊顶式空调。吊顶式空调就是安装在屋顶墙体内的空调，这种空调的机身全部都藏到了天花板里，四面广角送风，调温迅速，不会影响室内装修。

2. 按照调温情况分类

（1）单冷型。单冷型仅用于制冷，适用于夏季较热或冬季供热比较充足的地区。

（2）冷暖型。冷暖型具有制热、制冷功能，适用于夏季炎热、冬季寒冷的地区。

（3）电辅助加热型。电辅助加热功能一般只应用于大功率柜式空调，机身内增加了电辅助加热部件，确保冬季制热强劲。

（三）维护

1. 开机前的维护

我国大部分地区家用空调机使用到9月就关机停用，到次年5～6月才开机，停用半年多。因此，空调开机前有必要做一次全面的“诊断”，查一查空调设备有无“毛病”，即先在专业技术人员的指导下做好维护清洗工作，包括室外机和室内机的外壳、机体、过滤网等，然后开始试运行，观测制冷速度和效果。

2. 开机过程中的维护

空调开机后视环境条件、气候条件、开机时数，周围灰尘、空气洁净度、房间干净度等诸多因素决定空调开机过程中的维护次数。机子陈旧、开机时间长、开机过程中维护次数较多的空调，通常一个半月左右就要维护1次；机子较新、开机时间在合理的范围内、与电风扇经常交替使用的空调，可以适当延长维护周期，从空调开机到空调关机维护1～2次便可。空调的维护应认真、仔细、不留死角。

3. 关闭后的维护

天气转暖，空调机开启，天气转凉，空调机关闭，这是常年规律。空调机关闭前应对室外机、室内机做一次全面、仔细的检查。保养、维护、清洗要一环扣一环，不能脱节，易漏环节更应严格检查，完成上述环节后，套好空调机机罩，防止灰尘污染及空调机滴水与进水，保持洁净。

（四）保养

1. 一般时段的保养

（1）清除通风口的杂物，保证通风正常；观察室外机架有无松动现象，清洁室外通风网罩内有无异物；保持通风口的畅通无阻。

（2）室内、室外换热器表面清洗，提高换热器的效率。清理室内换热器时，应小心拿下面板，用柔软的抹布擦洗；用小毛刷轻轻刷洗室内机的换热器，达到清除灰尘和可繁殖病菌的有害积聚物的目的。需要注意的是，由于散热片是很薄的铝质材料，受力后容易变形，因此要小心刷洗。

（3）清洗过滤网上的积灰。首先切断电源，打开进风栅；取出过滤网，用水或吸尘器清洗过滤网，水温不要超过 40℃，用热的湿布或中性洗涤剂清洗，然后用干布擦净，注意不能用杀虫剂或其他化学洗涤剂清洗过滤网。

（4）清洗排水部分的污垢和积聚物。排水部分容易沉积污垢，必须定期进行彻底消毒，保证排水通畅，防止细菌繁殖。

（5）检查其他。包括检查供电线路、插头插板、开关；检查易耗损件，如导风转板、杀菌除湿、光触媒等部件，确保空调状况良好无异常。

2. 特殊时段的保养

在 3～5 月和 9～11 月温度适中的季节里，人们一般让空调处于非工作状态。在不使用空调的季节，首先应当断掉空调器电源，但最好保持一个月开一次机的使用量，以防因长时间不使用导致机内润滑油凝结。同时，为保证空调的高速运转及使用寿命，在暂停使用和开始使用空调的时候，还得注意对空调的恰当养护。具体如下。

（1）使用季节结束后。在空调暂停使用之前，晴天里将空调设为送风状态，开机运转半天左右，使空调内部完全干透；同时将滤尘网、室内机、室外机清洗干净。

（2）使用季节开始前。检查室内机组和室外机组的进风口、出风口有无障碍物，以免降低空调的工作效率；安装好滤尘网，避免因灰尘进入机器内部而损坏机器或引发故障；遥控器的清洗要用干布，不要用玻璃清洗剂或含有化学物质的布，清洁后要装入两节型号相同的新电池。

第三节　智能家用电器

一、智能家用电器的特点

同传统的家用电器产品相比，智能家电具有如下特点。

（1）网络化功能。各种智能家电可以通过家庭局域网连接到一起，还可以通过家庭网关接口同制造商的服务站点相连，最终可以同互联网相连，实现信息共享。

（2）智能化。智能家电可以根据周围环境的不同自动做出响应，不需要人为干预。例如，智能空调可以根据不同的季节、气候及用户所在地域，自动调整其工作状态以达到最佳效果。

（3）开放性、兼容性。由于用户家庭的智能家电可能来自不同的厂商，因此智能家电平台必须具有开发性和兼容性。

（4）节能化。智能家电可以根据周围环境自动调整工作时间、工作状态，从而实现节能。

（5）易用性。由于复杂的控制操作流程已由内嵌在智能家电中的控制器解决，因此用户只需了解非常简单的操作。

二、常见智能家用电器的特性

（一）智能冰箱

智能冰箱是一种能对冰箱进行智能化控制、对食品进行智能化管理的冰箱类型。例如，能自动进行冰箱模式调换，始终让食物保持最佳存储状态，用户可通过手机或电脑，随时随地了解冰箱里食物的种类、数量、保鲜保质信息，可为用户提供健康食谱和营养禁忌，可提醒用户定时补充食品等。

（二）智能空调系统

智能空调系统能根据外界气候条件，按照预先设定的指标对安装在室内的温度、湿度、空气清洁度进行分析、判断、及时自动打开制冷、加热、去湿及空气净化等功能。同时用户还能通过手机等终端，在远程对空调进行控制。

（三）智能洗衣机

智能洗衣机是指在运行过程中存在外部环境差异、内部零件损耗及用户使用习惯的问题，这就需要洗衣机能对这些状态进行学习后产生相应的功能和程序。例如，一台洗衣机在春、夏、秋、冬四个季节外界环境是不一样的，由于水温及环境温度不同，洗涤时的程序也有区别，洗衣机应能自动学习不同环境中的洗涤程序。另外，在洗衣机早期应用中，洗衣机的零件处于紧耦合状态，过了磨合期，洗衣机的零件处于顺耦合状态，长期应用之后，洗衣机的零件处于松耦合状态。对于不同时期，洗衣机应该对自身状态进行恰当的调整，同时还应产生与之相应的优化控制过程。此外，洗衣机在很多次数的洗涤中，应自动学习特定衣质、衣量条件下的最优洗涤程序，当用户放入不同量、不同质的衣服时，洗衣机应自动进入学习后的最优洗涤程序。

➢本章小结

家用电器放置环境要求包括高温、潮湿、腐蚀和安全环境等；家庭必需的电器都具有基本的适用性，满足消费者的最基本需求；随着网络化、信息化等高科技的应用，智能家用电器在家庭中开始大量投入；智能冰箱、智能空调、智能洗衣机等商品大量普及，成为企业抢占市场份额的突破口。

➢关键术语

家用电器；电视机；冰箱；手机；智能家用电器。

➢思考题

1. 简述家用电器的分类。
2. 简述家用电器的安全标准。
3. 简述智能家用电器的特点。
4. 论述电冰箱的质量鉴定。
5. 简述智能家用电器的功能。

第十二章

奢侈品商品

学习目标

1. 了解奢侈品的诞生、全球奢侈品代表国家。
2. 理解奢侈品的概念和特征。
3. 熟悉奢侈品的发展阶段、常见品类和设计美学原理。
4. 掌握奢侈品的分类和经营管理。

♦ 引导案例☞

来自英国的奢侈品手机品牌

VERTU 作为世界上首个奢侈品手机品牌，于 1998 年在英国汉普郡诞生。2002 年，VERTU 推出了全球首款奢华手机——THE SIGNATURE，它采用皮革、钛金属、蓝宝石水晶等顶级材料，并通过工匠精湛的技艺手工精制而成。自此，VERTU 开创了奢华手机这一全新领域，并持续保持市场领先地位。

VERTU 始终致力于在每一个细节中完美诠释“创造非凡”的品牌理念。它精选珍稀、卓越的材质，设定严格的测试标准，并坚持手工制造，将精湛的工艺、卓越的性能与专属服务完美融合，为客户带来了前所未有的奢华体验。

VERTU 在诺基亚的黄金时代应运而生，被誉为诺基亚皇冠上的璀璨明珠。诺基亚在通信领域的卓越实力之上，期望通过 VERTU 为世界呈现一款融合了人文与艺术精神的奢华手机。

（资料来源：笔者根据相关资料整理）

第一节　奢侈品的概念、分类和特征

一、奢侈品的概念

奢侈品在国际上被定义为一种超出人们生存与发展需要范围的，具有独特、稀缺、珍奇等特点的消费品，又称为非生活必需品。奢侈品在经济学上讲，指的是价值/品质关系比值最高的产品。从另外一个角度来看，奢侈品是指无形价值/有形价值关系比值最高的产品。我国一向倡导勤俭节约，奢侈品的消费理念与之确实格格不入。但是随着人民生活水平的提高，对独特品味的追求，奢侈品商品逐渐进入大众视野，人们对奢侈品的看法也日渐冷静客观。

二、奢侈品的分类

（一）按商品类别分类

根据商品大类，奢侈品主要可分为以下类别。

（1）地产类。
（2）服饰类。
（3）妆容类。
（4）首饰类。
（5）移动类。
（6）通信类。
（7）嗜好类。
（8）家居类。
（9）运动类。
（10）收藏类。
（11）食品类。
（12）观赏类。

（二）按用途分类

根据用途，奢侈品可分为以下类别。

（1）穿戴类。
（2）餐饮类。
（3）居住类。
（4）代步类。
（5）娱乐类。
（6）生活类。

（三）按产品等级分类

根据产品的等级方法，奢侈品可分为以下类别。

（1）超豪华型。
（2）豪华型。
（3）基本型。
（4）入门型。
（5）限量版。
（6）签名版。

（四）其他分类

根据奢侈品产生的历史意义，可分为传统类和新兴类。

根据奢侈品的物产属性，可分为不动产类和动产类。

三、奢侈品的特征

（一）独特性

奢侈品的特征首先是独特性。奢侈品是同类行业顶尖产品的象征，在行业中的崇高地位是不可替代的，在产品的高度和精度方面的成就也不容置疑。

（二）设计特征

奢侈品的设计特征非常明显。首先，奢侈品的高标准机械化和手工化混合制造技术为设计思维的实现提供了多重技术保证，可以应对高难度制造要求，为发挥设计创意提供了有力支持。奢侈品制造的特点是在对制造成本不刻意限制的情况下，进行高技术和小批量生产。其次，奢侈品的设计思想是要突破现有产品的设计模式，强调外观上的设计感，使产品表现出非凡气度。如果奢侈品在外观和功能之间必须进行取舍的话，做出让步的往往是功能，因此奢侈品通常具有抓人眼球的外观特征。

（三）材料特征

在产品的制造成本中，材料占有非常大的比重，材料对产品的价格构成有直接的影响。奢侈品对材料的品质要求几乎达到苛刻的地步。尽管如此，相对普通工业品来说，奢侈品的材料成本占其总成本的比例还是比普通工业品小了许多，不过，由于坚持选用优质材料，奢侈品的材料价格本身还是远远高于普通工业品的。由此也可以看出，即使除去推广成本和经营成本等其他成本，在奢侈品的直接制造成本中，加工技术的成本仍占有相当大的比例。

奢侈品材料具有新、奇、精三个主要特征。“新”表示材料的新颖、新潮，成为引领潮流的导向。对于不断制造卖点的奢侈品来说，最新材料本身具有的魅力就是一大势不可挡的卖点。“奇”表示材料的奇异、独特，形成“人无我有”的态势。奇特的材料可以为创意设计推波助澜。“精”表示材料的高级，从材料的源头开始，进而掌控材料的生产技术，最后在材料的选择上采用严格的检验标准。

（四）技术特征

奢侈品对产品加工技术的追求可谓不遗余力。与普通产品相比，奢侈品的利润空间足以促使其乐此不疲地提高产品的加工技术，因为奢侈品的消费群体相对稳定。

奢侈品的另一个技术特征是保持手工技术在产品制造中的比例。传统意义上的奢侈品往往不是高科技产品，但它却有可能是高技术产品，这种高技术主要体现为产品的手工打造比例较高。即使是机器完全可以替代的工序，某些奢侈品制造商也坚持采用手工制作方法，展现手工制作的人文因素。人们一般比较认同手工技术在传统设计风格的产品中的应用，因此，具有历史成就感的奢侈品制造商一般都利用人们对于手工产品怀有特殊的亲切感而保留了手工技术传统。这也是耗时巨大的手工技术成就奢侈品高昂价格的最主要因素。

（五）时间特征

奢侈品具有非常鲜明的时间特征。奢侈品的时间特征包含两层意思：一是高级商品成为奢侈品的历史沉淀。历史是由许多故事串联而成的，几乎所有顶级奢侈品都无一例外地包含许多令人回味无穷的历史传奇和逸闻趣事，很多品牌甚至拥有百年以上的历史。二是制造一件奢侈品所需要耗费的时间。奢侈品的加工工序非常讲究，尤其是一些需要定制的顶级奢侈品，消费者必须要有足够的耐心等待，才能获得心仪已久的珍品。

（六）价格特征

对于许多普通消费者来说，高昂的价格是奢侈品的另一大特征。人们对奢侈品的认识往往是从其高昂的价格开始的。从奢侈品的设计、材料和制造等环节不难看出，高成本的奢侈品从一开始就已经决定了其价格不菲。尽管奢侈品制造商会尽可能地避免浪费，维持较低成本，但成本问题一般是被放在第二位的。

（七）营销特征

奢侈品在营销策略上的奢华做派是奢侈品的特征之一。从营销的策划到实现销售，奢侈品企业往往采用张扬喧嚣的做法，如他们会制造耗资巨大的时尚事件、冠名受追捧的时尚活动等，凡此种种都是为了聚集市场上的人气，吸引眼球，营造品牌商的气势。

第二节 奢侈品的设计与品牌管理

一、奢侈品的设计美学

（一）有温度的手工艺术

虽然因制造业的发展各种各样的生产机器代替了传统手工，但人们还是会追求工匠的手工制品，因为这些手工制品拥有机器无法替代的美妙。奢侈品一直保持着手工制作的传统，并保证其完美品质。

（二）昂贵、稀有的材料

奢侈品大多使用昂贵、稀有的材料，这符合与其他大众商品拉开距离的品牌定位需求，以及人们追求新奇的心理特性。奢侈皮具常使用牛皮、羊皮两种材质，同时还有鳄鱼皮、蟒蛇皮、袋鼠皮等其他特种材质。奢侈品公司从世界各地采购上等皮质，再由专门的工作人员进行精挑细选，在材质的处理上使用大量创新技术。

（三）独特的设计风格

设计风格是奢侈品设计美学中重要的组成部分，明确的风格及设计理念是品牌打动人心的关键。此外，很多品牌会一直延续自己的品牌设计基因，并随着时代的改变进行新的演变。奢侈品的品牌要求如下。

1. 品牌的延续性

品牌的延续性是指，即使在品牌的创建者逝世时，品牌依旧能很好地延续下去，不论是一直持续不断地经营，还是经历一段时间的整治后继续扬帆起航。

2. 品牌的感召力

当品牌的销售增量不再是因为广告而带动的时候，品牌便进入了自我造血的境界。奢侈品的广告往往是推出新品时的必要工具，广告也仅仅是锦上添花的作用。奢侈品的形象不需要广告来维持，品牌的文化、品牌的信誉早已在人们心中根深蒂固。

3. 市场销售业绩

通常情况下，品牌的知名度与其销售业绩成正比。

4. 品牌的熟知度

人们经常会依据自己对品牌的熟知程度来选择购买的产品。奢侈品品牌需要具备的资质之一是在奢侈品的发源国中，该品牌拥有超过50%的大众熟知度，因为这个数据可以表明品牌的影响力。

5. 品牌的跨国性

品牌的跨国性，无疑证明了这个品牌的规模和实力。当一个品牌从局部市场发展到世界性市场之时，它享有的声誉也就是世界性的。

二、奢侈品的品牌特征

（一）富贵象征

奢侈品的品牌魅力是富贵豪华的。奢侈品（Luxury）源于拉丁文的“光”（Lux）。所以，奢侈品应是闪光的、明亮的。从社会学的角度上说，奢侈品是富裕形象的表现之一。

（二）视觉感

奢侈品品牌所服务的产品必须是“最高级”的，这种“最高级”必须从外观到品质都能逐一体现。奢侈品的高级性应当是看得见的，正因为人们对其奢华“显而易见”，它才能为其所有者带来荣耀。所以说，奢侈品理当提供出来更多的“可见价值”——让人看上去就感到好。很多购买奢侈品的人完全不是在追求实用价值，而是在追求人类“最好”的感觉。

（三）个性化

奢侈品品牌往往以己为荣，它们不断树立起个性化大旗，创造着自己的最高境界。正是因为奢侈品的个性化，才为人们的购买创造了理由；也正因为奢侈品的个性化，很不像大众品，才更显示出其富贵的价值。

（四）专一性

所谓品牌的专一性，指的是品牌只服务于某一个产品或某一类产品。奢侈品品牌是十分专一的，它绝不可以随意扩张使用。

（五）距离感

奢侈品品牌通常会使认识品牌的人与实际拥有品牌的人在数量上形成巨大反差，这正是奢侈品的魅力所在。

三、奢侈品的品牌策略

（一）重视品牌力

品牌力是奢侈品的重要因素，决定着奢侈品在社会中与众不同的地位。区分奢侈品品牌与其他品牌的一个重要原因是：尽管奢侈品企业是在行业中处于主导地位，但品牌力是顶级奢侈品的主要动力。在消费者的心目中，奢侈品品牌代表着成功、富裕。它不仅可以给消费者尊贵的奢侈体验，更是富裕生活的一种体现。同时，相对于产品本身、价格、分销等因素，品牌因素更能影响消费者的购买行为。品牌力是奢侈品企业创造品牌价值的原因所在。此外，奢侈品企业非常注重品牌的经营，其不仅追求企业在短期内的利润最大化，而且选择在长期的经营过程中代代相传，建立品牌效应。

（二）扩大品牌知名度

知名度对于奢侈品品牌是非常重要的，奢侈品品牌必须是国际化的，被广大消费者所了解的。许多奢侈品品牌都是通过传播平台来提高自己的知名度的。广告是其中的一个重要手段。然而，奢侈品企业很少采用大众传播的方式，其会针对目标客户群，有选择地使用传播媒体，使自己的品牌深入人心。

（三）强调原产地的重要性

原产地对于奢侈品来说是一个非常重要的元素。几乎所有的奢侈品品牌都会强调其原产地。不仅如此，许多奢侈品品牌更将原产地融入自己的商标或广告当中。对许多奢侈品来说，产品与产地是紧密联系在一起的。

（四）突出奢侈品品牌标志

奢侈品品牌的标志一般由颜色、文字、图形、数字等元素构成。奢侈品不仅将自己的商品与其他商品区分开来，而且是消费者识别品牌的重要手段。与此同时，品牌标志中的这些因素还带有一定的意义，使人们产生特定的情感联想。许多奢侈品品牌不仅在标志中使用特殊的颜色，而且还将创始年代及原产地加入其中。这不仅可以让消费者感受品牌悠久的历史，更可以让消费者体会到品牌的尊贵价值。

➢本章小结

奢侈品的诞生离不开经济基础、人文基础和制造基础等要素；奢侈品的特征包括独特、设计、材料、技术、时间、价格、营销等；奢侈品的设计美学归根为有温度的手工艺术，昂贵、稀有的材料，以及独特的设计风格。

另外，对奢侈品消费应保持冷静客观的态度，不应盲目跟风、徒慕虚荣，切莫因奢侈而丢失了勤俭节约的传统美德。

➢关键术语

奢侈品；奢侈品的特征；奢侈品的分类；奢侈品的设计美学；奢侈品的品牌选择；奢侈品的品牌特征；奢侈品的品牌策略。

➢思考题

1. 简述奢侈品的分类。
2. 论述奢侈品的特征。
3. 简述奢侈品的设计美学原理。
4. 简述奢侈品的品牌策略。

参 考 文 献

蔡玉秋，肖晓旭. 2016. 商品学[M]. 北京：中国电力出版社.
曹汝英. 2014. 商品学概论——理论、实务、案例、实训[M]. 2 版. 北京：高等教育出版社.
程虹. 2016. 中国质量怎么办[M]. 北京：人民出版社.
窦志铭. 2019. 商品学基础[M]. 北京：高等教育出版社.
刘晓刚，幸雪，傅白璐. 2016. 奢侈品学[M]. 2 版. 上海：东华大学出版社.
陆影. 2019. 商品学基础与实务[M]. 大连：东北财经大学出版社.
孙参运. 2019. 商品学基础与实务[M]. 3 版. 北京：中国财政经济出版社.
谈留芳. 2004. 商品学[M]. 北京：科学出版社.
万融. 2013. 商品学概论[M]. 5 版. 北京：中国人民大学出版社.
万融. 2016. 商品学概论[M]. 6 版. 北京：中国人民大学出版社.
万融. 2020. 商品学概论[M]. 北京：首都经济贸易大学出版社.
汪永太，李萍. 2009. 商品学概论[M]. 大连：东北财经大学出版社.
王丽华. 2012. 服务管理[M]. 2 版. 北京：中国旅游出版社.
于安国，易能. 2005. 商品学概论[M]. 长沙：湖南大学出版社.
曾锦燕. 2018. 商品学知识[M]. 3 版. 北京：电子工业出版社.
张丽霞，山少男. 2013. 商品实务[M]. 北京：高等教育出版社.
制造质量强国战略研究课题组. 2016. 制造质量强国战略研究·综合卷[M]. 北京：中国标准出版社.
朱琳娜. 2012. 商品学项目化教程[M]. 北京：中国轻工业出版社.
朱明霞，曾明月. 2014. 奢侈品管理概论[M]. 北京：对外经济贸易大学出版社.